희망은 버려진 자들에게 있다

현대사를
움직인
말 한마디

희망은 버려진 자들에게 있다

함규진 지음

북하우스

:: 사랑해요 ::

:: 난 네가 싫어 ::

:: 합격입니다 ::

:: 운명하셨습니다 ::

:: 자네가 이겼네 ::

:: 안녕 ::

우리 모두는 '내 삶의 한마디'를 기억 한 켠에 가지고 있다. 비록 화려한 미사여구가 아니고 뭔가 심오한 철학을 가진 한마디가 아니더라도, 그 한마디로써 마음이 새처럼 날아올랐거나 타이타닉호처럼 깊이 가라앉아버렸던 한마디가, 또는 돌이켜보면 그 한마디를 계기로 삶의 방향이 뒤바뀌어버린 한마디가 있다.

그것은 역사도 마찬가지다. 역사는 인간의 역사이며, 다만 수많은 사람들이 만들어가는 역사다. 역사도 인간의 삶을 닮아서, 반복되는 패턴이 있고, 흐름이 있고, 결정적인 고비가 있다. 그때마다 어떤 개인이나 군중의 입에서 나온 한마디의 말이 새로운 역사의 전환점을 마련한 경우, 또는 그 한마디의 말이 그 시대의 정신, 그 흐름의 의미를 가장 잘 드러내주는 경우가 있다.

이 책은 그런 역사적인 한마디들을 모아 그 한마디의 언어적 의미, 사상적 배경, 시대적인 맥락을 살펴봄으로써 역사를 더 재미있게 더 깊이 이해하려는 목적에서 썼다. 연대표를 보고, 또는 몇 년 몇 월에 일어난 사건들을 나열해놓은 통사를 보고 역사를 공부하려 한다면, 그것은 '공부' 로는 더 좋은 방법일지도 모른다. 시험에 나올 수 있는 정보들을 뇌에 차례차례 입력하고, 시험이 끝난 뒤에는 차례차례 잊어버리는 그런 식의 공부라면 말이다.

하지만 정말 우리 인류가 어떤 길을 걸어왔는지, 왜 이런 전쟁이 있었고, 왜 저런 혁명이 일어났는지 이해하려면 다른 방식으로 맥락을 짚어보는 공부법이 더 쓸모 있다. 그런 방법의 하나가 바로 결정적인 '한마디' 를 통해 역사를 이해하는 것이다. 그리고 그런 공부법, 역사적 순간에 역사적 인물에 의해 역사적으로 나온 한마디를 잘 되새기고 전후의 배경을 앎으로써 전체 역사를 이해하는 공부법은 결국 옛날 사람들과의 대화가 된다. 마치 처음으로 전화를 발명하고 통화 실험을 하는 벨의 실험실에 있는 듯, 흑인의 권리를 외치며 워싱턴을 행진하는 마틴 루서 킹의 옆에서 함께 걷는 듯한 독서는 역사적 순간과 흐름을 더욱 생생하게 느끼고, 그 시대의 사람들의 마음에 더 가까이 다가가고, 그런 이해를 통하여 '그러면 앞으로 우리는 무엇을 할 것인가? 어떤 역사를 만들어가야 하는가?' 라는 질문을 스스로에게 던질 수 있게 된다.

마지막으로 이 책에 등장하는 한마디들은 이미 들어본 한마디일 수도 있다. 링컨이 "국민의, 국민에 의한, 국민을 위한"을 말했다는 사실이나 덩샤오핑이 "검은고양이나 흰 고양이나 쥐만 잘 잡으면 된다"는 말을 했다는 것도 알고 있을 것이다. 하지만 그런 한마디가 나오게 된 배경, 그리고 그 한마디가 역사적 흐름을 어떻게 대표하고, 전환의 계기를 어떻게 마련했는지는 모르고 있는 경우가 많으리라. 이 책의 독자는 그런 지식 역시 자신의 것으로 만들 수가 있다.

과연 어떤 한마디가 정말로 결정적인 한마디가 될 것인지, 이 사람의 한마디를 이쪽 흐름에 묶을 것인지, 그 한마디가 갖는 또다른 의미를 고려해서 다른 주제에 연결할 것인지 등은 많은 고민을 가져올 수밖에 없었다. 그런 점에서 아마 뛰어난 독자라면 이 책의 편집과 해석에 이의를 제기할 부분이 적지 않으리라. 하지만 이 책이 그런 분들의 지적 호승심을 자극하고, 다른 분들에게는 지적 호기심을 자극하여, 결과적으로 역사를 더 깊고 넓게 이해하는 계기가 된다면 이 책의 가치는 있으리라고 믿어본다.

'한마디'의 범위와 편제를 정하는 일도 쉽지 않았다. 머나먼 고대로부터 수많은 중대한 한마디가 있었지만, 한마디와 역사 사이의 긴밀한 흐름을 제대로 나타내기 위해 이 책은 시대적 범위를 '현대'에만 한정했다. 또한 현대란 그 이전 시대와는 달리 '한마디'들이 극소수의 사람들에게만 전해지고, 많은 경우 크게 와전되는 시대가 아니라 수없이 쏟아지는 책과 신문, 논문에 적혀져 텔레비전, 라디오, 인터넷 등 과거에는 상상도 할 수 없을 만큼 빠르고 거대한 커뮤니케이션 수단에 실려 수많은 사람들에게 전해지는 시대, 그리하여 그들의 행동에 큰 영향을 미칠 수 있는 시대다. 그런 점에서라도 과거의 한마디들을 넘어서 현대의 한마디들이 특별히 주목받을 이유가 있지 않을까 싶다.

'현대'가 언제부터인지도 쉽지 않은 문제지만, 여기서는 1850년대부터 지금까지의 시대를 다루었다. 왜 하필 1850년대인가, 1800년대부터, 또는 20세기에 들어서부터가 더 옳지 않은가 등의 지적도 나올 수 있다. 하지만 '근대'를 이룩한 3대 혁명, 즉 과학혁명, 산업혁명, 시민혁명이 발생한 18세기와 19세기 중반을 넘어, 인류가 그 혁명들의 결과를 수용하고 제도화하며 전 세계적으로 일반화하게 된 시대, 그때를 1850년대부터라고 보는 것이다. 따라서 그 시대를 현대와 비현대의 분기점으로 보며, 이후 우리가 이 책을 보고 있는 이 시점까지를 계속 진행되고 있는 현대라고 정하고 이 책을 썼다.

책을 읽다보면 당황하는 경우도 있을지 모른다. 분명히 1920년대의 장을 읽고 있는데, 처음에는 1920년대에 나왔다는 한마디 이야기를 하더니 다음에는 1980년대의 말이, 그다음에는 다시 1920년대의 말이 나오는 경우가 종종 있기 때문이다. 그것은 이 책의 편제가 각 시대(대체로 10년이 주기가 되는)를 장으로 삼되, 그 내용에는 그다음 시대, 또 그 이후 시대에 나오는 한마디도 집어넣었기 때문이다. 무조건 시대 순으로 엮지 않고 왜 그렇게 헷갈리게 했는가 하면, 그 시대에 나타난 관념이 그 시대로 마감되는 것이 아니라 그 뒤까지, 어쩌면 바로 오늘날까지 이어지고 있기 때문이다. 반대로 말해서 그 시대를 제대로 이해하려면 그 시대에 나타난 한마디뿐 아니라, 다음 시대에 이어진 한마디도 보아야 하기 때문이다.

가령 1890년대에 나온 키플링의 '백인의 사명'이라는 한마디는 2000년대에 조지 부시가 언급한 '미국의 사명'과 통하고 있다. 달리 말해서 1890년대의 제국주의는 2000년대의 국제적 개입주의와 일맥상통하고 있다. 그러다보니 일단 그 시대에 나왔으며 그 시대의 성격을 가장 잘 나타내주는 한마디를 앞에 놓되, 그 뒤에 이어지는 한마디는 꼭 그 시대의 것이 아니라 수십 년 뒤에 나온 한마디인 경우도 많게 되었다. 독자들이 읽으면서 혼동이나 불편을 많이 느끼지 않기를 바란다.

필자의 능력을 넘어서는 듯한 이 과제를 마무리하는 데 많은 분들의 도움이 있었다. 특히 이 책의 아이디어 단계에서부터 자료 수집과 정리, 초고의 비평 등에서 적극적으로 힘써준 유영희 씨, 그리고 느려터진 집필 속도를 잘 참아주시고, 더 좋은 책이 되기 위한 값진 조언을 거듭해주신 북하우스 편집부에 큰 감사를 드린다.

2010년 초,

함규진

차례

1980-1989

12 위대한 보통 사람들

1990-

13 따로, 또 같이

쉬어가는 한마디

FREEDOM

[1850-1869]

현대, 영광과 절망의 장이 열리다

1850

- 중국, 태평천국의 난

1853

- 페리 제독, 일본에 개국 강요
- 크림 전쟁 발발
- 아르헨티나, 헌법 제정하고 공화국이 됨

1854

- 일본 개국
- 보어인, 오렌지자유공화국 수립

1856

- 크림 전쟁 종료

1857

- 인도, 세포이 반란
- 보들레르의 『악의 꽃』
- 플로베르의 『보바리 부인』

1859

- 밀의 『자유론』
- 다윈의 『종의 기원』

1860

- 헉슬리-윌버포스, 옥스퍼드 대논쟁
- 허버트 스펜서의 『총합철학』

1861

- 러시아, 농노제 폐지
- 이탈리아, 실질적 통일 달성
- 미국, 남북 전쟁 개시

1862

- 링컨, 노예해방 선언
- 비스마르크, 프로이센 총리에 취임

1863

- 한국, 고종 즉위
- 링컨, 게티즈버그 연설

1864

- 중국, 태평천국의 난 진압
- 맥스웰, 전자장 이론 발표
- 파스퇴르, 자연발생설을 부정하는 실험 결과 발표

1865

- 대원군, 경복궁 중건 추진
- 남북전쟁 종료, 링컨 암살
- 멘델, 유전법칙 발견
- 클라우지우스, 엔트로피 법칙 발견

1866

- 제너럴셔먼호 사건, 병인양요
- 프로이센-오스트리아 전쟁(보오 전쟁)

1867

- 미국, 러시아로부터 알래스카 매입
- 영국, 제2차 선거법 개정
- 마르크스의 『자본론』
- 오스트리아-헝가리 연합 제국 출범
- 노벨, 다이너마이트 발명
- 멕시코, 프랑스가 세운 막시밀리안 황제를 폐위하고 처형

1868

- 일본, 메이지유신

1869

- 미국, 최초의 부인참정권법 제정
- 멘델레프, 원소주기율 발견
- 톨스토이의 『전쟁과 평화』
- 스페인, 입헌군주제 선포
- 수에즈 운하 완공

자유란 남에게 해를 입히지 않는 한, 원하는 일을 하는 것이다

J. S. 밀, 1859

:: '자유'라고 불러 마땅한 유일한 자유는 자신이 바라는 것을 자신의 뜻대로 추구하는 것이다. …… 문명사회에서 정당하게 개인의 뜻을 강제로 간섭할 수 있는 유일한 경우는, 남에게 해를 입히지 않도록 하는 경우이다. ::

존 스튜어트 밀1806-1873이 1859년에 쓴 『자유론』에 나오는 말이다. 밀은 카를 마르크스1818-1883, 막스 베버1864-1920 등과 함께 19세기 말 서구 문명을 대표하는 지성이다. 그는 애덤 스미스, 리카도를 계승하는 고전파 경제학자이면서, 베이컨·홉스·로크·흄을 잇는, 그리고 좀더 좁게는 제러미 벤담과 그의 아버지인 제임스 밀을 잇는 영국 철학자이기도 하다. 그러면 왜 하필 그의 말이 이 시대를 대표하는 말이자, 현대사를 움직인 가장 중요한 말 중 하나로 꼽히는 것일까?

"네가 하고 싶은 대로 하렴. 그래도 남에게 피해는 주지 말아라." 너무나 당연한 말이 아닌가? 우리는 집에서, 학교에서, 일터에서, 그리고 책·TV·신문·인터넷 게시판에서조차 이런 소리를 지겹도록 듣고 살아가지 않는가? 그런데 왜 이처럼 상식을 넘어서 진부하기까지 한 말이 현대사를 움직인 말 가운데 첫째로 꼽히는가?

그것은 현대 이전에는 이런 생각이 결코 상식이 아니었기 때문이다. 아니, 오히려 그 정반대가 상식에 가까웠다.

"우상을 섬기지 마라" "안식일을 거룩하게 지켜라" "네 부모를 공경하라" "살인하지 마라" "도둑질하지 마라"…… 우리가 잘 아는 '십계명'은 금기와 의무로 가득 차 있다. 이를 좀더 세련되게, 적극적으로 풀이한 예수는 "네가 대접받고 싶은 대로 남을 대접하라"는 '황금률'을 내놓았다. 공자는 '극기복례'克己復禮를 주문했다. 자신의 욕망을 억제하고 일반적으로 옳다고 여겨지는 일을 하라는 것이다. 석가모니는 아예 모든 욕망은 공허한 것이며 사람을 고통으로 이끄는 것이라고 부정했다. 그들의 가르침은 시대가 지날수록 엄격해지고 자잘해졌다. 중세의 교회는 개인적인 욕망에 따라 행하는 모든 일을 사실상 죄로 규정했다. 가령 영양을 취할 목적을 넘어서 '맛으로' 음식을 먹는 것은 죄다. 자손을 남길 목적이 아닌 성관계도 죄라는 것이다. 중국과 한국의 성리학자들은 한순간이라도 천지자연의 이법에 맞는 생각과 말과 행동에서 벗어나지 않도록 힘쓰라고 했으며, 사私는 곧 사邪라고 매도했다. 물론 그런 주문을 하는 사람들조차도 그것을 완벽히 실천했을지는 의문이지만. 여하튼 근대 이전의 거의 모든 종교와 도덕은 개인이 자신의 뜻대로 행복을 추구하는 일을 결코 긍정하지 않았다.

돌파구는 마키아벨리와 홉스에게서 나타났다. 마키아벨리는 정치의 세계, 즉 공적 영역에서는 미덕에 연연해서는 안 된다는 현실을 지적했다. '국익'을 위해서 정치인들은 때로 거짓말도 하고, 외국의 딱한 사정에 눈을 감기도 하며, 심지어 폭력을 써야 할 때도 있다는 것이었다. 홉스는 더 나아가 개인의 욕망을 기초로 새로운 정치체제의 틀을 짰다. 개인의 가장 큰 욕망은 무엇인가? 자신을 보전하는 것이다. 그 욕망을 이루려면 어떻게 해야 하는가? 부득이 다른 욕망을 절제하고, 자신의 자유를 국가에 양도해야 한다. 모든 사람이 각자의 자유를 주장하다보면 누구도 자신을 보전하지 못할 정도로 위험해질 테니까. 국가는 개인의 욕망을 채우기 위한 도구일 뿐이라는 홉스의 관점은 신이나 천지자연의 이법에 따라 이루어진 공동체가 국가라는 기존의 생각을 철저하게 파괴하는 것이었다. 이러한 관점을 바탕으로 근대 정치와 법의 원칙이 세워졌다.

하지만 그것은 정치 영역의 규범은 되어도, 개인의 사적 영역을 위한 규범은 되지 않는다. 늘 '법대로' 하면서 온갖 비열한 행동을 일삼는 사람을 우리는 비난해야 하나, 말아야 하나? 법이 무서워 감히 해코지는 못 하지만, 그런 사람을 마음속으로는 몇 번이고 욕하고, 때리고, 심지어 죽이기까지 한다. 이것은 도덕적으로 옳을까? 대마초를 피우다가 적발된 연예인이 "대마초는 우리나라 법에는 금지되어 있지만 허용하는 나라도 많다. 나는 도덕적으로 떳떳하다"라고 하는데, 맞는 말인가?

칸트는 무신론자가 아니었다. 오히려 신앙심이 독실했다고 한다. 그러나 그는 보편적인 윤리 법칙을 세우려면 종교를 배제하지 않을 수 없다고 보았다. 그래서 수천 년 동안(서양의 경우) 개인 행동의 옳고 그름을 가늠하는 기준이던 '신의 뜻'을 물리고 대신 인간의 이성을 집어넣었다. 그리하여 '정언명령'이라는 원칙을 만들어 냈다. "네가 하고자 하는 일이 모든 사람에게 통용되는 보편적 입법 원칙이 될 수 있도록 하라!" 이 정언명령에 따르면 살인을 해서는 안 된다. 살인이 모든 사람의 '보편적 입법 원칙'이 된다면 모든 사람이 합법적으로 살인을 하고, 따라서 인류는 멸망할 것이기 때문이다. 자살 역시 같은 이유에서 부정된다. 거짓말을 하는 것은? 모든 사람이 거짓말만 하게 된다면 그 또한 상상할 수 없는 혼란을 가져올 것이므로, 역시 안 된다. 그러나 이러한 칸트의 합리주의적 도덕 원칙도 문제가 있었다. 거짓말이 안 된다면 '선의의 거짓말'은 어떨까? 그것으로 대혼란이 일어날 것 같지는 않다. 하지만 과연 '선의'는 무엇이며, 누가 선의 여부를 판단하는지가 불분명하다. 가령 정치인들이, 일반 국민이 진실을 알면 고민만 할 뿐이라고 생각해서 언론을 통제하고 정보를 조작한다면? 또한 칸트의 의무론은 신 대신 인간을 기준으로 했다고는 하지만, 중세 시대의 도덕론처럼 차갑고 딱딱하다는 비판도 있었다. 칸트의 도덕론을 비판하며 "죽지 말아야 할 의무만 있고, 왜 살아가야 하는지에 대한 해답은 없다!"고 외치고는 자살을 했다는 소녀의 이야기가 대표적인 예다.

그래서 밀은 이렇게 간단하게 정리한 것이다. "남에게 해를 입히지 않는 한, 원하는 일을 하라!" 이로써 인간은 기본적으로 의무를 따르는 존재가 아니라, 자유로운 존재가 된다. '방종'하게 행동하지만 않는다면 말이다. 법을 어기지 않지만 왠지 역겹게 행동하는 사람은 도덕적으로 정당하다. 그런 사람을 비난해서는 안 된다. 하지만 마음속으로 욕하는 것은 상관없다. 그렇다고 그가 피해를 보지는 않을 테니까! 그리고 대마초를 피우는 일이 남에게 해를 입히는지 여부는 더 구체적으로 따져볼 문제지만, 아무튼 그 자체가 근본적으로 죄악은 아니다.

철학에서 이는 '무위해성의 원칙' Harm Principle 으로 불리며, 여러 가지 논란의 대상이 되어왔다. 주로 문제는 '자유'와 '방종' 중 어느 쪽에 더 중점을 둘 것인가였다. '해를 입힌다'는 것을 아주 소극적으로 해석할 경우, 우리가 흔히 부도덕하다거나 비상식적이라고 생각하는 많은 일도 마땅히 허용되어야 한다. 가령 조엘 파인버그는 길거리에서 공공연히 성관계를 갖거나 유족들 앞에서 시신을 토막 내는 일도 도덕적으로 정당하다고 말한다. 누구에게도 '피해를 입히지 않기' 때문이다. 반면 여성주의자나 환경주의자들을 비롯해서 '해를 입힌다'를 폭넓게 해석하는 사람들도 많다. 가령 공공연한 성관계나 시신 모독은 보는 사람에게 물리적인 피해는 입히지 않지만 정신적인 피해를 입힐 수 있다. 따라서 그런 행동은 부당하다. 또한 우리의 필요에 따라 에너지를 흥청망청 사용하는 일 역시 당장은 누구에게도 피해를 입히지 않을지 몰라도, 미래의 우리 자손들에게 피해를 입히게 된다. 따라서 부당하다고 할 수 있다는 것이다.

그러나 철학계의 논란을 넘어서, 일반 사회의 문화와 역사에는 밀의 한마디가 급속도로 퍼져갔다. 그리고 일반화되고, 제도화되고, 마침내는 현대인의 상식이 되었다. 그것은 극단적인 형태로까지 발전했다.

네가 원하는 것을 하라, 그것이 율법의 전부다

얼레이스터 크로울리, 1904

밀의 『자유론』이 출간된 지 반세기가 채 못 되어, 얼레이스터 크로울리1875-1947는 『리버 레기스』에서 이렇게 단언했다. 크로울리는 현대 최대의 오컬티스트였다(그의 추종자들에게는 '대마법사'였고, 비판자들에게는 '악마 숭배자, 희대의 사기꾼'이었다). 유체 이탈이나 저주로 사람을 해치는 일을 자유롭게 할 수 있다고 호언장담하는 한편, 유려한 문체로 현대 사회의 모순과 결함을 비판했던 그는 이 한마디의 말을 통해 밀이 개인의 자유에 매어두었던 단 한 가지의 제한조차 풀어내 던져버렸다.

그런데 사실 이 말은 크로울리가 처음 한 말이 아니며, 16세기의 프랑스 작가 라블레가 자신의 작품에서 썼던 말이다. 그리고 본래 완전한 방종을 부추기는 의미가 아니었다. 크로울리도 역시 그런 뜻으로 한 말은 아니며, 어떤 고정관념이나 낡은 관습에 얽매이지 말고 자유롭게 사고하라는 뜻이었다고 한다. 하지만 원뜻이 어떻든, 이 말은 인간이 감당할 수 있는 이상의 난폭한 자유를 부르짖는 구호가 되었다. 누구나 아무런 제한 없이 자유를 추구한다면, 홉스가 지적한 것처럼 인류는 파멸하고 말 것이다. 그러므로 밀의 한마디를 제치고 크로울리의 한마디가 새 시대의 율법이 될 수는 없었다. 하지만 보헤미안, 히피, 아나키스트 등 억압을 끔찍하게 싫어하고 영혼의 무한한 자유를 갈구했던 소수의 사람들 사이에서 크로울리의 이 한마디는 언제까지고 메아리쳤다. 꼭 소수에 그치지는 않는다. 모든 권위에 대한 의심, 일체의 질서에 대한 부정은 현대의 젊은이라면 누구나 한번쯤은 빠지게 되는 반항의 정서이기에. 이 한마디는 철학 서적이나 정치 연설문에서는 쉽게 드러나지 못한다. 그러나 해방을 갈구하는 젊은이의 영혼에 호소하는 팝 문화, 비틀스에서 에픽하이에 이르기까지, "국가가 없어지는 걸 상상해봐"에서 "무법자 눈을 떠, 화염병이 불붙어"까지, 크로울리의 한마디는 여전히 숨 쉬고 있다.

"남이 원하는 일을 하라"는 것은 신의 메시지였다. "네가 원하는 일을 하라"는 것은 악마의 메시지다. 인간인 이상 두 가지 모두 감당하기 어렵다. 적어도 현대인인 이상은! 그러므로 우리 삶을 구성하고 있는 모든 문화 코드에는 "남에게 해를 입히지 않는 한, 원하는 일을 하라!"라는 투명한 문구가 찍혀 있는 것이다. 물론 이 원칙이 억압되는 경우도 많다. 이제 살펴볼 역사의 큰 흐름에서도, 때로는 민족, 때로는 계급, 때로는 혁명의 이름으로 개인의 자유 원칙은 부정되었다. 그러나 그럴 경우에도 근본적인 개인의 자유는 말살되지 않았고, 그 자유를 논리적 근거로 해서 파시즘도 공산주의도 세워질 수 있었다. 신의 말씀, 천지의 이법과 더불어 살았던 우리 조상과 달리, 우리는 자유 속에서 살아가고 있다. 그러나 도처에서 사슬에 묶여 있다. '남에게 해를 끼치지 않는 한' 우리의 욕망을 간섭할 것은 아무것도 없음을 아는 순간, 우리의 욕망에서 탈출할 방법도 아무것도 없음을 깨닫기 때문에.

나는 차라리 원숭이의 자손이 되련다

토머스 헉슬리, 1860

"그래, 아버지 쪽이오 아니면 어머니 쪽이오?"

1860년, 유서 깊은 옥스퍼드 대학교의 강당을 가득 메운 사람들의 열띤 시선 속에서, 옥스퍼드 교회 감독이던 새뮤얼 윌버포스는 눈을 가늘게 뜨고 한껏 비아냥대는 태도로 질문을 던졌다. 그의 반대편에 앉아 있던 신사는 살짝 이맛살을 찌푸리며, 뒤통수를 한 손으로 쓸어내렸다.

그의 이름은 토머스 헉슬리1825-1895였다. 영국 왕립 광산학교 교수로 동물학을 연구해온 그는 '다윈의 싸움닭'으로서, 진화론을 대표하는 입장에서 이날의 토론에 임하고 있었다. 다부진 체격, 덥수룩한 구레나룻, 부리부리한 눈매. 싸움닭이라는 별명에 어울리는 풍모의 헉슬리는 진화론에 반대하는 교회 대표 격인 윌버포스와 지금껏 끈질긴 토론을 하고 또 했다. 그러자 조바심이 난 상대가 "그럼 당신은 원숭이 자손이겠구먼? 그래, 아버지 쪽이오, 어머니 쪽이오?" 하고 폭언에 가까운 질문을 들이댄 것이다.

짧은 침묵 뒤 헉슬리의 입에서 나온 대답은 열심히 토론을 경청하던 사람들을 깜짝 놀라게 했다.

"…… 나는 차라리 원숭이의 자손이 되겠소!"

이 말은 전체적인 맥락에서 보면 그렇게 파격적이지는 않았다. 윌버포스의 폭언에 맞서서, "당신처럼 그렇게 비열한 인간보다는 차라리 원숭이의 자손이 되는 게 낫겠다"고 내뱉은 말이었다. 헉슬리로서도 농담에 가까운 뜻으로 쓴 표현이었을지 모른다.

그러나 그 말은 중대한 의미를 담은 것처럼 들릴 수 있었다. 원래 맥락이야 어쨌건 인간이 원숭이와 동격으로 놓인다는 것, 그리고 그런 말이 진화론의 가장 열렬한 주창자에게서 나왔다는 점에서 이 말은 당시에 큰 파란을 일으켰다. 사실 '창조론'에 대비되면서 진화론은 곧 무신론, 즉 생명의 탄생과 변화에 신이 개입하지 않음을 나타내는 이론인 것으로 이해되는 경우가 많다. 하지만 '자연은 신의 개입을 필요로 하지 않는다'는 개념은 이미 150년 전1687에 뉴턴이 정립해놓고 있었다. 뉴턴은 결코 무신론자가 아니었지만, '신이 창조한 세계의 물리는 더이상의 개입을 전혀 필요로 하지 않을 만큼 완벽하다'는 의미로 '완성된 시계는 시계공이 없어도 잘 돌아간다'고 밝혔던 것이다. 반대로 진화론을 받아들인다고 해서 꼭 신앙을 버려야 할 필요도 없다. 실제로 오늘날 많은 과학자들이 진화론을 의심치 않으면서 종교인으로 살고 있다. 다윈이 『종의 기원』을 내놓았을 때 그토록 많은 거부감을 불러일으켰던 이유는 바로, '인간과 동물이 동격이 된다. 아니, 인간이 동물의 하나로 포함된다'는 의미가 진화론에 함축되어 있었기 때문이었다.

오늘날 인간도 동물이라는 생각은 당연하다고 여겨진다. 그러나 오랫동안 인간은 스스로를 특별한 존재라고 생각해왔다. 만물 중에 오직 인간만이 '영혼'을 지녔다거나, 식물이나 동물의 영혼에 비해 월등한 영혼을 지녔다는 것이 고대부터 이어져오던 생각이었다. 인간이 사는 세상이 우주의 중심이며 그 주위를 태양과 달, 뭇별들이 돌고 있다는 생각도 그런 인간 중심적 관점의 하나였다. 그런 생각은 근세 초기에 깨어졌지만, 그래도 인간과 동물을 감히 동격으로 볼 수는 없다는 생각만은 17, 18세기의 과학혁명 속에서도 끈질기게 살아남았다. 진화론이 나타날 때까지는.

이제 인간은 신의 모습을 본따 만들어진 존재, 신이 그 영혼을 구원하고자 몸소 십자가에 달린 존재라기보다 먼 옛날, 순전히 '우연'에 의해 원숭이 친척들과 갈라져 나온 호모사피엔스가 되었다. 영성靈性의 인간보다 육체적인 인간이 인간의 본모습이 된 것이다. 그리고 시간이 지날수록 인간의 여러 특성이 다른 동물과 전혀 다른 것이라기보다 단지 상대적으로 다른 것으로 설명된다. 인간은 침팬지와 유전적으로 98.8퍼센트 같으며, 생쥐나 초파리와 비교해도 크게 다르지 않다. 정신의 작용, 가령 '사랑'조차 호르몬 분비의 메커니즘으로 이해된다.

이것이 과연 무슨 뜻일까? 인간의 삶에서 과학이 최종적인 승리를 거두었다는 뜻이다. 우리는 여전히 아이들에게 산타클로스 이야기를 들려주고, 해와 바람이 나그네의 외투를 벗기려고 싸우는 그림책도 읽어준다. 그러나 그 이야기가 '사실'이라고 믿는 어른은 없다. 아이들도 곧 그런 '이야기'와 '사실'을 구분하기 시작한다. 그런 이야기가 종교적 가르침에 어긋나기 때문이 아니다. 전통에서 꺼리기 때문도 아니다. '과학적으로 의미가 없기' 때문이다. 사실 매사에 '과학적'으로 살아가는 사람은 많지 않지만, 현대인이라면 누구나 과학이라는 틀 속에 삶을 짜맞추고 있다. 침대만이 과학이 아니다. 침대를 둘러싼 모든 것이, 침대 위에 누워서 코를 고는 '존재'까지도 오직 과학으로만 인정받는다. 앞서 우리는 현대인이 자연스럽게 '자유' 속에서 살아간다는 이야기를 했다. 현대인은 '과학' 속에서 살아가기도 한다. 공기처럼 눈에 띄지 않고, 전혀 부담스럽지 않은 자유와 과학. 그러나 그것은 인류가 수천, 수만 년 동안 경험하지 못한 것이었다.

그런데 '옥스퍼드 대결'에는 후일담이 있다. 딱 30년이 지난 1890년, 헉슬리는 바로 그 옥스퍼드 대학교 강당에서 '과학과 윤리'를 주제로 강연을 했다. "인간이 진화했다는 것과 윤리적으로 사는 것은 전혀 별개의 문제입니다. …… 인간은 결코 도덕률에 어긋나게 살아서는 안 됩니다."

이제 인생의 황혼기에 접어든 헉슬리, 풍성한 구레나룻도 희끗희끗 시들어버린 그는 옛날 바로 그 자리에서 "인간이 원숭이와 친척이라고 해서 그게 어쨌다는 말이냐"며 기세등등하게 교회의 대변자를 공격하던 때와는 전혀 다른 모습이었다. 그리고 그가 꺼내는 말도 매우 다르게 들렸다. 당시는 진화론이 널리 받아들여져 과학 상식이 되었을 뿐 아니라(헉슬리의 공로에 크게 힘입어), 사회윤리와 정치사상에도 응용되고 있던 시기였다. 그중에서도 허버트 스펜서 1820-1903가 1870년을 전후해 내놓은 '사회진화론'은 큰 영향을 미쳤다. 그것은 다윈의 진화론이 함축하는 '적자생존'과 '우승열패', 즉 더 강한 쪽이 약한 쪽을 물리치고 살아남게 된다는 개념을 사회와 정치, 역사학에 적용한 것이다. 그에 따르면, 백인은 훨씬 많은 수의 유색인종을 지배하고 있는데, 이는 백인이 인종적으로 우월하기 때문이다. 백인 중에서도 슬라브족이나 라틴족보다 튜튼족이 우월하다(슬라브, 라틴족은 의견이 다르겠지만). 그렇게 민족, 인종, 국가 사이에 지배와 피지배 관계가 성립하는 것은 분명 불평등하지만,

'자연 법칙'에 따르는 것이다. 달리 말해서 불평등, 억압, 착취는 '과학적'이다. 인간적인 감상, 윤리의식은 과학 앞에 길을 비켜야 한다. 인간이 원숭이와 친척이라는 '과학적 사실'에 얼굴을 붉혀서는 안 되듯이, 인간이 친척인 원숭이를, 그리고 '덜 진화된' 열등한 인간을 지배하고 착취하는 것을 비판해서도 안 된다. 이것이 사회진화론의 핵심적인 내용이었다.

당연히 그런 생각은 인류의 양심을 마비시켰고, 사회 불평등과 제국주의, 빈익빈 부익부의 현실에 면죄부를 주었다. 또한 서로 '우월한 쪽'에 서기 위해 경쟁하고 상대를 파멸시키려고 발악하는 상황을 자연스럽게 만드는 이론적 근거가 되기도 했다. 19세기 말에서 20세기 초까지 줄기차게 진행된 군비경쟁과 국가권력의 확대, 갈수록 치열해지고 비참해졌던 전쟁은 바로 사회진화론의 산물이었다. 그리고 좀더 멀리 보면 과학이 인문주의에 승리한 결과였다. 늙은 싸움닭, 헉슬리는 그런 경향을, 공기 속에 퍼져가는 살기와 광기를 피부로 느꼈다. 그래서 "과학과 윤리를 구별해야 한다!"고 소리쳤으나, 이미 그의 목은 쉬어 있었다.

오늘날에는 더이상 사회진화론이 정치와 사회를 주름잡지도, 적자생존을 '윤리'로 받아들이는 것이 '과학'에 부합한다고 보지도 않는다. 그러나 19세기 말, 헉슬리의 옥스퍼드 논쟁을 전후해서 완전한 승리를 거머쥔 과학의 힘은 거침없이 커져왔으며, 그만큼 "과학자에게 인류의 미래를 맡겨둘 수는 없다"는 우려의 목소리도 그치지 않았다. 그런 목소리는 헉슬리의 예처럼, 과학자들 스스로에 의해서도 종종 터져 나왔다. 원자폭탄의 공포를 경고한 아인슈타인(그는 그에 앞서 원자폭탄이 만들어지는 원리의 기초를 마련했으며, 최초의 원자폭탄 제조를 루스벨트 대통령에게 건의하기도 했다), 인공지능 로봇이 인간의 자리를 빼앗는 미래를 두려워한 폰 노이만(그는 명실공히 현대적 컴퓨터 개발의 주역이었다). 이들은 자신이 앞장서서 창조한 괴물을 보고 놀라서 나동그라지는 프랑켄슈타인 박사였다. 한편 그들의 반대쪽에는 스트레인지러브 박사가 차분히 앉아 있었다. 스탠리 큐브릭 감독의 영화 〈닥터 스트레인지러브〉1964의 등장인물인 그는 핵전쟁의 필요성을 부르짖으며, 그 과정에서 살아남아 '더 나은 인류'를 건설할 사람들을 선별하는 작업을 추진한다. 사회진화론의 망령을 되살리려는 '매드 사이언티스트'mad scientist는 이로부터 각종 영화나 만화, 소설 등에서 끊임없이 얼굴을 내민다. 그는 일반 대중이 과학의 전지전능한 힘 앞에 느끼는 무력감과 공포감이 불러낸 악령인 것이다. 이런 흐름은 1970년대의 시험관아기 윤리성 논쟁, 1990년대의 인간복제 논쟁에서도 이어진다. 모두가 인간이 만들어낸 과학이 인간을 만드는 상황에 대한 어쩔 수 없는 부담 때문이다.

그러면 내내 계속된 이 논란, 과연 과학(과학자)에게 이렇게 큰 권력을 주어도 괜찮은가 하는 의혹의 결론은 무엇인가? 그것은 1990년대에 이르러 루이스 월퍼트가 내려주었다.

차라리 오만한 과학자가 낫다

루이스 월퍼트, 1992

정확한 원문은 이렇다. "가난, 오염, 인구 폭발, 전염병 등 당면한 문제를 해결할 때, 우리가 의존할 곳은 과학이지 구루(정신적 지도자)가 아니다. 무지에서 오는 오만보다는 차라리 과학자의 오만이 낫다." 월퍼트는 배아세포 연구를 전문으로 하는 영국의 생물학자다. 『이기적 유전자』로 유명한 리처드 도킨스 못지않은 글솜씨를 겸비한 유력한 과학자이자 과학에 대한 불신과 비판에 정면으로 맞서는, 특히 생명윤리 논쟁에서 '과학적 진보'를 인간 존엄성 문제보다 우선시하는 사람으로 잘 알려져 있다. 그는 1990년대 초에 한창 벌어졌던 '과학의 한계 논쟁'에서 "오만한 과학자가 낫다"는 발언을 함으로써 상대 진영의 논리에 쐐기를 박았다. 물론 과학이 인류에 비극을 가져오기도 했다. 그러나 그것은 과학 자체보다는 과학자의 잘못 때문이었고, 과학자의 잘못보다는 정치인들, 종교인들의 잘못 때문이었다. 사회진화론만 해도 사회사상가들과 정치인들이 진화론을 잘못 이해한 산물에 지나지 않는다. 다윈은 강한 자가 약한 자를 짓밟고 살아남는 과정을 자연법칙으로 제시하지 않았다. 주어진 환경에 가장 적합한 자가 가장 유리하다고 했을 뿐이다. 불완전하지만 과학은 '지식'이며, 위기에 처했을 때 믿을 것은 지식이 아니겠는가? 월퍼트는 과학과 과학자가 오만한 점이 없지 않음을, 결코 완벽하지 않음을 인정하면서도 "그러면 대안은 무엇인가?"라고 통렬한 질문을 던졌다. 그리고 그의 입장에 동조하지 않는 사람은 많았어도, 그의 질문에 그럴듯한 대안을 내놓은 사람은 없었기에 논쟁은 끝이 났다. 과학과 과학자의 승리로.

대안은 없다. 수천 년 동안 애써 쌓아올린 지식과 기술, 그리고 그에 따른 생활방식을 이제 와서 포기하고 종교나 이념에 의존할 수는 없다. 하지만 현대인은 과학 문명이 제작한 틀 속에서 태어나 과학을 입고 과학을 마시며 생활하지만, 철저히 과학적으로 살 수는 없다. 완전히 '가치중립적'일 수는 없다는 뜻이다. 그것은 과학자들조차 예외가 아니다. 그러므로 과학의 냉정함과 막강함에 대한 불안은 언제까지고 우리 곁을 떠돌 것이다. 그런 불안은 '동물'로서의 우리 본능에 새겨져 있다. 언젠가 매트릭스와 같은 시스템이 나타나서 우리 본성을 수정하지 않는 이상, 과학에 대한 논쟁은 계속될 것이며, 인문적인, 윤리적인 문제의식이 완전히 소멸되는 일도 없을 것이다.

국민의, 국민에 의한, 국민을 위한 정치

에이브러햄 링컨, 1863

다소 수척하고 창백한 표정의, 예언자 같은 짙은 턱수염의 사나이가 유난히 큰 키로 단상에 우뚝 섰다. 그리고 준비한 종이를 꺼내 담담히, 그리고 낮고 힘 있게 읽어내려갔다.

:: 80하고도 7년 전 …… 살아남은 우리들로서는 여기서 싸웠던 분들이 그토록 숭고하게 애써온 일, 미처 다 이루지 못한 과업에 진력해야 마땅합니다. 우리 앞에 남아 있는 이 과업, 명예롭게 돌아가신 분들이 마지막까지 몸 바쳐 지키려 했던 큰 뜻을 더욱 빛내야 하는 것입니다. 여기서 죽어간 분들의 죽음이 헛되지 않도록 노력할 것을 굳게 결심해야 합니다. 이 나라가 신의 뜻에 따라 새로운 자유의 탄생을 볼 수 있도록 해야 합니다. 국민의, 국민에 의한, 국민을 위한 정부가 지상에서 사라지지 않도록, 우리는 모든 힘을 다 바쳐야 합니다. ::

불과 272단어(영어 원문 기준)에, 낭독 시간 약 2분. 1863년 11월 19일, 미국 펜실베이니아 주 게티즈버그에서 이렇게 링컨1809-1865은 역사상 가장 유명한 연설을 마쳤다. 남북전쟁 최대의 격전지였던 게티즈버그의 전몰자들을 추도하는 자리에서 행해진 이 연설이 그토록 유명해진 까닭은 바로 앞의 2시간짜리 연설과 대조되는 간결함, 농축되고 절제된 표현(워낙 짧은 연설이었기에 링컨이 게티즈버그로 오는 중에 즉흥적으로 썼다는 이야기도 생겼지만, 실제로는 매우 공을 들인 연설문이었다. 몇 차례나 퇴고를 하며 말을 다듬었다고 한다), 전쟁 중에 한쪽 진영의 지도자가 한 연설로는 파격적일 만큼 전쟁의 광기나 선동의 의도가 전혀 없는, 거룩하리만큼 소박한 내용(링컨은 '여기서 싸웠던 숭고한 분들'을 북군에 한정하지 않았으며, 막바지에 다다른 전쟁의 승리를 다짐하지도, 북군과 연방 정부의 옳음을 강조하지도 않았다) 등에 있으리라. 하지만 이 유명한 연설 중에서도 가장 유명해진 한마디를 고르자면, 바로 마지막의 "국민의, 국민에 의한, 국민을 위한 정치(정부)"이리라.

사실 이 한마디는 본래 링컨의 창작이 아니라, 목사이자 사회운동가였던 시어도어 파커1810-1860가 1850년에 『성서』를 번역하고는 그 서문에 처음 쓴 말이다. 하지만 게티즈버그 연설에서 링컨이 사용한 덕분에 세계사를 뒤흔든 한마디가 되었다고 해야 할 것이다.

현대인에게 자유가 자연스럽고 과학 또한 자연스럽다면, 공기처럼 자연스러워서 그 존재를 깊이 생각하는 일조차 드문 것 중 또 하나는 민주주의다. 물론 링컨이 이 한마디를 하던 당시 세계에는 공화국보다 제국이나 왕국이 훨씬 많았고, 그중 상당수가 황제와 왕에게 실질적인 통치권이 있었다. 심지어 지금도 황제나 왕은 존재하며, 사우디아라비아와 부탄, 브루나이처럼 그들이 실권을 행사하는 경우도 없지 않다. 그러나 현대는 곧 민주주의가 점점 퍼지고, 일반화되고, 강화된 시대이기도 하다. 19세기 말에는 아르헨티나1853와 브라질1889이 공화국으로 전환하며 신대륙에서 군주정이 사라졌고, 20세기 초에는 한국의 강제 점령1910, 포르투갈혁명1910, 중국의 신해혁명1911, 제1차 세계대전1914 등을 계기로 한국·중국·포르투갈·독일·오스트리아·러시아·터키 등 구대륙의 유서 깊은 군주국들이 역사 속으로 사라졌다. 그리고 제2차 세계대전1939 이후 독립한 국가들은 대부분 공화정으로 출범하였다. 그렇지 않은 국가들도 20세기 중후반을 전후해 하나둘씩 민주국가로 바뀌었다(네팔은 1972년, 에티오피아는 1974년, 이란은 1979년).

주권이 군주의 손에서 국민의 손으로 옮겨짐으로써 '국민의' of the people라는 조건은 충족되었다. 그러나 민주주의는 그것으로 충분하지 않다. '국민에 의한' by the people이라는 조건 역시 필요하다. 말로는 국민에게 주권이 있고 모든 것을 국민의 뜻대로 한다지만, 실제로는 대통령이나 총통의 독재에 대다수의 국민이 복종해야 하는 경우가 있기 때문이다. 또한 선거권과 피선거권이 국민 중 일부의 손에만 주어져 있고, 나머지 국민은 '굿이나 보고 떡이나 먹는' 처지를 강요당할 수도 있다. 그런 까닭에 명실공히 국민이 스스로를 다스리게 하려는 노력은 게티즈버그 연설 이래 지금에 이르기까지 계속되고 있다. 영국은 1832년부터 선거권을 소수의 엘리트뿐 아니라 일반 국민에게 주기 위한 개혁을 거듭, 1867년과 1884년의 선거법 개정을 통해 가진 것 없는 평민에게도 선거권을 부여하고, 1918년에는 여성에게까지 선거권을 확대하였다(다만 남녀의 선거권 부여 연령이 달랐는데, 1928년에 남녀 모두 21세에 선거권을 갖게 함으로써 완전한 보통 · 평등 선거가 실현되었다). 다른 나라들도 그 뒤를 따름으로써 대략

20세기 중반부터는 대부분의 국가에서 보통·평등·비밀·직접이라는 현대 선거의 원칙이 보편화되었다. 법률상 선거권이 전 국민에게 부여된 후에도 무력을 통해 탄압하거나, 혹은 오랜 전통이나 종교, 이념의 힘을 빌려 독재 체제가 유지되기도 했다. 하지만 1980년대의 제3세계 민주화 열풍과 1990년대의 사회주의권 붕괴를 거치며 21세기에 접어든 지금, 그 수는 크게 줄었다. 민주주의가 법으로 완벽히 보장되고 독재 체제도 아니지만, 여성이나 소수민족 등에 대한 편견 때문에 국민이 고르게 정치권에 들어가지 못하는 등의 문제는 아직도 남아 있다. 이는 오늘날에도 여전히 힘겨운 숙제지만, 역시 조금씩 개선되어갈 것이다. 2009년 1월, 버락 오바마가 미국 역사상 최초의 흑인 대통령에 취임하며 링컨의 "국민의, 국민에 의한, 국민을 위한 정치"를 다시 외친 것처럼.

링컨이 말한 마지막 조건 곧 '국민을 위한' for the people 정치는 앞서 살핀 다른 두 가지와는 달리 현대 민주주의 이전의 정치에서도 추구되었는데, 한편으로 민주주의를 위협할 소지를 갖고 있기도 하다. 국가가 "고아와 과부를 보호하며 …… 올바른 재판이 행해지도록 보장"해야 한다는 생각은 기원전 1750년경의 『함무라비 법전』에도 드러나 있다. 또한 공자는 "정치는 바르게 하는 것"政者正也이라고 했으며, 아리스토텔레스도 "정치란 정의의 실현이다"라고 말했다. 이 모두는 정치가 위정자의 이익이 아니라 일반 백성의 이익을 추구해야 한다는 이상을 담고 있다. 그러나 그런 정치를 하려면 고도의 지식과 지혜가 필요하다. '사공이 많으면 배가 산으로

간다'는 말처럼, 지나친 참여는 정부가 아무것도 못하게 만들 수 있다. 따라서 '정치는 아무나 하는 것이 아니다'라는 생각, 즉 '국민에 의한 정치'를 부정하고 소수의 엘리트들이 정치를 해야만 국가와 국민 모두에 이익이라는 생각이 오랫동안 상식으로 내려온 것이다. 이러한 생각은 민주주의가 일반화된 후에도 없어지지 않았다. 우리나라에서도 박정희는 "한국은 아직 국민 수준이 낮기 때문에 서구식 민주주의를 하기에는 이르다"며 독재적인 '한국식 민주주의'를 내세웠다. 그리고 지금까지도 "정부가 소신껏 국정에 임할 수 있게 불만을 자제해야 한다"는 말이 심심치 않게 들린다.

이런 생각을 단적으로 나타내는 말이, 게티즈버그 연설이 있은 지 4년 뒤, 링컨이 암살된 지 2년 만에 나왔다.

정치는 가능한 것의 예술이다

오토 폰 비스마르크, 1867

'철혈재상'으로 불리는 오토 폰 비스마르크1815-1898의 초상화를 보면 언제나 두통이라도 앓는 듯한 표정이다. 굳게 다문 입에 눈빛은 차갑다. 초상화 속의 링컨도 결코 가벼워 보이지는 않지만, 링컨에게서는 엄숙함과 경건함, 그리고 인간적인 냄새가 느껴진다. 하지만 비스마르크에게는 보는 사람을 경직되고 불편하게 만드는 냉혹한 엄격함이 있을 뿐이다. 그러나 그는 링컨과 함께 당대 최고의 정치가였고, 수완을 보면 링컨을 훌쩍 뛰어넘었다. 비스마르크가 없었다면 프로이센이 유럽 대륙의 강대국이 되지도, 오랫동안 이어져 독일 통일의 꿈을 이루지도 못했을 것이다.

"정치는 가능한 것의 예술이다." 이것은 먼저 이상주의와의 결별을 뜻한다. 아름답지만 결코 현실에서 이룰 수 없는 목표는, 그것이 『성서』에 쓰여 있든 『자본론』에 쓰여 있든 정치의 과제가 아니라는 것이다. 또한 가능한 여러 대안들을 여러 방향으로 옮기고, 붙이고, 바꿈으로써 마침내 목표를 실현하는 것, 그 과정을 '예술'이라고 표현했다. 그렇게 볼 때 비스마르크야말로 최고의 예술가였다. 그는 영국·프랑스·이탈리아·오스트리아·러시아 등 쟁쟁한 강대국들에 둘러싸인 독일의 처지를 역으로 활용하여 거미줄처럼 복잡한 동맹 관계를 구축, 어느 경우에나 독일이 공격의 대상이 되지 않도록 했다. 또한 노동계급의 복지 요구에 부응할 필요성을 일찌감치 내다보고, 유럽에서 최초로 사회복지 제도를 도입했다. 그러나 이 모든 것은 냉정한 현실에 맞춰 계산기를 두드린 결과에 불과했을 뿐, 비스마르크의 가슴속에는 마치니나 쑨원의 민족주의적 열정도, 사회주의자들의 노동 해방 이념도 없었다. 나중에 비스마르크가 저승에서 히틀러의 유대인 대학살을 보았다면 고개를 가로저었을 것이다. 하지만 그것은 도덕이나 동정심 때문이 아니라, '비효율적이고 불요불급한 정책'이라는 이유에서였을 것이다. 그리고

어쩌면 평민 출신인 히틀러의 태생을 경멸하지 않았을까? 예술은 분명 '아무나 하는 것이 아니다.'

민주주의 체제에도 여전히 남아 있는 엘리트주의의 가능성, 여기에 더하여 링컨과 비스마르크의 시대는 또 하나의 특성을 현대에 부여했다. 바로 중앙집권적 국가의 출현이다. 근대 초기까지만 해도 국가의 힘은 그다지 강하지 못했다. 법적으로나, 실질적으로나 그랬다. 지방, 교회, 각종 이익집단들은 대개 국가보다 더 오래된 전통과 나름의 규칙을 가지고 국가권력의 간섭을 정면으로 거부했다. 하지만 왕이나 귀족들의 정부가 아니라 '국민의, 국민에 의한' 정부라는 민주주의적 정당성이 오히려 국가에게 그 어떤 단체보다도 앞서는 힘을 실어주었다. 아울러 발달된 통계학과 교통·통신 수단의 발전은 모든 국민의 신상을 파악하고 세금 징수와 병력 동원이 가능하도록 해주었고, 민족주의와 국가주의의 이상, 갈수록 치열해지는 전쟁은 국민 모두가 각자의 입장을 접고 국가 수호를 위해 단결해야 한다는 생각의 싹을 틔웠다. 실제로 이 시대, 19세기 중후반은 독일과 이탈리아라는 수백 년 동안 분열되어 있던 나라가 새로운 강대국으로 통일되어 세계사에 등장한 시대였다. 링컨의 미국도 비슷했다. 남북전쟁은 평등이라는 이상을 실현한 숭고한 싸움이라기보다, 연방 정부가 미국 건국 이래 독자성을 주장해온 지방의 저항을 최종적으로 분쇄한 정복 전쟁이라고 보아야 한다. 그래서 링컨도 연방의 통일을 위해서는 노예해방을 포기할 수도 있다고 공언했고, 게티즈버그에서도 "…… (연방) 정부가 지상에서 사라지지 않도록, 우리는 모든 힘을 다 바쳐야 합니다"라고 말했던 것이다.

역사상 그 어떤 제국보다 강력해진 국민국가의 힘. 그것은 국민의 것이며 국민의 뜻에 따른다고 하지만, 국민을 위한다는 명분으로 언제든 독재와 광란의 소유물이 될 수 있었다. 그리고 파시즘이나 스탈린주의가 몰락하고, 세계화의 물결 속에 국가의 힘이 약해질 대로 약해졌다는 오늘날에도 그런 상황은 변함이 없다. 자유와 민주와 과학, 이 세 가지를 얻은 현대인은 지금 역사상 그 어느 때보다도 자유롭다. 그러나 돌아보면 여전히 사슬에 묶여 있다. 그중에서도 가장 구체적인 사슬은 국가권력의 구속이다.

[1870-1889]

새로운 세계로의 두려운 첫걸음

- 미국, 아파치 인디언의 최후 저항이 좌절
- 에디슨이 전신기 발명
- 일본, 폐번치현, 엔화 채택 등 근대화-중앙집권화 개혁
- 파리 콤뮨, 프로이센-프랑스 전쟁 종료, 독일제국 성립
- 슐리만, 트로이 발굴

- 프랑스, 제3공화정
- 베른의 『80일간의 세계일주』

- 한국, 일본과 강화도조약

- 에디슨이 탄소전구 발명
- 헨리 조지의 『진보와 빈곤』
- 도스토예프스키의 『카라마조프가의 형제들』
- 입센의 『인형의 집』

1870 1871 1872 1873 1875 1876 1877 1879 1880

- 프로이센-프랑스 전쟁 (보불 전쟁)
- 이탈리아 왕국, 교황령 점령 (통일 완성)
- 록펠러, 스탠더드 오일 창립

- 한국, 경복궁 중건 완료
- 카네기, 홈스테드 제강소 창립

- 벨이 전화 발명
- 중국, 동치제 사망, 광서제 즉위, 서태후가 섭정

- 영국, 인도제국 수립

- 로댕의 〈생각하는 사람〉

1881
- 영국, 제1차 보어 전쟁
- 러시아, 알렉산드르 2세 암살

1882
- 한국, 임오군란
- 독일, 오스트리아, 이탈리아의 3국동맹
- 코흐가 결핵균 발견
- 에를리히가 세균 착색법 발견

1883
- 니체의 『차라투스트라는 이렇게 말했다』

1884
- 한국, 갑신정변
- 영국, 제3차 선거법 개정

1885
- 후쿠자와 유키치의 『탈아론』
- 다이믈러와 벤츠가 가솔린 엔진 발명

1886
- 한국, 육영공원 설립
- 미국노동총연맹(AFL) 조직
- 펨버턴이 코카콜라 제조

1887
- 에디슨이 영화 발명
- 프랑스, 프랑스령 인도차이나 연방 결성
- 파리와 브뤼셀 사이에 최초의 국제전화 개통

1888
- 중국, 변법자강운동

1889
- 유길준의 『서유견문』

왓슨, 이리로 좀 오게

A. G. 벨, 1876

이 책에 실은 '한마디' 중에서 이 한마디는 경우가 좀 다르다. 다른 한마디는 그 시대의 정신을 함축하고 있는 말이면서 그 시대와 이후의 역사에 큰 영향을 끼친 말이지만, 이것은 '역사적인' 말이기는 해도 '역사를 움직인' 말은 아니다. 알렉산더 그레이엄 벨1847-1922이 거의 10년에 걸친 연구 끝에 마침내 전화를 발명하고, 그것을 시험하기 위해 조수인 왓슨에게 시도한 '세계 최초의 전화 통화 내용'이기 때문이다. 말하자면 "아, 아, 마이크 시험 중" 정도의 말이라고 할까.

전화 발명자의 영광이 다른 사람에게 돌아갈 뻔했는데, 간발의 차이로 벨이 승리했다는 '전설'은 널리 알려져 있다. 그 전설은 "2등은 아무도 기억하지 않는다"라는 제목으로, 모 대기업의 광고에서도 인상적으로 되풀이되었다. 그런데 실제는 좀 다르다. 또다른 발명가 엘리샤 그레이는 벨보다 몇 주 앞서 전화를 발명해놓았다. 하지만 그 효용에 대해 스스로 과소평가하고 있었고, 늦게야 특허를 출원했는데 벨이 2시간 전에 이미 특허를 따낸 뒤였다. 그럼에도 그레이는 별로 실망하지 않았다고 한다. 전화는 결국 장난감일 뿐이라면서, 다중 송수신 전신기를 발명해 웨스턴유니언 사에 특허권을 팔아넘겼다. 그렇지만 2년 만에 승부가 나서, 웨스턴유니언은 당초의 수백 배에 이르는 특허료를 지불하고 벨과 계약을 맺어야 했다. 또한 그레이나 벨보다 무려 15년이나 앞서, 독일의 라이스가 전화를 발명했다는 사실이 최근에 밝혀졌다. 어쩌면 더 앞선 사람이 있을지도 모른다. 홀로 연구실에 틀어박혀 남이 알아주지 않는 취미에 인생을 바친 괴짜 발명가들, 누구에게 인정받지도, 아예 알려지지도 못한 발명품이나 설계도를 벽장 속에 남긴 채 쓸쓸히 생을 마친 사람들은 셀 수도 없으니까.

이 시대1870-1889는 특히 개인 발명 '광'들의 업적이 절정에 이르렀던 시대였다. 벨의 전화 발명을 비롯해 벤츠, 다이뮬러 등의 자동차 발명이 이루어졌고, 누구보다도 유명한 발명가 토머스 에디슨이 전구·축음기·영화 등 걸작들을 쏟아냈다. 이들이 아낌없이 바친 1퍼센트의 영감과 99퍼센트의 노력 덕택에, 세계는 증기기관의 시대에서 전기와 석유의 시대로 빠르게 넘어갈 수 있었다.

그러나 벨의 경우에서 보듯, 이제 시대는 개인 발명광들에게 기업에 신기술 개발의 주도권을 넘길 것을 요구하고 있었다. 에디슨은 발명의 천재였을 뿐 아니라 발명품을 상업적으로 활용하는 데도 귀재였다. 그가 설립한 회사는 오늘날 제너럴일렉트릭이라는 이름으로 미국을 대표하는 기업이 되어 있다. 다이너마이트와 무연화약의 발명자 알프레드 노벨도 다이너마이트트러스트를 창립해 돈을 마구 긁어들였고, 그 자산을 바탕으로 훗날 노벨상을 제정한다. 또한 발명가가 아닌 기업인들이 인수 합병이나 리베이트, 독과점 등을 통해 거대 자본을 소유한 대기업가로 성장하는 모습도 이 시대부터 서서히 나타나고 있었다. 록펠러, J. P. 모건, 카네기, 크루프 등이 그들이다.

벨의 전화 발명이 갖는 또 하나의 의의는 '커뮤니케이션'의 발달이라는 맥락에서 찾을 수 있다. 1887년에는 프랑스와 벨기에 사이에 전화선이 가설되어 세계 최초로 국제전화가 가능해졌다. 1896년에는 마르코니가 무선전신을 발명했다. 1년 뒤에는 영국과 프랑스 사이에 무선전신 송수신이 성공했으며, 1901년에는 대서양을 사이에 둔 무선통신이 이루어졌다. 1906년에는 무선통신으로 음파를 송수신할 수 있게 되어 무전기와 라디오가 탄생했다. 당시 서구 중심의 기술 문명 세계에서 가장 멀리 떨어져 있었던 한국에도 통신 기술의 혁명은 빠르게 상륙했다. 1885년에 유선전신이 도입되었고, 1895년에는 전화가 보급되어 고종 황제가 궁궐 내부 통신용으로 처음 사용했다. 동양의 종이가 약 700년 만에 서양에 전파되고, 우리나라에서 처음 개발된 금속활자가 200년 만에 구텐베르크의 손을 통해 소개되었음을 생각하면 급속한 전파가 아닐 수 없다.

한국 최초의 전화기는 텔레폰telephone의 음을 따서 '덕률풍'德律風으로 불렸고, 최초의 전화 통화 내용은 일본군 중위 스치다 살해 사건으로 투옥되어 있던 백범 김구를 사면하라는 고종의 지시였다고 한다(고종이 전화로 그런 지시를 한 것은 사실이나 '한국 최초'는 아니었으며, 서울과 인천 사이에 전화선이 놓인 뒤 처음 한 전화 통화였다).

통신 기술의 거침없는 발전은 라디오 방송국 설립1920, 무선파로 화상 전송(텔레비전) 성공1925, FM 라디오 발명1933, TV 방송 개시1936, 컬러TV 방송 개시1954, 트랜지스터라디오 개발1954, 상업용 VCR 개발1969, 군용 인트라넷 구축1969, 퍼스널 컴퓨터 시판1975, 일반용 인터넷 구축1983으로 이어졌다. 특히 인터넷에 이르러서는, 통신 기술이 단지 소식을 주고받거나 오락에 쓰이는 것이 아니라 상업, 공업, 학술, 그리고 정치와 일상생활에 이르기까지 인류 문명 전반에 혁신을 가져오리라는 예측과 진단이 끊이지 않았다. 미국 부통령을 지낸 앨 고어1948- 는 그중에서도 가장 유명한 한마디를 남겼다.

정보 고속도로를 건설하자

앨 고어, 1987

1987년 당시에는 상원 의원이었고, 1992년 빌 클린턴의 러닝메이트로서 부통령에 당선되었으며, 1988년과 2000년 두 번의 대권 도전에서는 쓴잔을 마셨지만 환경운동에 앞장선 공로로 2007년에 노벨 평화상을 수상한 앨 고어는 현대의 가장 지성적인 정치인 중 한 사람이다. 그가 말하는 '정보 고속도로'란 국가 수준에서 구축하는 기간 전산망을 일컫는다. 자동차가 다니는 고속도로를 닮아서 산업 발전의 기틀을 삼듯, 인터넷 인프라를 충실하게 구축함으로써 정보가 거침없이 전달될 수 있게 한다. 그것이 경제가 성장하고 국력이 강해지며 모두가 풍요롭게 살 수 있는 기반이 되리라는 것이다. 실제로 인터넷 인프라 구축에 일찍 투자한 나라가 이후 본격적으로 도래한 '정보화 사회'의 혜택을 많이 입었는데, 그중에는 우리나라도 포함된다. 그런데 '정보 고속도로'라는 고어의 표현은 약간 부적절하다. 고속도로란 말 그대로 빠른 속도로 달릴 수 있는 길이다. 하지만 통신의 속도 자체는 전신과 전화가 나온 이래 계속 광속이었다. 단지 얼마나 많은 양의 정보를 전달하느냐가 달라졌을 뿐이다. 과거에 한두 마디 또는 몇 마디의 말만 전파로 보낼 수 있었다면, 이제는 책 한 권 분량의 정보를 너끈히 전달할 수 있다. 오랫동안 대량의 정보를 전달하는 수단은 책이었고, 전신과 전화가 나온 후에도 그 점에는 변함이 없었다. 그러나 인터넷은 새로운 대안, '더 편리하게' 대량의 정보를 주고받을 수 있는 대안을 마련했다. 그리고 자라나는 세대에게는 그것이 '더 친숙하게' 정보를 접하는 방법이기도 하다.

통신 기술의 발달을 두고 생각해볼 점이 하나 더 있다. 그것이 바로 벨은 성공하고 그레이는 실패한 원인이기도 하다. 통신, 곧 커뮤니케이션이란 단지 정보를 주고받는 데 그치지 않는다는 점이다. 특히 현대 사회에서 통신은 비즈니스를 하는 필수 수단인 동시에, 고독한 개인이 서로 정을 나누는 중요한 수단인 것이다.

사실 음성을 전하는 전화는 정보 전달이라는 면에서는 전신보다 효과적이지 못하다. 목소리는 잘못 전달되거나 일부만 전달될 가능성이 있고, 글에 비해 정보를 체계적으로 전하기도 어렵기 때문이다. 지금보다 음성을 깨끗이 재생하기 어렵던 초기의 전화는 더더욱 정확한 정보 전달이 힘들었을 것이다. 그래서 그레이는 전화를 발명해놓고도 그것이 단지 '장난감'일 뿐이며 상업적 효용가치가 없다고 보았던 것이다.

하지만 전화는 전신에 비해, 그리고 인터넷에 비해 훨씬 '사람 냄새'가 난다. 멀리 떨어져 있는 그리운 사람을 목소리로나마, 바로 곁에서 얼굴을 마주 대하듯 느끼게 해주기 때문이다. 현대적 통신 수단을 정을 주고받는 일에 쓰려는 수요는 1870년대의 발명가들이 미처 예상하지 못할 만큼 많았다. 세계대전을 전후하여 생산과 소비, 정치와 문화의 주역으로 떠오른 '대중'이 두드러진 수요자였다. 결국 무선전신이 라디오와 TV 방송으로 진화한 것은 그러한 대중적 수요를, 메마른 정보가 아니라 사람 냄새를, 인간적인 정을 나누고 싶어하는 대중의 갈망을 받아들인 결과였다. 1988년에 처음 등장한 휴대전화가 그토록 빠르게 보급되고, 나날이 새로운 모델 개발을 요구받는 것도 같은 이유 때문이다. 우리는 언제 어디서나 누군가와의 '통신'에 목말라 있다. 수업 시간 중에도 몰래 친구에게 휴대전화 문자를 보낸다. 택시나 비행기로 이동하는 중에도 자칫 기기 고장을 일으킬 위험까지 감수하며 전화기를 꺼내든다. 헤어진 연인에 대한 생각에 가슴이 저릴 때면 손가락은 어느새 단축번호를 누르고 있다. 그것이 인간적인 모습이다. 아니, 현대인 특유의 모습이다. '무소식이 희소식이거니' 하고 애써 스스로를 달래고, 그래도 그리움이 사무치면 동네 어귀에 나가 해가 지도록 하염없이 산 너머를 쳐다보던 우리 조상들은 꿈도 못 꿨을 모습이다. 하지만 그네들의 그리움과 우리들의 그리움은, 통신에 대한 목마름은 다르지 않다. 그들도 우리도, 사람은 결국 죽을 때까지 외롭기 때문이다.

그래서 최초의 전화 통화도 그런 식의 '한마디'가 되었으리라. 새 발명품이 제대로 작동하는지 시험하기 위해서라면 다른 한마디일 수도 있었다. "원 투 스리 포, 원 투 스리 포"일 수도 있었고, 에디슨이 처음 축음기를 발명했을 때처럼 "메리에겐 어린 양이 한 마리 있다네……" 하며 노래를 부를 수도 있었다. 그러나 그 역사적인 순간, 벨은 수화기 저편에 있는 사람을 의식하지 않을 수 없었다. 오랫동안 이날을 위해 함께 땀 흘리고 눈물도 흘려온 사람, 조수이자 친구인 왓슨이 지금 바로 저쪽에 있음을, 이 기계에 귀를 바싹 기울이고 자신의 목소리를 조바심치며 기다리고 있음을 생각하지 않을 수 없었다.

그래서 벨은 그를 불렀다. 떨리는 목소리로, 이 '온라인 만남'을 서둘러 '오프라인 만남'으로 바꾸자는 제의를 하면서.

"왓슨, 이리로 좀 오게."

불평등이 있는 한, 진보는 없다

헨리 조지, 1879

불평등은 인류 문명이 생겨날 때부터 있었다. 그리고 19세기 이후 산업화가 심화되고 대기업들의 트러스트가 독과점을 통해 차차 시장을 장악해가면서 불평등은 더 극심해지고 더 비참한 현실을 낳았다. 하지만 그것은 어쩌면 인구의 대부분이 절대 빈곤에 허덕이면서 왕후 귀족의 무절제한 착취에 시달려야 했던 전근대사회의 불평등보다는 낫다고 볼 수도 있었다. 문제는 법적으로, 철학적으로, 이념적으로 '만인의 평등'이 약속된 상황에서도 불평등이 존재한다는 것이었다. 인류는 분명 진보했다. 그것도 비약적으로! 불과 수십 년 사이에 세상이 얼마나 달라졌는지 보라! 수많은 발명과 발견이 쏟아지면서 우리 할아버지나 할머니들은 꿈도 못 꾸었을 기술 유토피아가 이루어지지 않았는가! 그러나 여기 당혹스러운 목소리로 의문을 던지는 사람들이 있다. "진보라고? 과연 진보인가? 구조적으로 불평등을 용인하고, 도리어 심화하는 체제를 진보라고 말할 수 있는가?"

그런 질문을 던진 사람들은 이미 적잖게 있었다. 프루동1809-1865은 "소유란 도둑질이다!"라고 외치며 일체의 소유권은 부당하다고 못 박았다1840. 마르크스는 그렇게까지 극단적인 주장을 하지는 않았으나, 토지와 기계 등 '생산수단'을 사적으로 소유해서는 안 된다고 하였다1867. 이들은 모두 산업자본주의 초창기에 그 비인간적인 면모에 몸서리를 치면서 그런 주장을 했는데, 사실 그런 두려움은 워낙 기존의 상식(현대인의 상식과는 좀 다를 것이다)과 동떨어진 노동과 생산, 부의 축적 모습을 보면서 느낀 점도 있었고, 또 시행착오를 거치며 점차 완화되고 개선되도록 정해진 부분도 없지 않았다. 또한 산업사회가 본격화되기 전에도 물질문명의 발달이 오히려 인간 정신을 퇴보시키고 인간을 더 불행하게 만든다는 시각이 있었다. 장 자크 루소1712-1778가 그 대표이며, 따라서 '문명을 벗고 자연으로 돌아가자, 소박한 삶에 만족하자' 는 생각은 산업화 초기에 소로1817-1862 등에게 계승되었다.

그러나 산업자본주의 자체를 때려부숴야 한다는 주장은 잇따른 좌절을 겪어야 했다. 프랑스의 2월혁명1848은 루이 필리프의 '친부르주아 정부'를 뒤엎으며 '노동자의, 노동자에 의한, 노동자를 위한' 혁명을 표방했다. 하지만 그 결과 평민에게까지 선거권이 확대된 상황에서 치러진 선거에서 루이 나폴레옹이 집권했고, 곧 '제2제정'으로 독재 정권이 부활하고 말았다1852. 영국에서도 1867년의 선거법 개정을 통해 도시 노동자에게 선거권이 주어졌으나, 사회주의 정부가 수립되지는 않았다. 그리고 발명가와 과학자 들의 힘이 기업에 넘어가고, 자본의 규모가 커지고 또 국제화되면서 산업자본주의 체제의 종식은 '예수 재림'만큼이나 현실에서 멀어져만 가는 추세였다.

이런 상황에서 "불평등이 있는 한, 진보는 없다"는 메시지가 유럽이 아닌 미국에서, 전투적인 사회주의 혁명가가 아니라 온건하고 신앙심 깊은 재야 경제학자에게서 나왔다. 헨리 조지1839-1897는 작은 출판사 사장의 아들로 태어났는데, 아버지의 출판사가 망한 뒤 공식 교육을 받지 못한 채 하루 벌어 하루 먹는 노동자의 생활을 했다. 그러다가 링컨의 죽음을 추도한 글이 우연히 주목을 받았고, 그 결과 기자로 일하게 되었다. 소시민의 부를 누리기도, 빈곤을 체험하기도 했던 그는 기자 생활을 하며, 막대한 부를 누리는 사람들과 하루 한 끼도 채 먹지 못하는 사람들을 두루 만났다. 그리고 그 과정에서 '어째서 기술은 발전하고 사회는 부유해지는데 한쪽에는 여전히 가난한 사람들이 있는 것일까? 어째서 이처럼 불평등이 존재하는 것일까? 이 문제의 원인을 밝히고 해결 방법을 찾는 것이 내 평생의 과제다'라고 결심했다고 한다.

헨리 조지는 사람이 쓸 수 있는 땅은 그대로지만 인구가 늘어감에 따라 땅값이 올라가게 되는데, 그것이 경제적 불평등의 원인이라고 보았다. 땅을 많이 가지고 있는 사람, 그것도 노른자위 땅을 많이 가지고 있는 사람은 땅을 적게 가진 사람보다 더 유리한 입장에서 돈을 벌 수 있다. 뿐만 아니라 단지 땅을 빌려주는 것만으로 막대한 이익을 챙긴다. 이렇게 똑같은 노력을 하고도 누구는 더 벌고 누구는 덜 버는 것, 또는 전혀 노력하지 않고도 많이 버는 사람이 있고 아무리 열심히 일해도 조금밖에 벌지 못하는 사람이 있는 것, 이것이 헨리 조지가 생각한 궁극적인 불평등이었다. 그래서 그는 땅에서 나오는 이익, 즉 '지대'를 공유하여 그런 불평등을 없애자고 했다.

그는 소유권 자체를 폐지해야 한다고 주장하지는 않았다. 땅의 소유권조차 그대로 두라고 했다. 다만 땅을 사용하여 얻은 이익에 철저히 세금을 매기고 그것을 가난한 사람들에게 재분배함으로써 땅의 소유 여부에 따른 불평등을 없앨 수 있다고 보았다.

'지대가 불평등의 원인'이라는 헨리 조지의 개념은 서구의 많은 지성인들에게 열광적인 환영을 받았다. 그것은 자본주의의 불평등을 생산과정에서의 노동의 소외, 즉 '모든 가치는 노동이 만드는 것인데, 정작 노동하지 않은 자본가가 이익의 대부분을 가져간다'는 개념으로 이해했던 마르크스의 이론과는 다른 방식으로 이해하는 방법이었기 때문이다. 즉 마르크스는 자본주의적 생산이 반드시 불평등을 낳는다고 여긴 반면, 헨리 조지에게는 생산 자체는 문제가 없다. 생산의 조건이 불평등을 낳을 뿐이다. "자본주의가 발전하면 필연적으로 사회주의가 도래한다"는 마르크스주의자들의 호언장담이 갈수록 힘을 잃어가던 당시에 이것은 대단한 돌파구가 되기에 충분했다. 자본주의를 폐지하지 않아도 평등을 달성할 수 있기 때문이었다. 다만 단지 땅에서 나오는 지대만이 불평등을 낳는 것은 아니라는 지적이 있었고, 그 결과 1880년대에는 토지 지대뿐 아니라 자본 지대, 기술 지대, 재능 지대 등의 개념을 확정하고 그런 지대들이 낳은 불평등을 없애는 쪽으로 사회를 개혁하려는 '페이비언 사회주의' 운동이 유행하게 된다.

헨리 조지의 이론과 사상은 좌파뿐 아니라 온건한 우파들에게도 받아들여졌다. 마르크스주의에 비해 급진적이지 않고 개인과 기업의 자유를 더 많이 보장할 뿐 아니라, 헨리 조지가 독실한 기독교인으로서 토지 지대 개념도 『성서』의 '희년 제도'에서 따오는 등 우파의 취향에 적합한 점이 많았기 때문이다. 그리하여 헨리 조지는 정식으로 경제학 교육을 받지 못한 사람이었지만, 1879년 그가 출간한 『진보와 빈곤』은 20세기까지 가장 많이 읽힌 경제학 서적의 하나가 되었다. 서구를 넘어 쑨원의 삼민주의나 조소앙의 삼균주의에도 그의 영향이 녹아들었다. 토지 균분의 문제는 오랫동안 동양의 최대 이슈 중 하나였기 때문이기도 하다.

한편 마르크스주의를 곧이곧대로 따르지 않으며, 그렇다고 지대의 불평등을 수정하는 데 중심을 두지 않으면서도 평등의 이념을 추구한 또다른 흐름도 있었다. 무대는 역시 미국이었다. 갈수록 공룡화되는 기업의 눈부신 성장 이면에는 노동자들의 피눈물이 있었는데, 그 눈물을 닦아주고 인간다운 삶을 추구한 정치운동이 바로 그것이다. 그리고 그 선봉에는 유진 데브스1855-1926가 있었다.

이익이 아닌 충족을!

유진 데브스, 1908

유진 데브스는 프랑스계 이민자의 아들로 태어나, 어릴 때부터 철도 노동자로 일했다. 1893년에는 미국철도노동조합을 창립하는 일에 중심 역할을 했는데, 그때까지 직업별 단위로만 있었던 미국의 노동조합을 산업별 노동조합 수준으로 업그레이드함으로써 노동운동의 힘을 한층 키운 것이었다. 그 힘은 그해에 풀먼 파업을 이끌었다. 풀먼팰리스의 20퍼센트 임금 삭감 조치에 맞서 시카고 서부의 교통을 마비시킨 이 파업은 미국 노동운동 사상 최대의 파업이었다. 이 일로 데브스는 6개월간 옥살이를 하는데, 옥중에서 마르크스의 책들을 읽고 사회주의자가 된다. 그리고 1904년에 미국 사회당을 창당하고는 세 번이나 사회당 후보로 대통령 선거에 나선다1904, 1908, 1912.

헨리 조지와 그를 계승한 페이비언 사회주의자들과 달리, 데브스는 마르크스주의자에 가까웠다. 그러나 자본주의가 저절로 사회주의로 대체된다고 보지도 않았고, '부르주아의 집행위원회'일 뿐인 국가를 없애버려야 한다고 생각하지도 않았다. 그는 소유권과 산업 활동에 대해서도 근본적으로 반대하지는 않았다.

:: 이제 우리 사회당은 사회가 이익이 아닌 충족을 위한 생산을 하도

록 만들고자 합니다. 모든 사람이 노동할 권리를 갖고, 노동한 만큼의 대가를 받아야 합니다. 모든 사람이 두려움 없이, 자존심을 갖고 살아갈 수 있어야 합니다. 모든 남녀가 경제적 자유를 누려야 합니다. 우리는 사유재산을 철폐하려 하지 않습니다. 모든 노동자들이 기본적인 의식주를 해결할 만한 사유재산을 갖게 하려고 합니다. 오늘날 미국 노동자의 80퍼센트가 그런 재산을 갖지 못하고 있습니다. ::

그가 1908년에 두 번째로 대통령 선거에 출마하며 한 연설의 일부다. "자본주의적 생산 자체는 좋다. 그러나 이익이 아닌 충족을 위한 생산을 하자. 돈이 인간을 지배하게 하지 말고, 인간이 돈을 지배하게 하자." 이 소박한 메시지는 그의 오랜 노동자 생활과 인간에 대한 꾸밈없는 사랑에서 나왔기에 많은 사람들의 심금을 울렸다. 그는 정치가나 사상가이기 전에 노동자였고, 사회주의자라기보다 인도주의자였다. 그래서 그는 제1차 세계대전 당시 전쟁에 반대하는 소수자의 일원이 되어 전쟁에 찬성하는 좌파와 우파를 모두 비난했다. 그 결과 좌파와 우파로부터 동시에 공격을 당했다. 특히 평화와 민주주의를 누구보다 중시한다던 윌슨 행정부는 그를 '국가 반역자'라 불렀고, 끝내 그를 감옥에 가두었다.

구체적인 행동 방침은 달랐지만, 헨리 조지와 유진 데브스는 모두 자본주의를 정면으로 뒤엎으려기보다는 그 단점을 고쳐 좀더 인간적인 세상이 되도록 만들어가려 했다. 그리고 그 수단으로 기존의 정치 시스템에 기대를 걸었다(헨리 조지도 뉴욕 시장에 출마한 적이 있다). 하지만 결국 뜨뜻미지근한 방법이다, 벽을 부수기에는 힘이 턱없이 모자란다는 비판을 받았다. 그래서 20세기 초에는 마르크스주의가 유일한 '과학적 사회주의'로 통용되고, 레닌과 스탈린의 노선이 사회주의 실천의 '정통'이 된다. 그러나 다시 70년이 흐르고 그런 노선이 결국 실패로 끝난 지금, 아직도 사회주의에서 인류의 미래를 찾는 사람이 있다면 좀더 점진적이고 타협적인 대안을 돌이켜보지 않을 수 없으리라.

무엇보다 이들의 한마디가 역사에서 중요한 이유는, 그리고 더욱 역사 속에서 메아리치고 여운을 남기는 이유는, 그들의 한마디야말로 불평등에 대한 반성과 고민의 필요를 일깨웠기 때문이다. 바로 미국에서, 그 어디보다 진보의 낙관주의에 젖어 있던, 획기적인 발명이 하루가 멀다 하고 쏟아지며 그 성과를 토대로 거대 기업이 우후죽순처럼 솟아나고, 누구나 노력하면 부자가 될 수 있다는 '아메리칸 드림'이 꽃피고 있던 미국에서 불평등이라는 화두를 던졌기 때문이다. 그들의 화두를 뒤로하고, 이후 현대는 '미국적인' 시대가 되었다. '미국적 가치'인 기술 진보와 경제 성장을 숭배하는 시대가 이어졌다. 그러나 그것은 참된 진보가 아니지 않느냐고, 참된 진보는 가장 인간적인 가치를 돌아보고 뒤처진 사람들을 일으키려고 애쓰는 것이 아니냐고, 두 미국인은 목놓아 외쳤던 것이다. 자신들을 스쳐서 헐레벌떡 달려가는 시민들의 뒤통수에.

신은 죽었다

F. W. 니체, 1883

편지에서 전화로, 마차에서 자동차로, 등잔에서 전등으로. 인류의 생활방식은 크게, 그리고 빠르게 바뀌어왔다. 그것도 더 편리하고 깨끗하고 다양하게. 전근대처럼 자연의 일부를 인간이 적당히 길들이고 일궈서 더불어 살아가는 것이 아니라, 자연을 싹 밀어버리고 인간이 두들겨 만든 것으로 채우고는 그 인공의 환경에서 살아가는 현대적 삶. 이런 삶에서 인간은 무엇을 느낄까? 우선은 놀라움과 흥분이다. 새 장난감이 쉴 새 없이 쏟아지는 것을 보는 어린아이처럼. 하지만 조금 흥분을 가라앉히고 보면 '이렇게 살아가도 괜찮은가?'라는 질문을 스스로에게 던지게 된다. 도덕의 문제, 평등의 문제를 생각하게 되는 것이다. 그래서 바야흐로 19세기를 마감하고 새로운 세기를 맞이하려 하고 있던 당시, 흥분에 휩싸인 대부분의 서구인들은 기술 문명의 진보를 찬양하는 콧노래를 불렀고, 소수의 서구인들은 진보란 더 양심적이어야 한다는 목소리를 냈다. 그러나 이 두 가지 말고도 드는 생각과 감정이 또 있었다. 그것은 바로 공허감이었다. 현대인이 살아가면서 느끼는 참을 수 없는 권태로움.

:: "성자여, 당신은 숲에서 무엇을 한단 말입니까?" 차라투스트라는

말했다.

"나는 노래를 짓고 부른다오.
노래를 짓고, 웃고, 울고, 중얼거리고,
신을 찬양한다오.
노래하고, 웃고, 울고, 중얼거리고,
나의 신을, 나의 신을 찬양한다오.
그런데 당신은 내게 무엇을 주시려 하오?"

그러자 차라투스트라는 성자에게 작별을 고하며, 이렇게 말했다.

"드릴 것은 없소! 오직 당신에게서 무엇을 빼앗지나 않기를 바랄 뿐.
그러니 나를 어서 보내주시면 좋겠구려!"

그렇게 두 사람은 아이처럼 웃으며 헤어졌다. 그러나 혼자 남은 차라투스트라는 이렇게 말했다.

"저런! 저 노인은 숲 속에 처박혀 사느라 미처 못 들었나 보다. 신이 죽었음을!" ::

『차라투스트라는 이렇게 말했다』1883와 그보다 1년 앞서 쓴 『즐거운 지식』1882에서, 프리드리히 니체1844-1900는 "신은 죽었다"고 선언했다. 이 유명한 한마디는 반종교적 내지 반기독교적인 의미로 흔히 이해된다. 그런 점도 분명히 있다. 그러나 니체가 사망 선고를 내린 신은 기독교의 신만이 아니었다.

분명 19세기 말의 서구인들은 신앙의 파산에 직면해 있었다. 진화론을 비롯한 과학의 발달만이 원인은 아니었다. 자유주의, 민주주의의 발전과 강력한 국민국가의 등장은 인간의 자율성을 어느 때보다 두드러지게 했고, 반면 전통과 관습, 교회의 권위에 대한 존중은 한없이 약하게 만들었다. 이제 지엄하신 신 앞에 끝없이 참회할 것을 요구하는 기독교의 굴레를 벗어던지고, 거리낌 없이 세속적 가치를 추구하는 고대의 자유를 되찾아야 마땅한 듯했다. 그것은 마키아벨리에서 J. S. 밀까지, 그리고 곧 크로울리까지 이르게 되는 근대정신의 흐름에서 나타난 메시지였다. 니체도 그 메시지에 동의했다. 그러나 그는 그 이상을 말했다.

니체가 보기에 기독교가 인류에 끼친 최대의 해악은 '평범하고 약하고 열등한' 것들이 강하고 고귀한 것들을 지배할 수 있게 만든 점이었다. 신의 절대적인 권위 앞에서는 어떤 강자도 현자도 내로라할 수 없다. 오히려 어린아이처럼 무지하고 나약한 자들, 오직 하늘만 쳐다보며 그 은총을 갈구하는 것 말고는 아무것도 할 줄 모르는 무능한 자들이 신의 눈에는 기특하며, 천국을 약속 받는다. 니체에 따르면, 이런 신앙은 다수의 무능하고 열등한 자들이 소수의 고귀한 자들을 억압하기 위해 만든 헛소리다. 그리고 이 헛소리는 신의 권위가 퇴색한 지금에도 민주주의와 사회주의라는 틀을 빌려 오히려 더욱 번성하고 있다. 니체는 과학에 대한 열광적인 신뢰나 기술의 진보에 대한 믿음도 또다른 신앙일 뿐이라고 보았던 것이다. 그래서 이 모든 신들에 대해 가차 없이 사망 선고를 내렸다.

이렇게 모든 권위를 부정하고 모든 신앙을 깨트리고 나면, 사람은 무엇으로 살아야 할까? 한없는 허무를 느낄 수밖에 없다. 신앙,

신념, 권위에 대한 존경, 이런 것들은 삶의 벼리가 되며 인생길을 걸어가는 나침반이 된다. 그러나 이 모든 것들이 헛소리에 불과하다고 '깨달은' 인간은 완벽히 자유로워지는 동시에, 완벽히 허탈해진다. 그런 '깨달음'에 집착했던 '허무주의자'들의 도덕관은 도스토예프스키의 소설 『카라마조프의 형제들』1880에서 이미 등장인물 이반 카라마조프의 입을 통해 밝혀져 있었다. "만약 신이 없다면, 모든 것이 허용된다. …… 살인도, 강간도, 방화도, 그 어떤 것도 범죄가 아니다."

그것은 크로울리의 "네가 원하는 것을 하라"와 같은 결론처럼 보인다. 사실상 그런 셈이다. 하지만 크로울리의 경우 신이나 전통을 대신해서 스스로가 자신의 윤리 규칙을 선택한다는 긍정적인 태도에 바탕을 두었던 반면, 허무주의자들은 그 어떤 윤리 규칙도 존재하지 않는다는 인식에서 그렇게 말했다.

이처럼 허무주의는 파괴와 친숙했다. 니체도 예외가 아니었다. 『우상의 황혼』1888은 '망치를 들고 철학 하기'라는 부제를 달고 있었는데, 그는 이 부제에 걸맞게 소크라테스로 대표되는 헬레니즘, 예수로 대표되는 헤브라이즘, 서양 문명의 두 가지 조류를 여지없이 부수고 깨트렸다.

그러나 아폴론의 합리주의와 질서를 부정하고 디오니소스의 광기와 즉흥성을 찬양한 니체였지만, '모든 것이 허용된다'는 식으로 삶을 바라보지는 않았다. 그에게 그런 태도는 소름 끼칠 만큼 소극적인 것이었다. 어떤 처지에서도 적극적인 삶을! 심지어 '네가 아무리 노력해도 숙명을 피할 수 없다. 너는 모든 것을 되풀이할 뿐이리라'라는 예언을 들더라도, "그래? 그렇다면, 다시 또 한 번!"이라 외치는 니체였다. 인간은 결국 언제까지고 허무에서 벗어나지 못한다. 아무리 사랑하는 사이라 할지라도 서로 완전히 이해하지는 못하며, 아무리 빛나는 업적을 쌓아도 결국엔 시체가 되고 잊혀진다. 그렇다 하더라도 절망할 것이 아니라, 있지도 않은 신을 끌어안고 매달릴 것이 아니라, 자포자기 속에서 객기와 방탕에 탐닉할 것이 아니라, 자기가 뜻한 길을 간다. 설령 그 길이 절대적인 허무로 이어지더라도! 이것이 니체의 허무주의였다.

니체 사상의 긍정적, 적극적인 면은 사르트르, 카뮈 같은 프랑스 실존주의자들에게 계승되었다. 이들은 "네 운명을 사랑하라!"는 니체의 가르침을 본받아 절망적인 상황에서도 불굴의 투지를 발휘할 수 있었다. 다시 세월이 흘러 1970년대에는 포스트모더니스트들, 즉 들뢰즈나 푸코가 니체의 '망치'를 빌려 인간 다양성을 억압하고 획일화하는 현대성을 두들겨 부수었다.

그러나 잔혹한 억압과 획일화 또한 니체의 사상에서 비롯되었고, 실존주의자들이 맞섰던 절망적인 상황 역시 니체의 가르침을 따른다던 사람들이 만들어냈다. 바로 나치스트가 그들이다. 히틀러는 니체의 사상에서 귀족주의, 반기독교주의, 권력 지향성 등만을 추출하여 『나의 투쟁』의 배경지식으로 삼았다. 또한 법학과 정치학에서는 카를 슈미트가, 철학에서는 하이데거가 니체를 본받는 한편 나치즘을 옹호했다.

이처럼 "신은 죽었다!"는 니체의 외침은 시대를 진동시켰고, 그의 사상은 다양한 물줄기로 갈라지며 현대의 중요한 정치적, 사상적 흐름을 이루었다. 그리고 그중 한 줄기는 슈펭글러1880-1936를 거치며 『서구의 몰락』1918이라는 기념비적인 저작을 탄생시켰다.

서구는 몰락할 것이다

오스발트 슈펭글러, 1918

슈펭글러는 박사 학위가 있었음에도 대학에 자리를 얻지 못하고 고등학교 교사로 근근이 살아가던 무명의 '재야 사학자'였다. 그러나 『서구의 몰락』(1914년에 쓰기를 마쳤지만, 제1차 세계대전 때문에 출판이 미뤄졌다)이라는 책 한 권으로 일약 세계적인 지성으로 떠올랐다.

슈펭글러는 니체의 은유적인 글쓰기를 본받았을 뿐 아니라, 문화를 아폴론형과 디오니소스형으로 나누는 방법을 수용, 개량하여 아폴론형, 마고스형, 파우스트형 등 세 유형으로 나누었다. 그리고 무엇보다도, "신은 죽었다"는 한마디로 서양 문명의 두 축인 헬레니즘과 헤브라이즘을 모두 부정한 점에 공명했다.

그러나 슈펭글러는 허무주의로 빠지지 않았다. 그가 보기에 '신의 죽음'은 필연적인 과정이었고, 사상 초유의 일도 아니었다. 슈펭글러는 세계사를 이집트, 바빌로니아, 인도, 중국, 고대 서양(그리스-로마), 아랍, 멕시코, 서구 문화권이 생성하고 소멸해온 기록으로 이해했다. 모든 문화권은 나름의 색채와 특징을 갖지만, 태어나고 자라며 풍성해진 뒤 점차 말라들어 마침내 소멸하는 과정은 똑같다.

특히 최후의 '문명기'에는 제도가 안정되는 반면, 활력과 창조성이 고갈되고 물질만능주의와 천박한 대중문화가 판을 친다. 이 시기는 곧 몰락의 시기이며, 소멸로 이어지는 시기이다. 서구 문화는 바로 이 몰락의 시기에 접어들었으며 '신의 죽음'은 그것을 상징하는 현상이라는 것이다.

이러한 슈펭글러의 역사철학은 역사학에서는 문화권의 도전과 응전으로 역사를 풀이하는 토인비 역사학을 낳았고, 정치적으로는 국가의 활력을 좀먹는 물질주의적 열등 인종(유대인으로 풀이되는)을 없애야 나라가 산다는 나치즘의 슬로건을 낳았다. 그리고 좀더 일반적으로는 제1차 세계대전의 폐허 속에서 "이제 세상은 끝났다. 아니, 서구가 세상을 지배하던 시대가 끝난 것이다. 이제는 아시아인과 아프리카인들의 시대가 온다"는 유럽인들의 한탄에 근거를 제공해주었다.

이렇게 니체의 한마디는 나치스로도 이어지고, 레지스탕스로도 이어졌으며, 철학·법학·정치학·역사학 등에 제각각의 영향을 미쳤다. 왜 그렇게 그의 사상적 후계자들이 다양했던 것일까? 그것은 니체가 엄격하고 정교한 학술 논문의 글쓰기를 거부하고 고대 예언자나 성인들의 은유적 글쓰기, 웅장하고 감동적이지만 의미가 부정확하고 때로는 모순적이기까지 한 글쓰기를 했기 때문이다. 예수가 비유로 말했기에 그토록 많은 기독교 분파와 신학 학파들이 저마다의 해석을 내세우며 만들어진 것과 마찬가지이다. 공자가 『논어』에 남긴 말도 불분명하기에(한문은 여러 뜻으로 해석될 수 있다는 점도 한몫했다) 시대별로 다른 학파가 나오고, 때로는 그 해석을 둘러싸고 당쟁까지 벌어지게 되었다. 같은 이유에서 니체의 영향도 그만큼 다양했고, 적대적인 진영이 서로 니체의 계승자를 자처하기까지 했던 것이다.

그런데 이는 장기적으로 니체가, 그리고 슈펭글러가 가장 부정적으로 여겼던 현상에 힘을 실어준 격이 되고 말았다. 바로 대중적인 문화와 사고방식에 영향을 준 것이다. 니체의 자유롭고 감정적이며 비합리적이기까지 한 글쓰기를 생각해보자.

또한 니체 사상의 핵심이 무엇인가. 파괴든, 해체든, 몰락이든, 견고한 틀을 깨고 새로운 것을 찾는다는 '파격'을 내포하고 있지 않은가. 이성보다 감성에 호소하는 자유분방함, 뭔가 대단해 보이지만 찬찬히 따져보면 엉성한 구조, 그리고 파격과 반전이 가져오는 카타르시스. 이것이 대중문화와 사고의 기본 특성이다. 아니라고 생각하면 할리우드 영화를 아무것이든 한 편 보라! 아니면 베스트셀러에 오른 자기계발서를 한 권 읽어보라!

19세기 말의 허무주의, 20세기 초의 나치즘과 실존주의, 그리고 유기체적 역사관. 이 모든 것을 넘어서, 누구보다도 대중을 경멸한 니체의 한마디는 오히려 '대중의 시대'를 예고했다는 점에서 역설적이었다. 그것은 니체의 불경에 대한 신의 복수였을까?

[1890-1899]

세기말의 불안, 백인의 영광

- 난센, 북극 탐험
- 뭉크의 『절규』

- 고갱, 타히티 섬으로 이주
- 러시아, 시베리아철도 기공

1890 1891 1892 1893 1894

1890
- 독일, 비스마르크 사임, 빌헬름 2세가 직접 통치
- 고흐, 권총으로 자살

1892
- 미국, 록펠러의 스탠더드 오일을 반독점법으로 해체

1894
- 한국, 동학혁명
- 한국, 갑오개혁
- 청일 전쟁
- 드레퓌스 사건
- 마르코니, 무선전신기 발명
- 러시아, 니콜라이 2세 즉위
- 오스카 와일드의 『도리언 그레이의 초상』

1895

- 한국, 명성황후 시해 (을미사변)
- 한국, 최초로 전등 사용
- 한국, 최초로 전화 보급
- 한국, 태양력 채택
- 한국, 단발령
- 한국, 아관파천
- 테일러의 『과학적 관리법』
- 일본, 삼국간섭 당함
- 랭보의 『지옥의 계절』
- 뤼미에르, 세계 최초의 영화 상영
- 뢴트겐, X선 발견
- 제1차 이탈리아-에티오피아 전쟁

1896

- 한국, 독립협회 결성
- 프랑스, 마다가스카르 영유
- 헤르츨이 시온주의 주창
- 제1회 근대올림픽 개최

1897

- 한국, 연호를 광무로, 국호를 대한제국으로 개칭
- 영국, 아프리카의 황금해안 획득
- 브라운이 브라운관 발명
- 바젤에서 제1회 시온주의자 회의, 팔레스타인에 합법적 유대인 거주지 건설 의결

1898

- 한국, 만민공동회 개최
- 미-서 전쟁, 미국이 푸에르토리코, 괌, 필리핀 획득
- 미국, 하와이 병합
- 중국, 광서제가 변법자강 선포했으나 백일천하로 끝남
- 영국과 프랑스의 파쇼다 사건
- 에밀 졸라의 『나는 고발한다』
- 퀴리 부부가 라듐 발견

1899

- 영국, 제2차 보어 전쟁
- 에펠탑 건설
- 독일, 바그다드 철도부설권 획득
- 제1차 헤이그 만국평화 회의

모든 예술은 전혀 쓸모없다

오스카 와일드, 1890

:: 인간의 도덕적 삶, 그것은 예술가의 주제가 될 수 있다. 그러나 예술의 도덕성이란 불완전한 매체를 완전하게 사용할 경우이다.

어떤 예술가도 무엇인가를 증명하려 하지 않는다. 진실한 것조차도 증명되므로.

윤리적 동정심을 가진 예술가란 없다. 예술가에게 윤리적 동정심이란 구태의연한 스타일일 뿐이다.

어떤 예술가도 병적이지 않다. 예술가는 모든 것을 표현할 수 있다.

사상과 언어는 예술가의 도구일 뿐이다.

악덕과 미덕은 예술가의 재료일 뿐이다.

……

쓸모 있는 물건을 만든 사람이라면, 그 물건을 찬양하지 않는 한 용서

된다.
쓸모없는 물건을 만든 경우라면, 오직 찬양을 받을 때만 용서된다.
모든 예술은 전혀 쓸모없다. ::

한 시대를 풍미한 영국의 문필가 오스카 와일드1854-1900의 대표작, 『도리언 그레이의 초상』1890 첫머리이다. 아일랜드 태생인 와일드는 시·소설·희곡·수필·평론 등 그야말로 '무엇이든 쓸 수 있는 사람'이었다. 처음 명성을 얻은 작품은 동화집 『행복한 왕자』1888였고, 그 다음이 소설 『도리언 그레이의 초상』이었다. 그밖에 희극(『진지함의 중요성』1895), 비극(『살로메』1892), 시(『레딩 감옥의 발라드』1897), 수필(『옥중기』1897) 모두가 엄청난 호평을 받고(때로는 악평도 그에 못지않았지만) 문학사에 한 획을 추가했다. 실로 1890년대의 영문학, 아니 세기말의 서구 문학은 오스카 와일드를 빼놓고는 이야기가 안 된다.

하지만 그는 화려하게 핀 만큼 비참하게 지는 꽃과 같았다. 용모도 빼어나고 옷맵시와 말솜씨까지 훌륭했던 그는 문학계와 사교계를 한꺼번에 정복했으나, 오직 아름다움만을 추구하고 도덕을 조소한다는 비난의 꼬리표를 떼어내지 못했다. 한동안은 그런 악평이 그의 매력을 더욱 돋보이게 하는 촉진제나 다름없었으나, 앨프리드 더글러스라는 미소년과 동성애에 빠진 것이 화근이었다. 그는 이 문제로 1895년에 법정에 서야 했고, 패소하여 감옥살이를 하게 된다. 화려한 명성도, 풍족했던 재산도, 가족도, 청춘도 모두 안녕이었다. 역시 와일드는 파렴치하고 부도덕한 괴물이었다는 비난 때문에 한때 사교계의 왕이었던 그는 발 디딜 곳조차 없었다. 그래서 그는 감옥에서 풀려난 뒤 홀로 프랑스로 가서 지인들의 도움으로 근근이 연명하다, 파리의 하숙집에서 병사하고 말았다.

'오직 아름다움', 유미주의唯美主義는 와일드가 처음 들고 나온 것이 아니다. 프랑스에서는 보들레르가 이미 1850년대에 『악의 꽃』 1857 등을 통해 도덕과 이성을 잊고 오직 아름다움과 감정을 추구하는 풍토를 일구었으며, 1870년대와 1880년대에는 베를렌과 랭보, 말라르메 등이 활약했다. 영국에서도 1870년대에 월터 페이터가 미술평론을 통해 길을 연 이래, 유미주의는 수많은 화가와 문필가들 사이에서 유행하였다.

그러나 기존의 유미주의가 아름다움을 위해 도덕을 '잊는' 입장이었던 데 비하여, 와일드는 한 걸음 더 나아가 예술에서 도덕성을 완전히 분리해버렸다. "도덕적 삶은 예술가의 주제가 될 수 있으나" 예술의 도덕은 사회도덕과 다르다. "윤리적 동정심을 가진 예술가란 없다." "예술가는 모든 것을 표현할 수 있다." "악덕과 미덕은 예술가의 재료일 뿐이다." 예전의 예술가는 도덕에 굽실거리기 바빴고 유미주의 예술가들도 도덕의 그늘이나 틈새를 노렸던 반면, 와일드는 예술이 도덕과 대등한 입장에 서야 한다고 본 것이다. 뿐만 아니라 그는 예술이 갖추어야 할 조건에서 실용성마저 제거했다. "모든 예술은 전혀 쓸모없다." 예술은 관람자에게 감동만 주면 된다. 그것이 가족애나 영웅적 희생담에서 얻는 선한 인도적 감동이든, 피와 살이 튀고 내장이 쏟아지는 하드 고어 영화가 주는 사악하고 그로테스크한 감동이든 상관없다. 그런데 그 감동이란 것은 무슨 쓸모가 있을까? 쓸모 따위는 없다! 예술적 감동 따위 없어도, 살아가는 데 아무 지장이 없다. 예술 작품에서 감동을 느끼면 밥을 안 먹어도 배가 부른 것 같다거나 천금을 얻은 것 같다고 말하는 사람이 있지만, 실제로는 단 한 숟가락 먹은 만큼도 배불러지지 않고 단 한 푼도 재산이 늘지 않는다. 이처럼 예술이란 전혀 쓸모없다는 와일드의 미학은 예술과 기술을 근본적으로 구분하지 않았던 아리스토텔레스의 미학 전통에서 완전히 이탈하는 것이었다. 또한 예술은 예술의 차원에서 감상해야 한다고 하면서도 "도덕적 고상함이 없는 예술은 존재 가치가 없다"고 보았던 그의 스승 러스킨의 미학과도 달랐다.

"모든 예술은 전혀 쓸모없다"는 한마디가 나온 1890년대 초는 서구 예술사에서 의미 있는 시기였다. 1890년에는 빈센트 반 고흐가 자살했고, 1891년에는 고갱이 타히티로 떠났다. 로댕은 필생의 대작 〈발자크상〉 제작에 착수했다. 그리고 쇠라가, 또 랭보가 죽었다. 1893년에는 오스트리아 유미주의의 선봉장 슈니츨러가 희곡 『아나톨』을 썼고, 뭉크는 〈절규〉를 그렸으며, 드뷔시가 〈펠레아스와 멜리장드〉를 내놓으며 고전음악의 물줄기를 바꿔놓기 시작했다.

특히 미술사에서 1890년대는 인상주의가 드디어 정통 미술 사조로 인정받는 한편 그 창조력은 쇠퇴하면서 '본격적인' 현대 미술이 열리는 시대였다. 인상주의는 르네상스 이래 수백 년간 내려온 미술 표현의 상식을 깼다. 빛을 등진 사람의 얼굴은 눈·코·입이 잘 보이지 않으며, 햇빛을 듬뿍 받는 나무의 껍질은 갈색보다 푸르스름한 색을 띠기도 한다. 이런 생각에서 비롯된 인상주의 그림은 분명 파격적이었으나, 한편으로는 '보이는 것을 그대로 재현한다'는 미술 원칙에 충실한 화법이었다.

하지만 고흐나 고갱, 세잔 등으로 넘어가면 이야기가 달라진다. 빛이 언제 어떻게 비치든 고흐의 말기 그림에서 보이는 소용돌이치는 건물과 땅, 불타오르는 듯한 나무, 이상하게 빛나며 사납게 굽이치는 하늘을 볼 수는 없다. 그것은 보이는 것을 재현한 것이 아니라 화가의 마음 풍경을 재현한 것이다. 예술가가 느낀 예술적 감각을 표현하기 위해, 필요하다면 그리는 대상의 모습을 왜곡하고 변형해도 된다. 이것은 와일드가 '읽는 사람에게 교훈을 주어야 한다'는 도덕적 제약에서 벗어나 도덕과 현실을 단지 문학의 도구로 취급한 것처럼, '보이는 대로 그려야 한다'는 제약에서 벗어나 화가의 마음 가는 대로 그리는 새로운 접근법이었다. 본래 그림을 통해 있는 그대로의 현실, 그것도 하층민의 고된 현실을 묘사함으로써 그림으로 도덕을 구현하려 했던 고흐가 이런 흐름의 선봉에 서게 된 것은 아이러니라 하겠다.

그러나 그것은 어쩔 수 없는 시대적 흐름이었다. 시각적 현실을 '보이는 그대로 재현'하는 것은 1830년대에 사진이 발명되고, 1888년에 코닥 사에서 일반인용 사진기를 생산하기 시작하며, 1891년에는 컬러사진까지 등장하는 상황에서 더이상 회화의 독보적 임무일 수 없었다. '재현된 현실'에 대한 대중의 욕구는 이미

'동영상'(영화)에까지 미치고 있었다(1895년에 뤼미에르가 최초로 영화를 상영했다). 회화가 20세기에도 살아남으려면 '보이는 그대로' 이상의 무언가를 화폭에 펼쳐 보여줘야 했다.

이런 이유 외에도 1890년대라는 특수한 상황, 서구인에게는 위대한 세기였던 19세기가 막바지에 이르고 있는 상황은 시대적 감수성이 풍부한 예술가들이 기존의 표현법과 미학에 만족하지 않고 일탈하며 방황하게 만들었다. 이 책의 앞에서 보았듯 1850년대부터 1890년대에 이르는 길지 않은 시간 동안 자유주의와 민주주의가 뿌리를 내리고, 대중의 시대가 열리고, 개인주의적 가치관이 두드러졌다. 게다가 진화론을 비롯한 과학의 발전은 인간이 꿈꿔온 신화의 세계를 산산조각 냈으며, 기술의 진보는 인공의 유토피아를 약속했다.

그리고 이처럼 현기증 나는 변화와 발전 속에서 '서구 문명은 바야흐로 막장에 온 것이 아닌가' 하는 의구심과 막연한 두려움이 번져가고 있었다. 이런 와중에 예술가들이 고전적인 단아함과 평온함에 안주했다면 그것이 오히려 이상한 일이었으리라. 문학과 미술에서 "예술가는 더이상 누구의 눈치도 볼 필요가 없다. 감정이 이끄는 대로 마음껏 표현하라"라는 메시지가 수립되자, 음악이나 무용, 연극 역시 가만히 있을 수가 없었다. 예술계에서 '현대'는 19세기의 마지막 10년에서 20세기 초에 걸쳐 형성되며 과거와 전격적으로 결별했다.

예술보다 예술가가 중요하다

파블로 피카소, 1946

후기 인상파에서 표현주의까지, 회화는 반드시 보이는 대로 그릴 필요가 없고 화가의 느낌에 따라 자유롭게 표현할 수 있다는 원칙이 세워졌다. 그러나 아직 '사실'은 화가의 눈과 손을 통해 화폭에 2차원적으로 재현되고 있었다. 이 틀조차 뛰어넘어 3차원적 세계를 구현하는 화풍이 1900년대에 출현했다. 그 화풍은 '입체파'라 불렸으며, 원시시대 이래 변함없이 이어져온 회화의 기본 틀을 깨트렸다는 점에서 인상파나 표현주의가 가져온 변화보다 더 큰 변혁으로 받아들여졌다. 입체파의 기수는 스페인 출신의 젊은 화가, 파블로 피카소1881-1973였다.

말을 하기 전에 붓부터 잡았다는 피카소. 열네 살이 채 안 되었을 때 화가인 아버지를 뛰어넘는 솜씨를 보이자 아버지가 그림 도구 일체를 물려주고 다시는 그림을 그리지 않았다는 유명한 일화의 주인공 피카소는 마치 미술을 위해 태어난 사람 같았다. 그는 20대 중반에 이미 기존 유파의 모든 화풍을 습득했고, 20대 후반에는 독창적인 화풍을 선보이자마자 대가의 반열에 올랐다. 그리고 거의 100세가 다 되어 죽을 때까지 세계 최고의 화가라는 명성을 누렸다. 평생 미술에 헌신했지만 죽을 때까지 인정받지 못했던 고흐와는 확연히 다른 삶이었다. 피카소가 고흐보다 훨씬 재능이 뛰어났기 때문일까? 그랬을지도 모르지만, 보다 근본적으로는 피카소가 예술사의 발전 과정에서 차지한 위치, 그리고 새로운 현대 대중사회에서 수행한 역할 때문에 그토록 큰 차이가 생겨났다.

:: 중요한 점은 예술가가 무엇을 하는지가 아니라, 어떤 사람인가 하는 것이다. 만약 세잔이 블랑슈처럼 살고 생각했다면, 그가 그린 사과가 열 배나 더 아름다웠다고 해도 나는 관심을 갖지 않았으리라. 관심을 끄는 것은 세잔의 불안이다. 고흐가 겪은 고통, 그 인간적 드라마다. 나머지는 대단치 않다. ::

앞서 오스카 와일드는, 예술가는 예술을 할 때 도덕에 구애될 필요가 없다고 했다. 그런데 피카소는 예술가가 예술 자체보다 중요하다고 말한다. 결국 '예술이란 무엇인가'라는 질문으로 되돌아간다. 와일드의 주장처럼 예술은 도덕적일 필요도, 실용적일 필요도 없다. 예술가의 느낌을 표현하면 그만이며, 현실을 재현하려고 애쓸 필요도 없다. 그러면 대체 예술과 예술이 아닌 것을 어떻게 구분하는가? 코흘리개 어린아이의 낙서와 피카소의 그림을 구분하는 기준은 무엇인가? 그렇다! 피카소가 그렸다는 사실뿐이다. 과거의 예술은 누구나 이해할 수 있었다. 그림은 살아 있는 듯 생생하면 잘된 그림이었고, 음악은 듣고 기분이 좋아지고 감동이 밀려오면 훌륭한 음악이었다. 그러나 현대의 예술은 일반적 기준이라는 게 없다. '피카소가 그린 것 같은 그림'이라고 하면 '천재적인 화가의 걸작'이라는 뜻도 되지만, '대체 뭘 그려놓은 건지 알 수 없는 그림' 또는 '코흘리개 어린애가 끄적거린 듯한 그림'이라는 의미일 수도 있다. 그럼에도 피카소의 그림은 박물관에 걸리고 코흘리개의 그림이 휴지통에 들어가는 것은 그것을 그린 사람이 예술가인가, 아닌가 하는 매우 단순한 이유 때문이다. 예술이란 무엇인가? '예술가가 하는 일'이다.

농담처럼 들릴 수도 있다. 하지만 실제로 현대 미술 교과서에는 '예술'이 그렇게 정의되어 있다. 현대 미술 전시장에 가보면 미술가의 오줌을 컵에 담아놓고 전시하거나, 칼로 발기발기 찢은 종이를 전시하기도 한다. 누구나 오줌을 컵에 받을 수 있고, 종이를 칼로 찢을 수 있다. 그런 일을 '예술'로 만드는 조건은 단지 예술가가 한 일인지 여부이다.

그렇다고 현대의 예술이 '미'와는 무관한 엉터리라는 뜻은 아니다. 다만 그 '미'는 전적으로 예술가 개인의 기준에 따르는 것이다. 일반적으로 이해될 수 없는 작품의 '미'가 다른 예술가나 비평가들의 동조를 얻으면, 그 예술가는 대가로 인정받는다. 하지만 일반인의 기준에서 그 작품이 어떤 '미'를 가지고 있는지 여부를 판단할 수는 없다. 예술에서 도덕과 실용성을 덜어내고, 현실을 재현해야 한다는 조건마저 제거하며 일반인들의 평가를 포기한 결과, 예술은 여기에까지 이르렀다.

그러면 비평가들은 무엇을 보고 예술가의 작품을 높이, 또는 낮게 평가할까? 나름대로 기준이 있겠지만, 피카소가 말한 것처럼

'예술가가 어떤 사람이냐' 하는 점이 큰 참고가 된다. "산은 산이고, 물은 물이다." '이건 이거고, 저건 저거지', 우리가 일상생활에서 별로 깊이 생각하지 않고 내뱉는 말과 비슷하다. 사실 보통 사람이 '산은 산이고 물은 물'이라고 했다면 아무도 귀담아 듣지 않았으리라. 하지만 성철 큰스님이 하신 말씀이므로 거기에는 뭔가 심오한 사상과 의미가 깃들어 있을 것이라고, 위대한 정신적 스승이 오랜 세월의 고뇌 끝에 도달한 결론이니만치 결코 가볍게 볼 수 있는 말이 아니라고 생각하게 된다. 현대 예술 작품을 평가할 때도 그런 식이 될 수밖에 없다.

바로 그런 점 때문에 피카소는 당대에 누구도 따를 수 없는 명성을 얻었을 뿐 아니라, 엄청난 부도 누릴 수 있었다. 천재와 영웅, 스타를 원하는 매스컴, 그리고 피카소의 그림 값을 계속 올리기를 원하는 그림 판매상들이 피카소의 명성을 땅끝까지 울려 퍼지게 만들었다. 그 덕분에 피카소는 그림 한 장 그려주고 고풍스러운 성을 통째로 사들일 수 있었다. 고흐가 알았다면 땅을 쳤을 일이다. 이처럼 현대 예술은 역사상 가장 일반인과 동떨어진 예술이면서, 동시에 가장 많은 주목을 받고 가장 많은 돈을 벌어들일 수 있는 예술이기도 하다. 아이러니, 그 속에 예술적 아름다움이 있는 것일까.

유대인의 조국을 건설하자

테오도르 헤르츨, 1897

서구의 역사는 그 한 켠에 유대인의 역사를 늘 간직하고 있었다. 그리스-로마의 서양 고전 문명이 게르만 민족의 이동과 함께 붕괴, 아니 분산되고 나타난 것이 서유럽인데, 이에 앞서 로마제국이 유대인의 나라 즉 이스라엘을 멸망시키고 유대인을 온 세상에 흩어지게 만들었기 때문이다. 그로부터 유대인들은 유럽, 아시아, 아프리카 각지에서 오래도록 명맥을 이어왔다. 조국을 멸망시킨 로마제국이 사라지는 것을 지켜보면서.

중세와 근세를 통해 유대인은 서구 사회에서 '자연스럽게' 차별을 받았다. '게토'라고 불리는 특별 구역에서 생활해야 했으며, 시민으로서의 권리를 인정받지 못했다. 또한 흑사병, 지진, 전쟁 등의 재앙을 만나 인심이 흉흉해지면 유대인들이 그 희생양이 되어 공연히 폭행이나 살육을 당하는 경우도 많았다.

하지만 대부분의 서양인들은 그런 차별이 특별히 부당하다고, 없어져야 할 사회악이라고 여기지는 않았다. 전근대사회는 본래 그랬기 때문이다. 인간 사회의 차별은 당연한 것이었다. 기독교 정신에 따라 인간은 신 앞에서 평등하다고 하지만 그것은 원칙의 원칙일 뿐, 귀족과 평민이 같을 수 없고 남자와 여자가 같을 수 없으며 기독교인과 유대인이 같을 수 없었다. 그런 차별이 없어지면 질서가 무너진다고 보았고, 그런 차별을 유지하고 보호하는 게 교회와 국가가 할 일이라 생각했다.

그런데 프랑스 대혁명 이후 탄생해 19세기 중반을 넘기며 확정된 민주적 국민국가에서는 사정이 달라졌다. 한 국경 안에 사는 사람은 누구든 그 인종, 성별, 종교에 상관없이 똑같은 '국민'으로서 똑같은 권리와 의무를 갖는다고 여겨졌기 때문이다. 유대인들도 예외일 수 없었다. 그러나 그것은 새로운 문제를 만들어냈다. 법적으로는 똑같은 국민이라지만 수백 년간 내려온 차별의 관행은 쉽게 사라지지 않았기 때문이다. 19세기를 넘어 20세기 초까지, 유럽처럼 유대인의 게토가 없었던 미국에서조차 '개와 유대인은 출입금지'라는 푯말이 호텔과 레스토랑마다 붙어 있곤 했다. 동유럽이나 라틴아메리카 등에서는 19세기 말에도 종종 유대인에 대한 테러가 벌어지는 상황이었다. 근대화되면서 도리어 나빠진 점도 있었다. 중세 때는 교회가 기독교인의 고리대금업을 금지했기 때문에, 한 도시의 금융 관계 업무는 게토의 유대인들이 도맡아 하는 경우가 대부분이었다(돈이 걸린 일이다보니 여러 가지 잡음이 생겨났고, 그 때문에 유대인들은 더욱 많은 비난과 박해를 받았다. 셰익스피어의 『베니스의 상인』에 등장하는 샤일록은 당시 사람들이 유대인을 어떻게 인식하고 있었는지를 잘 보여주는 인물이다). 그러나 이제는 부르주아 기독교도들이 발 빠르게 금융업에 진출하고 있었다. 인종차별은 여전한 데다 경제적 기득권마저 위협받는 유대인들은 어느 사회에서나 소속감을 느끼기 힘들었고, 따라서 수단과 방법을 가리지 않고 돈과 힘을 끌어모으든지(세계 최대의 부자 가문을 일군 로스차일드처럼), 다른 사회 불만 세력과 연대해서 국가를 무너뜨릴 꿈을 꾸든지(사회주의의 마르크스나 트로츠키, 무정부주의의 옘마 골드만처럼) 하는 경우가 많았다. 국가의 입장에서도 이런 유대인은 골칫거리가 아닐 수 없었다. 그 문제는 결국 셋 중 하나로 해결될 것이다. 첫째, 유대인에 대한 차별을 금지하고 그들을 온전한 국민의 일부로 동화시킨다. 둘째, 유대인들을 나라 밖으로 내보낸다. 셋째, 모조리 죽인다.

테오도르 헤르츨1860-1904은 이 중에서 두 번째 대안을 전 세계적으로 실현하려는 노력, 즉 "유대인만 사는 유대인의, 유대인에 의한, 유대인을 위한 조국을 세우자"는 '시온주의'를 주창한 대표적인 인물이다. 헝가리 부다페스트에서 태어난 그는 원래는 '동화' 쪽에 더 기울어져 있었고, 다른 시온주의 지도자들처럼 유대교의 신앙과 전통에 큰 애착도 없었다. 그러나 언론사 특파원으로 남미에 갔다가 유대인 박해를 직접 목격한 뒤 생각이 달라진다. 1894년에 일어난 '드레퓌스 사건'은 그가 더욱 확실하게 방향을 바꾸도록 만든 계기가 되었다. 헤르츨은 『유대인 국가』1895에서, 세계 각지에 흩어진 유대인들이 한곳에 모여 국가를 이루고 살아야 유대인들도 행복하고 비유대인들도 평화를 누릴 수 있을 거라고 주장했다. 그 장소는 먼 옛날 조상들이 살던 팔레스타인 땅이 가장 좋겠지만, 힘들다면 아프리카나 남미라도 상관없었다.

헤르츨 말고도 시온주의를 주장하는 유대인 지도자들은 많았다. 그러나 그들은 대개 지나치게 과격하거나, 이상주의적이거나, 타협할 줄을 모르거나 하여 실속이 없었다. 헤르츨은 유럽 각지를 다니며 유력 인사들을 만나 시온주의에 협력해줄 것을 설득했다. 걸림돌도 많았다. 같은 유대인 중에도 반대자가 있었다. 특히 골수 유대교 성직자들 중에는 "왜 세상이 끝날 때 메시아가 오셔서 우리를 구원해주기를 기다리지 않는가? 시온주의는 신성모독이다"라며 비난을 퍼붓는 사람들도 있었다. 하지만 헤르츨은 지혜와 끈기와 천부적인 말솜씨로 어려움을 헤쳐나갔다. 그리하여 마침내 1897년, 세계 각국의 유대인 대표들이 스위스 바젤에 모였다. 그리고 헤르츨이 작성한 「시온주의 강령」을 채택했다.

:: 시온주의는 팔레스타인에 국제법적으로 권리가 보장되는 유대인의 조국을 건설하려 한다. 이를 위해 본 대회는 다음과 같은 수단들을 채택한다. 첫째, 유대인 농민, 수공업자, 노동자들이 팔레스타인에 이주하여 그곳에 정착하도록 지원한다. 둘째, 각국의 법률을 준수하는 한에서 모든 유대인들을 지역 연합과 전국 연합으로 통합하고 조직화한다. 셋째, 유대인의 정체성과 민족의식을 강화한다. 넷째, 시온주의의 목표를 실현시키기 위해 각국 정부의 지지 약속을 받는 운동을 벌인다. ::

이 강령은 시온주의를 세계 각국에서 그 정부를 상대로 벌이는 '국제적 시민운동'으로 규정하는 동시에, 사회주의나 무정부주의 유대인들이 지향하던 '폭력적 국가 전복과 이상 사회 실현'의 포기를 선언한 것이었다. 헤르츨은 이 강령을 통해 시민운동을 벌이는 동시에 흩어져 살아가는 유대인들을 정신적, 조직적으로 단합하고 통일하려 했다. 또한 유대인 국가를 세울 수만 있다면 어느 땅이든 상관없었던 자신의 뜻을 꺾고, 팔레스타인 땅에 대한 많은 유대인들의 열망을 수용했다. 그리고 그 땅을 차츰차츰 유대인의 것으로 만들기 위한 사업을 제시했다. 시온주의 대회는 그 뒤로도 계속해서 열렸으나, 헤르츨은 6회 대회까지 주최하고는 결국 꿈이 이루어지는 것을 보지 못한 채 세상을 떠났다.

그러는 사이 주로 러시아에 살던 유대인들이 팔레스타인 땅에 들어가 터전을 일구기 시작했고, 새 나라를 세우기 위한 기금을 모으는 사업도 꾸준히 진행되었다. 외교적 노력은 헤르츨의 생전에는 뚜렷한 결실을 보지 못했으나, 1914년 제1차 세계대전이 일어나자 상황이 바뀌기 시작했다. 전쟁 승리를 위해 유대인들의 재력과 영향력이 필요했던 영국은 1917년 '밸푸어 선언'을 한다. 당시 영국 외무 장관이던 밸푸어가 영국 유대인전국연합 회장이던 로스차일드에게 편지를 보내 "팔레스타인에 유대인 국가를 건설하는 데 동의한다"고 밝힌 것이다. 이는 미국의 윌슨 대통령이 내세운 '민족자결주의', 즉 각각의 민족이 각각의 정부를 두고 스스로를 다스려야 한다는 이념과도 부합되었다. 그리하여 전쟁이 끝난 다음인 1922년, 국제연맹이 밸푸어 선언을 공인하기에 이른다. 그리고 다시 우여곡절을 거쳐, 마침내 1948년에 이스라엘이 건국된다. 헤르츨과 시온주의자들의 염원이 반세기 만에 실현된 것이다.

본래 동화를 지향했던 헤르츨이 결정적으로 마음을 돌리게 된 계기로 '드레퓌스 사건'이 있었다. 1894년 여름, 프랑스 육군의 기밀을 담은 비밀 편지가 독일대사관에서 발견되었다. 발신인 이름은 없었는데, 프랑스 육군에 숨은 국가 반역자가 군사기밀을 독일에 넘기려 한 것이 틀림없었다. 프랑스 육군은 편지의 필적과 비슷한 필적을 가진 포병 대위 알프레드 드레퓌스를 체포했다. 그런데 그가 마침 유대인이라는 사실이 드러나자 반유대동맹을 비롯한 반유대-극우 단체들은 "당장 매국노를 처단하라!" "유대인들에게는 애국심이 없다. 공직에 있는 유대인은 언제나 드레퓌스처럼 나라를 팔아먹을 준비를 하고 있다"며 온통 난리를 쳤다. 이런 분위기 속에서 군법회의는 드레퓌스에게 유죄를 선고하고, 남아메리카의 '악마의 섬'으로 유배를 보냈다.

그러나 1896년에 진범이 포착되었다. 에스테라지 소령의 필적이 편지의 필적과 비슷한 정도가 아니라 완전히 일치한다는 사실이 드러난 것이다. 그럼에도 프랑스 군부는 관련 사실을 은폐했으며, 드레퓌스에게 불리한 증거를 조작하기까지 했다. 그리고 결국 에스테라지가 무죄 선고를 받자, 당시 가장 유명한 작가 중 하나였던 에밀 졸라1840-1902는 대통령에게 충격적인 공개 편지를 보낸다.

나는 고발한다

에밀 졸라, 1898

:: 나는 고발한다, 메르시에 장군을. 그는 최악의 범죄를 공모했다. 나는 고발한다, 비오 장군을. 그는 정치적 이해관계와 자기 체면을 위해 드레퓌스의 결백을 나타내는 증거들을 은폐하였고, 그리하여 인간으로서 예의를 잃고 정의의 이름에 먹칠을 했다. …… 나는 고발한다, 프랑스 국방부 전체를. 나는 고발한다, 저질 기사로 여론을 선동한 언론을. 나는 고발한다, 한 사람의 천부인권을 무참히 짓밟은 법정을. ::

에밀 졸라의 공개적 비판에 대한 프랑스 군부의 첫 번째 응답은 그를 명예훼손 혐의로 고발하는 것이었다. 하지만 그것은 유대인과 전혀 관련이 없는 한 지식인이 인권과 정의의 이름을 걸고 정부의 비리와 인종차별의 관행에 정면으로 맞선 사건이었다. 드레퓌스는 1899년 다시 재판을 받지만 이번에도 유죄 선고가 나왔다. 하지만 대통령 특사로 석방되고, 다시 시간이 지나 1906년의 세 번째 재판에서 비로소 무죄를 선고 받고 12년 만에 겨우 승리를 거둔다. 졸라의 '고발'이 있은 지 8년 만이었고, 그동안 프랑스는 졸라와 드레퓌스를 지지하는 쪽과 반대하는 쪽으로 나뉘어 심한 갈등을 겪었다. 그러나 비 온 뒤 땅이 굳어진다던가, 이를 계기로 프랑스는 군부의 독립성을 줄여 공화정이 쿠데타로 전복될 가능성을 없앴고, 관행적으로 이어져온 가톨릭 교회의 영향력도 떨쳐냈다. 그리고 국가나 권력 집단이 개별 국민의 인권을 함부로 침해할 수 없다는 법치주의와 국민주권의 원칙을 재확인하였다. 드레퓌스 사건은 프랑스가 명실공히 "국민의, 국민에 의한, 국민을 위한" 국가로 성숙해지기 위해 치른 홍역이었던 셈이다.

드레퓌스의 고난은 헤르츨로 하여금 '유대인을 위해주는 나라는 없다'는 생각을 굳히고 시온주의운동을 벌이게 만들었다. 하지만 졸라의 고발과 유대인이 아닌 정파 및 사회 세력의 유대인 옹호운동, 그리고 마침내 얻어낸 드레퓌스의 승리 등을 감안해보면 헤르츨의 전향은 성급한 감이 있었다. 이런 일련의 흐름이야말로 인종차별이 철폐되고 유대인이든 이슬람교도든 공화국 국민으로서 동등하게 대우를 받을 수 있는 '동화'적 해결의 가능성을 열어주는 것이었기 때문이다.

드레퓌스 사건으로 유대인 문제가 한동안 정치의 핵심 이슈로 떠오른 것은 좋지 않은 후유증을 남기기도 했다. 정치적 극우파들이 반유대주의를 정치 강령에 포함하게 된 것이다. 드레퓌스를 지지한 세력이 대체로 좌파였다는 점, 사회진화론의 유행과 '우수한 인종과 열등한 인종이 있는데, 유대인은 불량 인종이다'라는 우생학의 출현 등도 이런 추세를 부추겼다. 그리하여 제1차 세계대전을 치르고 난 1930년대에는 반유대주의를 핵심 목표로 삼는 극우 정당이 주요 서구 국가의 집권당이 되기에 이른다. 바로 히틀러의 나치스가 그 대표였다.

본래 나치스는 유대인 문제를 두 번째 방법, 즉 그들을 국민의 일부로 동화시키지 않고 나라 밖으로 내보내는 방법으로 해결하려 했다. 묘하게도 그것은 곧 시온주의자들이 추구하는 방향이었고, 실제로 초기에 유대인들을 추방하는 과정에서 나치스와 시온주의자들은 협력하기도 했다. 유대인의 권익을 가장 대변하는 조직과 유대인을 누구보다 혐오하는 세력이 손을 잡았던 셈이다. 하지만 전쟁 때문에 그런 방법을 계속 쓰기 어렵게 되자, 히틀러의 제3제국은 제3의 방법으로 '합리적인' 방향 전환을 한다. 유대인을 일일이 내쫓는 대신 죽여 없애는 쪽으로.

한편, 제2의 방법 역시 갈등과 유혈을 낳았다. 유대인을 위한 국가를 세울 땅은 결코 빈 땅이 아니었기 때문이다. 세계 각지에서 찾아오는 유대인 정착민과 원래 그곳에 살고 있던 팔레스타인인들의 대립은 밸푸어 선언 이후 점점 걷잡을 수 없어졌다. 더욱이 '나치스와 시온주의자들의 합작'으로 독일계 유대인들이 한꺼번에 몰려들기 시작하자 1936년부터는 피 튀기는 내전이 벌어졌다. 제2차 세계대전 이후, 그때까지 팔레스타인을 점령하고 있던 영국이 두 손을 들면서 분쟁의 중재역은 미국과 국제연합UN으로 넘어갔고, 이들은 팔레스타인을 유대인 영토와 아랍인 영토로 분할하기로 결정한다. 이렇게 해서 마침내 유대인들의 염원이었던 이스라엘이 건국되었지만, 이는 또다른 갈등, 유혈, 테러, 전쟁의 서막일 뿐이었다.

역설적이게도 유대인은 억압을 받았기 때문에 그만큼 힘을 모으고 단결할 수 있었다. 시온주의는 그 중심 노선을 제공했으며, 이로부터 유대인은 핍박받는 이방인에서 세계를 움직이는 파워 집단으로 거듭나게 된다. 거기에 나치스의 유대인 학살이 가져다준 '도덕적인 힘'까지 더해지면서 유대인은 조국 건설의 이상을 실현하였다. 그리고 유대인이 가장 먼저 파워 집단을 형성한 서구 국가가 미국이었기 때문에, 또한 중동 지역에서 친소련적인 아랍 국가들과 냉전을 벌이기 위해 이스라엘이 필요했기 때문에, 미국의 힘은 곧 이스라엘이 적대적인 아랍 국가들에 둘러싸인 상황에서도 버틸 수 있는 힘이 되었다.

그러나 그 힘 때문에 얼마나 많은 무리함이, 잔인함이, 죄 없는 사람들의 고통이 있었던가. 열린 자세가, 동화가 필요할 때 제대로 대응하지 못한 국민국가가 드레퓌스의 비극을 가져왔고, 그 때문에 생긴 시온주의가 다시 더 큰 비극을 낳았다. 본래 이상주의적이고 온화한 지식인이던 헤르츨이 오늘날의 상황을 알면 뭐라고 말할까. 그리고 역시 양심적 지식인이며, 인종과 종교의 대립을 초월해 정의의 목소리를 내기에 주저함이 없었던 졸라는 또 뭐라고 말할 것인가.

백인의 사명을 짊어져라

러디어드 키플링, 1899

:: 백인의 사명을 짊어져라.
그대의 온 힘을 쏟을지어다.
가라, 그대의 자식들을 먼 나라로 보내라.
그대가 예속시킨 자들을 보살피게끔. ::

1890년대 영국 국내 문단을 오스카 와일드가 장악하고 있었다면, 러디어드 키플링1865-1936은 그가 태어난 인도를 비롯해서 영국이 지배하고 있던 세계를 두루 돌며 이국적 정취가 물씬 풍기는 작품으로 시선을 끌고 있었다. 오늘날까지 아동문학의 고전으로 널리 읽히는 『정글 북』1894이 바로 그의 작품이다. 키플링은 1899년에는 『백인의 사명』이라는 시집을 발표하며 영국 제국주의를, 아니 서구 제국주의 전체의 정신을 한마디로 요약해냈다.

"백인의 사명을 짊어져라." "백인 만세, 만만세"도 아니고, "야만인들을 마음껏 짓밟아라"도 아니었던 것은 문학적으로 점잖은 효과를 주기 위해서만은 아니었다. 당시 영국인을 비롯한 서구인들은 대부분 제국주의를 '백인이 다른 열등한 인종에 대해 싫어도 짊어지지 않으면 안 되는 거룩한 사명'으로 받아들이고 있었다. 오늘날에는 정신 나간 소리처럼 들리겠지만, 백 년 전에는 제법 씨알이

먹히는 소리였다.

비서구 세계를 향한 서구의 침입은 르네상스 이래 꾸준히 이어졌지만, 제국주의의 전성기는 19세기였다. 특히 19세기 말에서 20세기 초, 그러니까 세계대전이 벌어지기 전 서구는 전 세계의 85퍼센트를 지배할 정도로 팽창했다. 그중에서도 영국은 홀로 25퍼센트를 지배할 만큼 제국주의의 최전선에 있었다. 키플링의 한마디가 나온 1890년대에는 그동안 식민지 경영에서 한 걸음 떨어져 있던 미국이 필리핀과 괌, 하와이를1898, 일본이 타이완을 얻으며1894 제국주의 국가의 대열에 합류했고, 제국주의 선진국이던 영국과 프랑스는 아프리카를 무서운 속도로 먹어치우다가 수단 남부 파쇼다에서 충돌하였다1898.

어떤 나라가 다른 나라를 식민지로 삼는다는 것은 단순히 영토를 넓힌다는 것과 똑같은 의미는 아니다. 다른 나라를 멸망시키고 그 땅을 영토로 삼는다면, 그 땅의 주민도 승전국의 국민이 될 것이다. 그리하여 원래의 국민과 똑같은 법적 의무와 권리를 누리거나, 노예가 되어 원래의 국민보다 낮은 지위를 갖게 될 것이다. 그런데 두 경우 모두 전근대라면 몰라도, 근대 국민국가에는 맞지 않는다. 민족적 동질성을 유난히 강조하기에 오랫동안 함께 살아온 유대인조차 쉽게 포용하지 못했으며(국가 형성 과정에서 어쩔 수 없이 다민족국가가 되어버린 오스트리아-헝가리는 예외라고 할 수 있다. 그러나 그 점은 계속해서 불안 요인으로 남았고, 결국은 세계대전을 통해 파국에 이른다), 노예제도를 철폐하고 국민의 평등한 법적 지위를 강조한 것이 국민국가이기 때문이다. 그러므로 제국주의란 다른 나라, 인종이 다르고 문화도 다른 멀리 떨어진 나라를 점령하고 예속시키되, 그 나라를 본국에 동화시키지는 않는 지배 방식이다(이런 점에서, '내선일체'를 주장하며 한민족의 정체성을 말살하고 한반도를 일본화하려 했던 일본의 지배는 정통적인 제국주의가 아니었다). 그런 까닭에 지배를 받는 식민지의 문화나 관습이 그대로 유지되는 경우가 많았다. 한편 '식민지'라는 말은 본토 국민이 이주해서 사는 땅이라는 의미지만(고대 그리스-로마의 식민지는 바로 그런 의미였다), 이 시대의 식민지로는 그런 인구 이동이 없었다. 영국의 가장 중요한 식민지였던 인도에는 3억 명의 인도인이 살고 있었지만, 영국인은 불과 수만 명이 거주할 뿐이었다.

그럼 대체 서구 열강이 그토록 식민지 획득에 혈안이 되었던 이유는 무엇일까? 제국주의를 초기에 연구했던 홉슨과 레닌 등은 경제적 이익이 이유라고 보았다. 식민지에서 산업 원료를 헐값에 들여와, 그것으로 본국에서 공산품을 만들어서는 다시 식민지에 비싼 값으로 팔았다는 것이다. 하지만 최근의 연구 결과, 그것은 대체로 사실이 아님이 밝혀졌다. 당시 서구 열강은 주로 끼리끼리 무역을 했으며, 식민지와는 경제 관계가 많지 않았다. 식민지의 값싼 원료 덕에 본국이 득을 보는 경우는 영국령 남아프리카(다이아몬드), 벨기에령 콩고(고무) 같은 극소수에 불과했으며, 대부분은 오히려 최소한의 산업 개발과 행정, 치안 등을 위해 본국의 지출이 심했다(중동과 남아메리카의 석유만은 이야기가 달랐다. 그러나 석유 자원이 중요해진 것은 제국주의가 한창 꽃핀 19세기가 아니라 20세기 초부터였다). 세계대전이 일어날 때까지 식민지 경영은 전체적으로 '밑지는 장사'였다.

하지만 그것은 식민지 지배가 기껏해야 수십 년밖에 이어지지 못했기 때문일지도 모르며, 만약 백 년 이상 오래 지속되었다면 식민지의 산업화가 충분히 이루어져서 본국의 경제에 중요한 역할을 하게 되었을 수도 있다. 다른 한편으로 식민지 경영은 정치적, 군사적 이유에서 부추겨졌다. 머나먼 땅에 자국의 깃발을 휘날린다는 것은 그 실속에 상관없이 국민의 환호를 받을 만한 일이고(달에 세워진 성조기를 생각해보라!), 유사시에는 식민지 국민을 '총알받이'로 동원할 가능성도 있었다. 실제로 세계대전 때는 인도 병사들이 유럽의 참호 속에서 싸웠고, 수많은 조선 청년들 또한 일본 군복을 입고 전쟁터에 나가기도 했다.

아무튼 멀고도 먼 나라에서 생소한 자연환경과 풍습, 먹을거리를 감수하며 식민지를 다스리는 일은 대단한 동기가 부여되지 않으면 할 수 없는 힘든 일이었다. 그리고 식민 제국들은 그런 동기를 성공적으로 부여했다. 그 결과 각국의 가장 우수한 젊은이들이 국내에서 안락한 생활을 누리는 대신 기꺼이 식민지에서 행정관이나 장교로 복무하는 길을 선택했다. 세계대전 이후 수십 년간 유지될 경제체제를 고안한 케인스1883-1936는 어릴 때부터 천재로 소문났는데, 평생 유일한 좌절이 인도 행정관 시험에서 2등을 한 것이었다고 한다.

그것은 발명과 발견의 세계에서 서구인들이 비서구인들을 추월하게 만든 모험심과 개척 정신, 그리고 '순수한' 이타주의와 봉사

정신에 근거하고 있었다. 당시 많은 사람들이 제국주의가 식민지 국민에게 유익하다고 믿었으며, 키플링은 그 까닭을 이렇게 정리했다. "암흑의 세계에 빛과 문명을 전파한다. 유럽의 윤리 도덕을 아시아와 아프리카 인들의 미개한 정신에 심는다. 평화를 모르고 전혀 안전을 누리지 못하며 살아가는 수많은 사람들이 진보할 수 있는 조건을 부여한다." 불쌍한 유색인종을 위해 '성스러운 사명'을 짊어지자는 동기는 좋았다. 문제는 그것이 비서구 세계에 대한 몰이해와 오해, 지독한 오만과 독선에 근거해 있다는 점이었다.

토머스 매콜리1800-1859는 대표적인 영국의 양심적 지식인으로, 인도 식민지 행정관으로 근무하며 인도인들의 생활 향상을 위해 노력을 아끼지 않았던 사람이다. 그런 그조차 "인도와 아랍의 책을 모두 모아도, 그 가치란 서구의 책과 비교할 때 책장 하나를 채울 만한 분량의 가치에 지나지 않는다"고 공공연히 말했다. 서구가 이룩한 과학 기술의 발전은 실로 놀라운 것이었으며, 시민혁명이 인류에게 가져다준 혜택도 부정할 수 없다. 그러나 서구인들은 자신들이 가진 것만이 전부인 줄 알았고, 다른 문화권의 가치를 이해하려 들지 않았다. 서구인들은 그렇게 오래된 문명을 대포로 굴복시키고 고유의 질서를 파괴하는 행위를 현지인들의 '행복'을 위한 성스러운 임무 수행이라고 생각했다.

아무튼 19세기 말에 절정에 이른 근대 제국주의는 세계대전을 계기로 급속히 쇠퇴했고, 오늘날에는 아무도 키플링의 '사명'을 이야기하지 않는 것처럼 보인다. 과연 그럴까?

미국의 사명을 다하자

조지 W. 부시, 2005

미국은 서구 열강 중에서 제국주의와는 가장 거리가 있는 국가였다. 적어도 좁은 의미의 제국주의와는. 미국은 19세기 막바지에 하와이와 괌, 필리핀을 손에 넣기 전에는 '머나먼 타국'에 식민지를 건설하는 일에 나서지 않았다. 그런 면에서 가장 제국주의와 거리가 있는 국가였다고 하겠지만, 그런 태도의 한편에는 아메리카 대륙에 대한 지칠 줄 모르는 팽창 욕구와 그 땅에 대한 '사명감'이 자리 잡고 있었다.

미국은 1776년에 13개 주로 영국 식민지에서 독립한 이래 백 년 동안 꾸준히 서부로 팽창했다. 혹은 돈으로(1803년 프랑스에게서 루이지애나 구입, 1853년 멕시코에게서 뉴멕시코 일부 구입, 1867년 러시아에게서 알래스카 구입), 혹은 외교로(1819년 스페인에게서 플로리다 획득, 1845년 텍사스를 병합, 1846년 영국에게서 오리건 획득), 혹은 전쟁으로(1848년 미국-멕시코 전쟁으로 캘리포니아, 네바다, 유타 등 병합) 미국은 캐나다를 뺀 북아메리카 전역을 차지하였으며, 그동안에 그 원래 거주민인 인디언은 계속해서 내몰리고 내쫓기고 학살당했다. 그 과정에는 '명백한 운명'이라는 한마디가 함께했다. 1845년 텍사스 병합을 축하하며 존 오설리번이 「데모크라틱 리뷰」에 기고한 글에서 처음 등장한 이 한마디는, 미국이 북아메리카 전체를 지배하고 그 땅을 이상적인 나라로 만들 운명을 신에게서 부여받았다는 뜻을 갖고 있었다. '명백한 운명'은 "아메리카 대륙에 유럽의 진출을 허용하지 않는다"는 1821년의 '먼로 선언'과 함께 맞물리며, 미국이 19세기 후반 제국주의적 지배의 손길을 남아메리카까지 뻗치는 배경이 되었다. 사실 키플링의 '백인의 사명'은 '명백한 운명'을 표절한 것이라는 말까지 있다.

'명백한 운명'을 기치로 내걸고 이루어진 북아메리카 정복은 유럽 국가들의 비유럽 세계 정복과는 성격이 좀 달랐다. 이민족(인디언)을 없애고 본토인이 거주자가 되어 하나의 국토와 국민을 형성하는 것이었기 때문이다. 즉 제국주의의 식민 지배라기보다 영토 확장이었다. 이후 이루어진 남아메리카에 대한 지배력 확장에는 제국주의의 냄새가 좀더 진하게 배어 있지만, 그래도 '우리 아메리카'라는 의식에 근거하고 있었으며 유럽의 제국주의처럼 남의 땅을 송두리째 빼앗고는 총독을 파견해 다스리는 식은 아니었다.

그나마 세계대전 이전의 이야기이고, 이후 미국은 윌슨 대통령의 '민족자결주의'를 통해 식민 제국 해체에 앞장서는 모습을 보여준다. 그래서 그 뒤 이어진 '미국의 시대'는 제국주의와는 상관이 없는 시대처럼 보이기도 한다. 하지만 오늘날 세계에는 미국을 가리켜 제국주의 국가라고 손가락질하는 사람들이 적지 않다. 그리고 그 말에는 일리가 있다.

사람들이 미국을 비판하는 이유는 우선 군사적인 면에서, 다음으로는 경제적인 면에서 찾아볼 수 있다. 지금 미국은 130개국 이상의 외국에 800여 개의 군사기지를 설치해놓고 있다. 계속 변하고 있지만, 해외 주둔 미군 병력은 줄잡아 수십만 명에 달한다. 로마제국은 물론 대영제국이 동원할 수 있었던 총병력의 수보다 많다. 그 군사력은 국방비로 따져볼 때 세계 2위에서 14위까지의 국방비를 모두 합친 것에 맞먹으며, 군사기술 면에서는 모든 부문에서 압도적인 우위를 지키고 있다. 미국이 전 세계를 상대로 전쟁을 벌여도 이길 거라는 말이 완전히 농담은 아니다.

그것은 사회주의 진영과의 냉전을 원인으로, 또는 명분으로 구축된 군사력인데, 한편으로 그 힘은 세계대전 이후 미국의 달러가 세계의 기준 화폐가 된 사실에 힘입었다. 그리고 달러 체제의 유지는 석유와 곡물 가격을 낮게 유지함으로써 가능했으며, 그렇게 낮게 유지하도록 다른 나라를 압박할 수 있는 힘이 바로 미국의 군사력이었다. '미 제국주의'는 타국의 영토를 점령하고 지배하는 제국주의가 아니라, 타국을 압박해서 미국의 군사력과 경제력을 유지하는 제국주의라고 할 수 있다.

하지만 그것이 전부가 아니었다. 미국에는 다른 나라 일에 관여하지 않으려는 '고립주의' 성향이 뚜렷이 존재하며(그런 까닭에 윌슨은 국제연맹을 만들어놓고도 의회에서 미국의 연맹 가입 승인을 얻는 데 실패했다), 따라서 외국에 대한 미국의 개입 필요성을 해당 국가의 국민뿐 아니라 자국민들에게 설명하기 위해서라도 뭔가 고매한 명분과 이상이 필요했다. 그래서 내세운 것이 '인류의 보편적 가치'인 인권, 민주주의, 자유주의, 시장중심주의를 전 세계에 퍼뜨리는 것이었다.

"미국은 자유의 제국이 되어야 한다." 이것은 이미 미국의 제3대 대통령 토머스 제퍼슨1743-1826이 18세기에 한 말이었다. 그리고 이 한마디는 정도의 차이는 있으되 미국의 모든 대통령들이 계승한 한마디였다. 7대 앤드루 잭슨1767-1845은 인디언들을 서부로 몰아내면서, "이것은 그들을 위한 조치이며, 인도주의에서 비롯된 정책이다"라고 했다. 11대 포크1795-1849는 "우리만이 이 대륙에 사는 사람들의 행복을 위해 일할 수 있다"고 말했다. 25대 매킨리1843-1901는 필리핀을 식민지로 삼으며, "우리는 필리핀인들을 문명과 기독교로 인도할 사명이 있다"고 선언했다. 또한 26대 시어도어 루스벨트1858-1919는 "미국은 아메리카 대륙에서 국제경찰로서의 역할을 담당해야 한다"는 내용을 먼로 선언에 추가했다. 그리고 28대 윌슨1856-1924은 "라틴아메리카에 비민주적이고 자국민을 학대하는 정부가 있다면, 미국이 군사적 개입을 해서라도 민주적 정부로 바꿔야 한다"고 선언했다. 이 선언에서 '라틴아메리카에'라는 단서를 뺀 대통령들이 조지 부시 부자父子다.

:: 이라크에서 우리 미국의 사명은 분명합니다. 테러리스트들을 잡을 것입니다. 이라크가 자유국가가 되도록 도울 것입니다. 중동 전역으로 자유를 확산시킬 것입니다. 폭력과 불안의 뿌리를 뽑아버릴 것입니다. 그리고 우리 자손이 평화롭게 살 기반을 마련할 것입니다. ::

2005년 6월 28일, 조지 W. 부시가 이라크 전쟁을 두고 행한 연설이다. 아버지인 조지 H. 부시 때 다국적군을 이끌고 이라크를 침공한 것은 이라크의 쿠웨이트 침공이 명분이었다. 이후 아들 부시는 이라크가 대량 살상 무기를 숨기고 있다는 명분으로 전쟁을 벌여 26일 만에 사담 후세인 정부를 무너뜨리는 데 성공했다. 그러나 실제로는 대량 살상 무기가 발견되지 않자, 전쟁의 명분과 미군의 계속적인 이라크 주둔의 명분으로 '미국의 사명'을 내세웠다.

'미국의 사명'은 19세기 '백인의 사명'과 크게 다르지 않다. 다르다면 '백인의 사명'이 아직 근대적 국가를 형성하지 못하고 있던 나라를 상대로 했던 반면, '미국의 사명'은 다른 국민국가의 주권을 무시하며 이루어진다는 것뿐. 인권, 민주주의, 자유, 이런 가치를 부정할 사람은 많지 않다. 비록 그것이 어디까지나 '서구적 가치'일 뿐이라고 주장하는 경우도 없지 않으나, 인류가 싹 틔우고 키워낸 소중한 가치라고 보아야 할 것이다. 문제는 그런 가치를 강요할 권리이다. 숭고한 가치를 내세운다 하더라도, 강제는 많은 무리를 낳고 많은 불행을 가져온다. '백인의 사명'을 앞세운 식민 제국들은 식민지를 근대화하고 기술 문명과 자본주의를 심는 데는 성공했다. 하지만 식민지 국민들을 더 행복하게 만들었다고는 볼 수 없다. 마찬가지로 사담 후세인 정권이 독재적이고 폭압적이었음은 분명하지만, 이라크 전쟁 이후 지금까지도 이라크인들은 숱한 폭력과 혼란 속에서 행복을 찾지 못하고 있다.

사랑에는 두려움이 없다. 사랑은 온갖 불가능을 가능하게 한다. 그러나 사랑으로 강간이 정당화될 수는 없다.

유명인이 남겼다는, **하지만 사실은 좀 다른** 유명한 말

유명인의 한마디 중에는 잘못 전해진 것들도 많다. 대체로 특정한 이미지가 뚜렷한 사람에게, 사실은 그가 하지 않았지만 그런 이미지에 부합되는 말을 했다는 오해가 덧씌워진다. 거짓된 '한마디'를 통해서도 시대정신을 읽을 수 있지만, 역시 누가 그 말을 했는지 정확히 짚어내야 그 '한마디'를 바로 이해할 수 있을 것이다.

끝까지 살아남는 자는 가장 강한 자도, 가장 현명한 자도 아니다. 환경에 가장 잘 적응하는 자다.

'적자생존의 법칙'을 풀이한 찰스 다윈의 말처럼 들린다. 그러나 이것은 19세기 말 미국의 유명한 법률가였던 클러런스 대로가 한 말이다.

진실을 말하는 것이 혁명이다.

이탈리아의 사회주의 이론가 안토니오 그람시의 말로 알려져 있다. 하지만 사실은 급진 사회주의자 페르디난트 라살레의 말인데, 1921년에 그람시가 편저한 『새로운 질서』의 첫머리에 인용되었기 때문에 그렇게 혼동된다.

왜냐하면 그 산이 거기 있기 때문입니다.

"왜 에베레스트를 오르려 하는가?" 하는 기자의 질문에 영국의 전설적인 등산가 조지 맬로리가 남겼다는 말이다. 이후 일상생활에서 쓰이는 '명문'이 되어, "왜 산에 오르는가? 산이 거기 있기 때문이다"라는 식으로 언급되곤 한다. 조지 맬로리는 1924년에 에베레스트에 오르다가 사망했는데, 그래서 더 유명해진 이 대답은 아마도 기자가 창작해낸 것으로 보인다.

한 사람의 죽음은 비극이지만, 백만 명의 죽음은 통계일 뿐이다.

소련을 철권으로 통치했던 스탈린이 남긴 말로 널리 알려져 있다. 당원에서 농민까지 수없이 많은 사람을 숙청했던 스탈린이라면 했을 법도 한 말이지만, 기록에는 남아 있지 않다.

천재는 질문을 하기 전에 정답을 먼저 안다.

'원자폭탄의 아버지' 로버트 오펜하이머가 한 말이라고 하는데, 그것은 영화 〈뷰티풀 마인드〉에서 나오는 말이고 실제로는 전혀 근거가 없다.

불가능한 것을 요구하라. 그러나 리얼리스트가 되라.

1960년대를 대표하는 한마디이자 68혁명의 상징으로 이 책에 소개한 이 한마디는 많은 사람들이 체 게바라의 한마디로 알고 있다. 하지만 실제는 누군가가 파리 대학 담벼락에 갈겨쓴 낙서였다. 체 게바라는 학생들에게 큰 인기가 있었고, 그의 행동이나 사상이 1960년대의 저항 정신을 대표했다고 볼 수 있는데 아마도 그래서 이 '임자 없는 말'의 임자를 그에게서 찾았을 것이다.

우리가 원하는 모든 것을 줄 수 있을 만큼 큰 정부는 우리가 갖고 있는 모든 것을 빼앗을 수 있을 만큼 큰 정부다.

로널드 레이건의 말로 알려져 있는데, "정부는 문제를 해결하지 않으며, 스스로 문제를 만들 뿐이다"라고 주장했던 사람의 말답다. 하지만 실제로 이 멋들어진 말은 미국 역사상 가장 눈에 안 띄는 대통령이었던 제럴드 포드가 남겼다.

메모리 640킬로바이트 정도면 모든 사람들에게 충분하고도 넘치는 용량이다.

'컴퓨터 황제' 빌 게이츠가 1981년에 했다고 알려진 말. 하지만 빌 게이츠는 한사코 자신이 그런 말을 했다는 사실을 부인하고 있으며, 실제 그가 저런 발언을 남긴 기록도 찾아볼 수 없다. 컴퓨터의 눈부신 발전은 과거 전화나 TV의 발전사에서도 그랬듯이 많은 '어이없는 예측'과 일화를 낳았다. 그런데 빌 게이츠는 퍼스널 컴퓨터 보급에서 가장 두드러지는 인물이며, PC를 사용하는 사람들로서는 무엇보다도 메모리 용량의 빠른 증가가 인상적일 수밖에 없었다. 그래서 그가 저런 말을 했다는 '전설'이 만들어지지 않았을까?

[1900-1909]

권력은 보이지 않는 세계에 있다

1900

- 한국, 미국으로 최초의 외국 우편 발송
- 의화단 사건, 서구 연합군이 북경을 점령
- 미국, 금본위제도 채택
- 프랑스, 타핫과 티디켈트를 정복하고 사하라 북부의 지배권 장악
- 막스 플랑크가 양자론 발표
- 프로이트의 『꿈의 해석』
- 란트슈타이너가 혈액형 발견

1901

- 한국, 제주도에서 이재수의 난
- 뉴욕 대공황 발생
- 미국, 파나마 운하 건설 및 관리권 획득
- 마르코니가 대륙간 장거리 무선전신에 성공
- 노벨상 창설

1902

- 영국-일본, 영일동맹 체결
- 영국, 보어 전쟁 종료
- 러더퍼드가 방사성 원자 붕괴설 발표
- 러시아, 시베리아철도 완공

1903

- 라이트 형제, 비행기 발명
- 영국, 노동당 창당
- 세르비아 국왕 부처 암살

1904

- 한국, 경부선 완공
- 한국, 한일의정서 강제 조인
- 러시아-일본, 러일 전쟁 돌입
- 베버의 『프로테스탄티즘의 윤리와 자본주의의 정신』

- 한국, 을사늑약
- 한국, 민영환 자결
- 미국과 일본, 가쓰라-태프트 밀약
- 아일랜드 독립을 주장하는 신 페인당 결성
- 아인슈타인, 『특수상대성이론』 발표
- 러시아, 시베리아 철도 개통
- 제1차 러시아혁명

- 한국, 국채보상운동 전개
- 한국, 신민회 조직
- 한국, 한일신협약(정미 7조약)
- 한국, 헤이그 밀사 사건
- 한국, 군대 해산
- 한국, 고종이 양위하고 순종이 즉위
- 포드 사에서 대량생산 보급형 자동차 T 모델 출시
- 영국, 프랑스, 러시아의 3국 협상
- 피카소의 「아비뇽의 아가씨들」

1905 1906 1907 1908 1909

1906

- 미국 샌프란시스코 대지진 700명 사망

1908

- 한국, 최남선이 최초의 월간 종합지 『소년』 창간
- 벨기에, 콩고를 정식 병합
- 터키, 청년투르크당이 입헌군주제 달성

1909

- 피어리가 북극점 도착
- 월간 종합지 『소년』 창간
- 터키, 아르메니아인에 대한 대학살
- 중국, 일본과 간도협약 체결
- 안중근이 이토 히로부미를 암살

꿈은 욕망의 충족이다

지그문트 프로이트, 1900

지그문트 프로이트1856-1939는 스스로의 업적을 가리켜 “코페르니쿠스의 지동설, 다윈의 진화론에 이어 인류가 이룩한 3대 지적 혁명”이라고 했다. 도대체 뭘 했기에 그렇게 호언장담할 수 있었을까. 꿈은 과학의 시대가 된 후에도 오랫동안 미지의 세계, 신과 요정이 뛰놀고 조상들이 미래를 예언하는 신비의 영역으로 남아 있었다. 프로이트는 바로 그 꿈을 분석하고, 그 내용은 꿈을 꾸는 사람이 현실에서 이루지 못하는 어떤 욕망을 가상으로 실현하여 해소하는 것이라고 밝혔다. 그리고 “무슨 말도 안 되는 소리냐? 나는 아버지를 죽이고 어머니를 차지하려는 욕망을 품은 적이 결코 없다”는 반박에 대해, 그것을 의식하지 못할 뿐이며 ‘무의식’의 세계에서는 분명히 그런 욕망을 품고 있다고 답변했다. 우리의 의식은 빙산의 일각이며, 무의식이야말로 진정한 나 자신의 마음이라는 것이다.

간단한 것 같지만, 이런 내용을 담아 엮은 프로이트의 『꿈의 해석』1900과 연이은 저작을 통해 인류가 받은 충격은 어마어마했다. 그것은 먼저 프로이트가 심리학에 끼친 영향에서 찾을 수 있다. 무의식을 연구한 학자는 프로이트 이전에도 있었다. 에두아르트 하르트만은 문화는 사람들이 의식해서 바꾸는 것이 아니라 의식하지 못하는 어떤 심리 작용 때문이라고 보았다. 헤르바르트는 의식의 표층 아래에 잠재된 의식층이 있는데, 때가 되면 그것이 수면 위로 떠올라 의식에 영향을 준다고 설명했다. 제임스는 잠재의식이 의식만큼 인간의 행동을 잘 설명한다고 생각했다.

그러나 프로이트처럼 무의식과 의식의 관계를 욕망의 표출과 억압이라는 도식으로 풀이해낸 사람은 없었다. 폭발적인 관심을 받고 지대한 영향력을 미치는 이론은 기존의 여러 이론을 충실히 참조하면서도 파격적이고, 단순하면서도 모든 것을 설명할 수 있는(또는 그럴 수 있을 것 같은) 이론이다. 뉴턴의 만유인력론이나 마르크스의 자본주의 분석 이론이 바로 그런 것들이었고, 프로이트의 욕망-무의식 이론 역시 그렇게 받아들여지고, 그렇게 군림했던 것이다. 또한 프로이트의 이론에 따르면 온갖 정서장애와 정신질환은 억압된 욕망에서 비롯되며, 어릴 때 겪은 충격적 경험이 남긴 마음의 상처(트라우마)가 큰 작용을 한다. 그것은 그런 감춰진 문제점을 발견하고 문제의 욕망을 해소하거나 다른 것으로 대체 해소할 경우 마음의 병이 나을 수 있음을 의미했다. 이는 '마음은 치료할 수 없다'고 생각하던 당시의 상식을 뒤집는 것이었고, 꾸준한 정신 상담을 통한 심리 치료의 길을 여는 계기가 되었다.

프로이트의 이론이 충격적이었던 또 하나의 이유는 그것이 성性 문제를 중심으로 이루어졌기 때문이다. 프로이트는 말도 할 줄 모르는 갓난아기에게도 성욕이 있다고 보았으며, 인간의 모든 의식과 행동의 뒤에는 성욕이 있다고 주장했다. 고결한 성직자들, 용감한 혁명가들의 행동도 하나같이 성욕이 변형되고 왜곡된 충동 때문이라는 것이다. 이러한 '범성욕설'은 당연히 보수적인 종교인과 도덕가들의 분노를 불러일으켰음은 물론, 사회사업가들과 일부 진보주의자들의 비위도 건드렸다.

하지만 학술적인 견지에서 성을 파헤치고 공론화하려는 움직임은 당시의 추세이기도 했다. 크라프트-에빙1840-1902은 『성욕 정신병리학』1901에서 사도-마조히즘을 비롯한 각종 이상성욕이 보통 사람들에게 널리 퍼져 있음을 밝혔다. 메치니코프1845-1916는 『인간의 본성에 관한 논고』1903를 통해, 생물학적 관점에서 보면 처녀성에 대한 집착 등 여러 가지 성도덕 관념은 비과학적이며 폐지되어야 마땅하다고 주장했다. 그런 추세의 한가운데에 프로이트의 범성욕설이 있었다. 또한 그는 성욕의 부자연스러운 억제가 개인의 불행을 넘어 사회병리 현상까지 일으킨다며, "문명은 지나친 성욕 방출을 억제함으로써 사회를 유지한다. 그러나 문명의 억제가 심하면, 억압된 성욕은 전쟁이나 강력 범죄에서 배출구를 찾을 수도 있다"고 지적해 지식인들 사이에서 열띤 반향을 일으켰다. 이런 사고방식은 특히 제1차 세계대전이 기존의 질서를 두들겨 부수고 지나간 1920년대에 크게 유행했는데, 완전한 성 해방이야말로 인류를 구원할 수 있다고 한 빌헬름 라이히1897-1957의 『오르가슴의 기능』1927, 청소년의 성욕을 지나치게 억압하는 문화를 비판한 벤저민 린제1869-1943의 『현대 청년의 반항』1925, '자연스러운 성'을 예찬한 D. H. 로렌스1885-1930의 소설 『채털리 부인의 사랑』1926, 금기시되던 온갖 성적 표현을 대담하게 표출한 벤저민 크리스턴슨1879-1959의 영화 〈마녀〉1920 등이 대표적이다. 이 모두는 19세기 초부터 특히 여성과 청소년의 성욕을 죄악시하며 성을 꼭꼭 감추고 가두려고만 해온 '빅토리아 시대'의 도덕주의에 대한 자연스러운 반발인 한편, 과학기술의 비약적 발전과 세계대전이 가져온 오래된 질서의 붕괴를, 그리고 새로 열리는 대중사회-소비사회에서 개인의 거침없는 쾌락 추구를 긍정하고 찬양하려는 추세를 반영한 것이었다.

그러나 프로이트의 이론이 끝까지 군림하지는 못했다. 이미 프로이트의 생전에, 그가 아꼈던 후배와 제자들이 차례차례 등을 돌렸다. 카를 융1875-1961, 알프레트 아들러1873-1937, 오토 랑크1884-1939 등은 모두 프로이트가 개척한 무의식 이론과 심리요법을 계승하면서도 범성욕설은 반대했으며, 제각기 다른 접근법을 써서 새로운 정신분석학을 수립했다. 그런데 이처럼 비슷한 도구를 쓰면서도 다른 접근법을 쉽게 세울 수 있었던 것은 정신분석학 자체가 주관적인 근거 위에 세워져 있으며, 문학적 설득력은 있어도 과학적 설명력은 부족한 학문이기 때문이기도 했다. 이런 점에서 칼 포퍼1902-1994는 정신분석학이 결코 과학이 아닌 사이비 학문이라고 비판했으며, 행태 실험이나 신경생리학적 연구를 중심으로 발전한 영미권의 심리학은 정신분석학을 심리학의 일부로 받아들이기를 거부했다. 오늘날 프로이트의 이론을 곧이곧대로 따르는 학자는 거의 없으며, "꿈은 욕망의 충족이다"라는 그의 한마디 역시 대체로 부정된다. 꿈은 수면 중에 일어나는 뇌의 정보처리 과정에서 우연히 나타나는 무의미한 이미지일 뿐이라는 게 지배적인 시각인 것이다.

그런데 사실 프로이트의 영향이 가장 크게 미친 부분은 심리학이나 성 해방 풍조가 아니다. 그는 무의식이 우리 생각과 행동의 진정한 주재자이며, 그 동기는 단순하고 저급한 욕망일 뿐이라고 했다. 그것은 데카르트가 인간을 '생각하는 존재'로 정의한 이래, 인간이란 이성을 냉철하게 사용하기만 하면 자연을 정복하고, 신을 대신하며, 온갖 부도덕과 부조리도 없애버릴 수 있는 위대한 존재라고 믿어왔던 믿음을 거꾸로 뒤집어버리는 것이었다. 프로이트의 말대로라면 인간은 별로 이성적인 존재가 아니며, 도덕적인 존재도 아니다. 우리는 우리가 하는 행동의 의미를 제대로 이해할 수도 없고, 우리가 어떤 사람인지도 정확히 알 수 없다. 프로이트 이론을 계승 발전시킨 라캉1901-1981은 이를 이렇게 표현했다. "나는 내가 생각하지 않는 곳에 존재한다." 이런 '이성에 의한 인간의 진보 가능성에 대한 회의'는 세계대전과 대량 학살, 그리고 대중사회의 전개를 거치며 어김없이 맞아들어가는 것처럼 보였다. 인간이 그렇게 이성적인 존재라면 어떻게 저런 어처구니없는 전쟁을 벌였겠는가? 어떻게 수백만 명의 인간을 발가벗겨 가스실에서 죽였겠는가? 어떻게 원자폭탄이라는 말도 안 되는 무기를 만들었겠는가? 그리고 마침내 일반 서민과 노동자 들에게 투표권이 주어졌는데, 어째서 계속해서 부유한 부르주아 출신이 정권을 쥐고, 빈부격차는 줄어들지 않는 것인가? 심지어 온 국민을 노예로 만드는 독재자까지 민주적 절차를 거쳐 등장하지 않는가? 우리는 사실 냉철한 이성에 따라 행동하기보다 자신도 모르는 충동에 휩쓸려 움직이는, 쥐 떼 같은 존재가 아닐까?

더구나 프로이트는 더욱더 암울한 메시지를 남겼다. 우리는 누구나 어린 시절에 일방적으로 겪은 경험에서 온전히 벗어날 수 없다는……. 정신분석을 통해 그 경험과 경험이 갖는 의미를 파악할 수는 있지만, 그 경험에서 생겨난 마음의 틀은 결코 다시 만들어질 수 없는 것이다. 문제 가정에서 태어난 아이는 그렇지 않은 가정에서 태어난 아이와 결코 같을 수 없다. 어릴 때 당한 성희롱의 영향도 죽을 때까지 사라지지 않는다. 다시 말해서, 우리는 운명을 피할 수 없고, 그 운명은 전적으로 우연히 이루어진다. 신은 죽었고, 인간은 무력하다. 누가 우리에게 운명을 사랑하라고 하는가?

자신이 꿈꾸는 일을 하라

에이브러햄 매슬로, 1970

프로이트의 정신분석학은 지나치게 성욕에 치우쳐 있고, 암울한 메시지만을 남긴다는 점에서 그를 계승한 정신분석학자들에게서도 차차 외면을 받았다. 그중에서 모레노1892-1974는 단지 과거의 경험이 남긴 트라우마를 이기지 못하고 허우적거리는 인간이 아니라 창조성과 자발성에 의해 스스로를 치유해가는 인간을 상정했으며, '사이코드라마'라는 방법으로 환자들이 스스로를 치료하는 메커니즘을 개발했다. 한편 정신분석학이나 영미 계열의 의식심리학에 반발하며 "의식이라는 것을 가정할 필요가 없다"고 주장하는 행동심리학도 나왔다. 존 왓슨1878-1958, 벌허스 스키너1904-1990 등은 파블로프의 조건반사 실험 등 동물행동학 연구에서 얻은 성과를 바탕으로 인간 심리에 접근했다. 그들은 인간의 심리란 '자극'에 '반응'하는 행동으로 파악할 수 있고, 굳이 반응하는 메커니즘이라 할 수 있는 의식을 탐구하지 않고도 자극을 조절함으로써 행동을 교정해 나갈 수 있다고 보았다. 분석가마다 다르게 해석할 수 있고 오리무중인 의식을 붙잡고 있느니, 환경 변화를 통해 문제가 되는 행동 자체를 고치면 그만이라는 것이었다.

여러 유파로 갈린 정신분석학과 행동주의 심리학이 1960년대의 주류를 형성한 가운데, '제3의 세력'을 선언한 사람이 있었다. '인본주의 심리학'을 제창한 에이브러햄 매슬로1908-1970다.

본래 행동심리학자였던 매슬로는 행동심리학이 인간을 너무 좁게 인위적인 틀 안에서 바라보며, 실험에 쓰이는 동물과 자유롭고 개성적인 인간의 차이를 무시하고 있다고 비판했다. 그런 비판은 1960년대 말 당시 서구 사회의 정치적·문화적 환멸과 혼란을 반영한 것이기도 했다. 행동주의는 적절한 조건을 부여하면 인간은 도덕적으로 행동할 것이며, 그런 식으로 사회악도 소멸될 것이라고 낙관했다. 그러나 베트남 전쟁, 인종차별, 여성 억압 등은 어떤가? 세계에서 가장 민주적이고 자유를 최고로 보장한다는 체제에서 벌어지고 있는 일이 아닌가? 그래서 사람의 행동보다는 의식으로, 또한 유형보다는 개인으로 다시 돌아가야 한다는 목소리가 높아지던 시대였다.

하지만 매슬로는 의식과 무의식의 세계를 다루는 정신분석학에도 비판을 가했다. 그는 프로이트가 정신적으로 문제가 있는 사람들만 조사해서 이론을 세운 점을 지적했다. "장애가 있고, 미성숙하고, 건강하지 못한 사람들만을 대상으로 한 연구는 장애가 있는 심리학, 장애가 있는 철학밖에 낳지 못한다." 그래서 매슬로를 비롯한 '제3의 세력'은 이렇게 주장했다.

:: 음악가는 음악을 만들라. 화가는 그림을 그리라. 시인은 시를 쓰라. 진정 마음의 평화를 얻으려면, 자신이 꿈꾸는 일을 하라. ::

프로이트는 꿈을 '감춰진' 욕망으로 해석했다. 그것은 '드러난' 꿈과는 다르다. 기업인이 돈을 벌고 또 벌려고 하는 것은 갓난아기였을 때 배설물에 대해 가졌던 매혹 때문일지 모른다. 갓난아기는 배설물을 더 갖고 마음껏 만지고 싶었지만, "그건 지지야!"라는 어른들 때문에 포기해야 했다. 그 아쉬움이 돈에 대한 주체할 수 없는 욕망으로 작용한다. 또한 위대한 혁명가도 사실 둘째 아들로서 아버지와 형에 대한 질투심을 품었던 것이 사회체제에 반항하게 된 원인이었을지 모른다. 드러난 꿈은 감춰진 꿈의 대용품일 뿐이며, 마음의 평화를 얻으려면 어린 시절로 거슬러 올라가 감춰진 욕망을 발견하고 해소해야 한다는 것이 프로이트의 생각이었다. 그러나 매슬로는 반대로 드러난 꿈을 추구하는 것이 마음의 평화를 얻는 일이라고 말한다. 인간은 그렇게까지 어린 시절의 경험에 지배받지 않으며, 자신을 변화시키고 더 나은 존재로 탈바꿈할 수 있는 존재라는 것이다. 인간은 운명을 극복할 수 있다는 의미이다.

그렇다면 누구나 자기가 원하는 대로 하면 그만이 아닌가? 심리학과 심리학자는 굳이 필요 없는 것 아닌가? 그렇지는 않다. 음악가는 음악을 만들고 화가는 그림을 그리면 되는데, 과연 자신이 음악가에 어울리는지, 화가에 어울리는지를 정확히 알 수 없기 때문이다. 그러므로 심리학과 심리학자는 개인이 진정한 자아를 발견하고, 그것을 실현할 길을 찾도록 돕는 역할을 해야 한다. 즉 심리상담은 일종의 자기계발 과정이 되어야 한다.

그러면 프로이트가 모든 것의 중심에 놓은 성욕이나 아들러의 권력욕 같은 것은 모두 무의미한가? 그 역시 그렇지는 않다. 다만 그런 것이 욕망의 핵심 또는 전부가 아닐 뿐이다. 매슬로는 인간의 욕망에는 다섯 가지 단계가 있다고 보았다. 가장 수준이 낮은 것은 먹고, 자고, 성교하는 것 같은 '가장 동물에 가까운, 생리적 욕망'이다. 이 욕망이 채워지지 못하면 아무것도 안 된다. 그러나 일단 채워지면, 인간은 다음 단계의 욕망을 추구하게 된다. 다음 단계는 안정과 평화에 대한 욕망, 공포를 느끼지 않고 안심하고픈 욕망이다. 그다음은 애정과 지지를 받고 싶은 욕망, 존경을 받고 싶은 욕망, 그리고 마지막으로 '가장 인간적인, 정신적인 욕망'이 자아를 실현하려는 욕망인 것이다. 어려운 처지에 있는 사람이라면 더 낮은 단계의 욕망 충족에 급급하겠지만, 일단 물질적 생활이 안정되고 원만한 가족생활과 직업 활동을 누리고 있다면 자아실현의 욕망, 즉 꿈을 이루려는 욕망을 채워야만 마음이 평화로워진다.

이 같은 매슬로의 인본주의 심리학도 비판에서 자유롭지는 못했다. 행동주의자들이나 인지심리학자들에게 인본주의는 정신분석 이상으로 모호하고 효과가 불확실한 것이었다. 한편 정신분석학자들은 인본주의가 자아에만 몰두하여 무의식의 세계를 과소평가하는 점을 비판했다. 하지만 '자기 자신의 운명을 개척하는 인간'이라는 측면에서의 접근은 심리학자들뿐 아니라 많은 철학자와 인문·사회 과학자들에게도 강렬한 인상을 심어주었다. 사실 매슬로의 접근법 자체가 실증주의와 언어철학에 반발하여 20세기 초 유럽에서 발전한 철학, 즉 현상학과 실존주의의 영향에 힘입은 것이었다. 매슬로는 제2차 세계대전 당시 미국으로 피신해 온 아들러나 에리히 프롬 등을 통해 그런 철학을 접했고, 행동주의에서 벗어날 수 있었다. 그래서 1970년대 이후 경영학에서는 노동자를 단지 '자극'(임금 또는 징계)을 주면 '반응'(노동 실적 상승)하는 존재로 대하지 않고, 노동자의 자발적 결정과 자기계발을 중요시하는 접근법이 생겨났다. 또한 정치학에서도 잉글하트 등은 매슬로의 '욕구 단계설'을 바탕으로 '탈물질주의의 새로운 정치'가 나타나고 있다고 주장했다. 기초적인 물질적 욕망이 충족되지 못하는 상황에서는 물질주의적 정치, 즉 돈과 권력을 배분하는 문제를 중심으로 하는 정치가 필요하다. 하지만 이미 그런 수준의 욕망이 충족된 고도 산업사회, 즉 선진국에서는 탈물질주의적, 정신적 가치를 중시하는 정치가 필요해진다. 물질적 이익보다 세계 평화, 인권, 환경보호 등의 보편적 가치를 앞세우는 신세대들이 추구하는 정치가 바로 그런 '새로운 정치'라는 것이다. 한편 심리학 영역에서는 칼 로저스 1902-1987가 매슬로를 계승하여 상담심리학의 새로운 장을 열었다. 그는 상담자 중심에서 내담자 중심으로, 비밀 상담에서 공개 상담으로, 상담자의 개입과 지시에서 내담자의 자발적 노력 중심으로 심리 상담의 관점을 완전히 바꿔버렸다. 내담자 스스로 문제를 찾고 극복하도록 하며, 상담자는 그 과정에서 최소한의 도움만 주면 된다는 것이다. 이런 상담 이론은 인본주의 심리학에 동조하지 않는 사람들까지도 참고할 정도로 널리 영향을 미쳤다.

우리의 마음속에는 빛나는 천사가 살고 있을까, 시커먼 악마가 살고 있을까? '인간성'은 관리되고 통제되어야 할까, 계발되고 개방되어야 할까? 아무튼 프로이트 이후 현대인은 마음의 고통을 없앨 해답을 종교가 아닌 심리학에서 찾아야 한다고 여기게 되었다. 인간은 영적 존재가 아니라 욕망의 존재가 되었다. 그것이 더 '과학적인', 그리고 '현실적인' 접근일지 모른다. 하지만 두려운 점은, 현대에는 인간을 구원할 존재 또한 인간이라는 것이다. 우리와 마찬가지로 약하고, 부족하고, 욕망의 지배를 받는 인간.

$E=mc^2$

알베르트 아인슈타인, 1905

"절대적인 것은 없다!"

우리나라에서 일본 만화만큼 인기를 얻지는 못하지만, 그런대로 읽히는 중국 만화를 보면 이런 표현이 곧잘 나온다. 다윗처럼 작은 무술 초보 소년이 골리앗처럼 거대한 고수와 맞서거나, 당장 쓰러질 듯 중상을 입은 주인공이 맨몸으로 완전무장을 한 수십 명의 악당들에게 둘러싸이거나……. 누가 봐도 절망적인 상황, 절대로 이길 수 없을 것 같은데, "절대적인 것은 없다!"며 싸울 준비를 한다. 그리고 만화라서 그렇겠지만, 대부분 이긴다.

과학은 으레 수학 공식처럼 명쾌하고, 질서 정연하며, 한 치의 오차도 허용하지 않을 만큼 절대적으로 엄밀하다고 여겨져왔다. 그런데 그런 믿음을 깨트리는 '한마디'가 20세기 초, 새로운 과학 영웅들에 의해 잇달아 터져나왔다.

$E=mc^2$. 어지간하면 유치원생도 들어봤을 법한, 세상에서 가장 많이 '알려진' 물리학 공식이다. 그러나 많은 사람이 '이해하는' 공식은 아니다. 그리고 그 차이 때문에, 이 공식은 단지 물리학에서만 통용되는 기술적 표현을 넘어서 사상과 문화의 변화에 영향을 끼친 역사적인 '한마디'가 되었다.

역시 잘 알려진 대로, $E=mc^2$은 아인슈타인1879-1955이 1905년에 발표한 특수상대성 이론의 핵심 공식이다. 왜 '상대성' 이론인가? 그것은 갈릴레이와 뉴턴의 고전물리학에서 말하는 '상대성' 개념을 반박하는 의미의 이론이기 때문이다. 갈릴레이와 뉴턴은 절대적인 물리법칙이 세계를 지배한다고 생각했다. 영국의 물리와 이탈리아의 물리가 다르지 않고, 기독교인이나 이슬람교도나 다른 물리법칙의 지배를 받지 않는다. 즉 상대성이란 없다. 다만 예외적인 경우가 '속도'를 '관측'할 때다. 가령 누가 시속 100킬로미터로 달리는 자동차에서 시속 50킬로미터의 속도로 공을 던졌다면, 정지해 있는 사람이 보기에 그 공은 150킬로미터로 날아가는 것처럼 보일 것이다. 그러면 정지해 있는 사람과 공 던지는 사람에게 적용되는 물리법칙은 다른가? 그렇지 않다. 속도란 관측자의 시점에 따라 다르게 측정될 수 있기 때문이다. 이것이 갈릴레이와 뉴턴의 결론이었다. 즉 '상대적'인 현상은 있지만, 그것은 이 세계가 '절대적'인 물리법칙에 의해 지배된다는 진리와 모순되지 않는다.

하지만 아인슈타인은 한 가지 점에서 그런 결론을 받아들일 수 없었다. 바로 빛의 속도는 언제나 일정하다는 '광속도 불변의 법칙' 때문이었다. 시속 100킬로미터로 달리는 자동차에서 플래시를 비춘다. 그러나 이때 플래시 빛의 속도는 '초속 30만 킬로미터+시속 100킬로미터'가 아니며, 초속 30만 킬로미터 그대로라는 것이다. 그렇다면 적어도 빛에 있어서는 '속도란 관측자의 시점에 따라 다르게 측정되는 것'이 아니지 않은가? 아인슈타인은 $E=mc^2$이라는 공식으로 이 모순을 설명했다. E는 에너지, m은 질량, c는 빛의 속도다. 이에 따르면 속도가 관측자의 시점에 따라 다르게 측정된다기보다, 운동하는 물체의 질량과 시간이 다르게 측정된다. 다시 말해 에너지가 늘면 빛의 속도 c는 고정이므로 m, 즉 질량이 늘어난다. 빠른 속도로 움직이는 물체는 질량이 늘어나며, 시간이 더디게 간다. 이 이론은 고전물리학이 운동하는 물체의 질량과 시간을 절대적인 것으로 본 것을 뒤집고 상대적인 것으로 놓았다는 점에서 혁명적이었다.

하지만 상대성 이론이 물리학의 절대성을 부정한 것은 '절대' 아니다. 아인슈타인도 상황과 시점에 따라 다른 물리법칙이 있을 수 없다고 본 점에서는 뉴턴과 입장이 같다. 다만 뉴턴은 속도를 상대시한 반면, 아인슈타인은 광속도를 절대시하고 질량과 시간을 상대시했다는 점이 다르다. 그런데도 상대성 이론과 아인슈타인이

전 세계에 널리 알려지면서 많은 오해가 발생했다. 이름부터가 '상대성 이론'이다보니, 사실은 고전물리학의 상대론을 염두에 둔 제목이었음에도, '모든 것은 상대적이며 절대적인 것은 없다는 이론'처럼 인식된 것이다. 게다가 일반인의 상식을 뒤엎고 빨리 이동하는 물체는 질량과 시간이 달라진다고 하니까, 마치 피카소의 그림처럼 눈에 보이는 현실을 파괴하고 오리무중, 해괴망측한 세계를 열어놓은 이론처럼 오해되었다. 더욱이 범상치 않은 외모를 가진데다 범상치 않은 경력(학창 시절에는 열등생이었다는 등의)을 지닌 아인슈타인이 매스컴의 각광을 받으며 그런 '아우라'는 증폭되었다. 그래서 "세상에서 상대성 이론을 이해하는 사람은 세 사람뿐이다"라는 등의 근거 없는 전설이 생기고, "아인슈타인은 뉴턴 물리학을 완전히 폐기 처분했다"(보강했다고 보는 쪽이 맞다) 혹은 "아인슈타인이 원자폭탄을 발명했다"(그가 루스벨트 대통령에게 원자폭탄 개발을 건의했고 $E=mc^2$이 원자폭탄의 원리를 설명하기는 하지만, 원자폭탄의 개발은 전혀 다른 사람들이 다른 경로로 달성했다)는 등의 오해도 생겼다. 예술보다 예술가를 부각시키려 했던 피카소처럼 아인슈타인도 그의 이론 자체보다 오히려 자신이 부각된 셈이다. 하지만 아인슈타인으로서는 유감스런 상황이었다.

$\Delta x \Delta p \geq h/2\pi$

W. K. 하이젠베르크, 1927

1927년, E=mc²에 비해서는 눈에 익지 않지만, 현대물리학에 그 못지않은 충격을 던진 새로운 공식이 독일의 물리학자 하이젠베르크1901-1976에 의해 발표되었다.

고전물리학에서는 물체의 질량과 시간을 상대화될 수 없는 것으로 여긴 한편, 그 물체의 위치와 운동량을 동시에 알 수 있다고 보았다. 다시 말해, 충분한 자료만 있다면 세상 모든 물체의 운동을 미리 알 수도 있을 것이다. 그것은 곧 미래를 정확하게 예언할 수 있다는 말이며, 뒤집어 말하면 모든 것은 결정되어 있다는 의미이다. 우리가 그것을 파악할 자료가 부족할 뿐! 이것이 라플라스가 주장한 '결정론'이었고, 뉴턴의 물리학 체세도 그런 원칙을 따르고 있었다.

하지만 20세기 초 실험물리학의 발전은 이런 인식에 의문을 던졌다. 고전물리학 시대에는 알려져 있지 않았던 소립자의 세계가 발견되고 탐구되었는데, 소립자를 관측하려면 빛을 쏘아 그 상을 맺히게 하는 수밖에 없었다.

그런데 소립자는 너무 작은 입자이기 때문에 빛의 광자에 부딪혀 위치와 운동량이 달라진다. 그래서 완전히 정확한 측정값을 얻을 수 없을 뿐 아니라, 측정 자체가 측정 대상에 개입하는 행위라는 결론에 이르게 되었다. 이것이 '불확정성의 원리'다.

공식을 자세히 보자면, $\Delta x \Delta p \geq h/2\pi$에서 Δx는 위치 측정시 불확정성의 정도이다. 즉 '충분히 많은 측정'을 한 결과 얻은 통계적인 표준편차이다. Δp도 역시 표준편차로, 운동량 측정시 불확정성의 정도이다. h란 플랑크상수이다. 즉 위치 측정시 불확정성과 운동량 측정시 불확정성은 항상 0이 아닌 숫자로서 나타난다. 그런데 여기서 Δx가 0이라면(즉 위치가 정확히 측정되었다면) Δp와 곱한 값이 0이 아니기 위해서 Δp가 무한대가 될 수밖에 없다(즉 운동량이 완전히 불가해하게 된다). 그 반대도 마찬가지다. 그래서 '위치와 운동량 중 어느 한쪽을 정확히 측정할 수는 없다'는 명제가 나온다.

실험을 거듭한 결과 불확정성 원리는 반드시 위치와 운동량의 측정에만 성립되는 것이 아니고, 극히 미시적인 물리 세계에서는 두루 나타나는 것으로 밝혀졌다. 즉 우리는 극히 미시적인 세계의 물리를 정확하게 파악할 수 없다! 아직은 이론일 뿐이지만, 이런 미시적 세계 또는 특수한 미시적 시간에서는 절대적이라고 여겨졌던 물리법칙조차 깨진다고 한다.

질량 보존의 법칙, 그리고 아인슈타인이 절대시했던 광속도 불변의 법칙조차 그렇다. 가령 빅뱅 이론에 따라 우주의 형성을 설명하는 이론에서는 빅뱅 직후 극히 미시적인 시간 동안 우주가 빛의 속도보다 훨씬 빠른 속도로 팽창했다고 보기도 한다. 이러다보니 아인슈타인으로서는 불확정성 원리를, 나아가 입자를 다루는 양자역학 전반을 받아들이기 어려웠으며 자신의 영향력을 이용해 하이젠베르크 등의 논문 발표를 차단하는 일까지 벌였다. "신은 주사위 놀이를 하지 않는다." 상대성 이론을 발표했지만, 결코 물리 세계를 우연과 확률이 개입하는 비절대적인 세계로 여기지 않았던 아인슈타인이 내뱉었던 말이다.

불확정성 원리가 결정론의 기틀을 허물었다고 알려지자, 그것을 철학이나 인문·사회 과학에 응용하는 경우도 많았다. 가령 칼 포퍼는 불확정성 원리에 감명을 받고 "인간의 미래는 결정되어 있지 않고 열려 있다. 결정론을 말하는 사상은 모두가 거짓이다"라는 주장을 중심으로 『열린 사회와 그 적들』1945을 펴냈다. "측정 자체가 측정 대상에 개입하는 행위이다"라는 명제를 확대 해석해 "주관성과 객관성의 경계는 없다"는 사실상의 주관주의를 주장하는 경우도 있었다. 이에 따라 주관과 객관의 구분이 모호한 동양 사상이 새롭게 재조명되기도 했다.

하지만 이 역시 오해 내지는 확대 해석에 지나지 않는 경우가 많다. 아주 예외적인 경우가 아니라면 객관성이나 결정론이 무의미한 것은 아니다. 즉 양자역학과 불확정성 원리가 적용되는 세계는 극히 미시적인 세계이며, 일반적인 수준에서는 상대성 이론이 그대로 적용된다. 상대성 이론이 보완하고 있는 고전물리학의 법칙도 통용된다.

그래서 오늘날의 물리학은 거시적 수준에서의 이론(상대성 이론)과 미시적 수준에서의 이론(양자역학)이 다르다는 난처한 상황에 처해 있기도 하다. 이를 하나로 묶는 '통일장 이론'을 죽을 때까지 연구한 아인슈타인(분명히 물리 세계의 '절대성'을 복원하려는 의도였다)을 비롯해 수많은 연구자들이 통합적 이론 체계를 만들기 위해 지금껏 끊임없이 노력했지만, 아직 아무도 성공하지 못하고 있다.

상대성 이론도 불확정성 원리도 자세히 뜯어보면 세상을 완전히 거꾸로 뒤집는 식의 이론은 아니며, 그것을 바탕으로 "절대적인 것은 없다!"는 결론을 내리는 것 또한 성급한 일이다. 하지만 인문·사회 과학 영역이나 일반 대중에게는 그런 식으로 받아들여진 경우가 많았다.

프로이트가 심리의 불가해성을 인식시켰다면, 아인슈타인과 하이젠베르크는 물리의 불가해성을 인식시킨 셈이다. 또한 이 이론들은 자연과학적 지성과 인문·사회 과학적 지성이 마침내 완전히 분화되는 계기가 되기도 했다. 괴테나 칸트는 자연과학에 대한 진지한 논문을 썼고, 마르크스는 자기 집에서 쓰는 기계의 작동 원리를 모두 이해하고 있었다고 한다. 이처럼 예전에는 지성인이라면 전공은 제각각이라도 인문과 자연을 두루 이해하고 있어야 한다는 인식이 일반적이었다.

그러나 $E=mc^2$, $\Delta x \Delta p \geq h/2\pi$ 같은 수식으로만 표현되는 세계, 시간이 빨라지고 느려지고, 라플라스의 도깨비와 맥스웰의 도깨비가 날뛰는 세계는 자연과학 비전공자의 이해를 멀리 뛰어넘어 버렸다.

이제 우리는 우리의 내면에 대해서나, 우리를 둘러싼 외부 세계에 대해서나 전문가에게 의존하지 않을 수 없다. 그에 대한 얄팍한 지식은 학창 시절 교과서를 통해 대강을 얻고, 대중매체를 통해 단편적으로 보충할 뿐이다.

[1910-1919]

전쟁과 혁명,
세상이 끝나는 날

1910

- 한일병합
- 모건이 유전자설 발표
- 포르투갈, 왕정 붕괴, 공화정 선언

1911

- 한국, 신민회 사건 (105인 사건)
- 미국, 스탠더드 오일이 2차 해산, 33개 회사 해체
- 중국, 신해혁명
- 러시아 수상 스톨리핀 암살

1912

- 미국, 윌슨 대통령 당선
- 중국, 중화민국 건국, 선통제 퇴위
- 베게너가 대륙이동설 발표
- 제1차 발칸 전쟁

1913

- 헨리 포드가 자동차 조립 라인 도입
- 미국 뉴욕의 아머리 쇼에서 인상파에서 다다이즘에 이르는 현대 미술 소개
- 제2차 발칸 전쟁

1914

- 마가렛 생어, 피임운동 전개
- 파나마 운하 정식 개통
- 영국, 이집트를 보호국화함
- 사라예보에서 페르디난트 황태자 부처 암살 이후 제1차 세계대전 발발

- 소쉬르의 『일반언어학 강의』
- 일본, 중국에 21개조 요구
- 독일과 이탈리아의 동맹 파기, 독일, 오스트리아, 불가리아와 3국 동맹
- 레닌의 『제국주의론』

- 이광수의 『무정』
- 밸푸어 선언
- 독일, 무제한 잠수함 작전 개시
- 러시아, 레닌이 귀국해 4월 테제 발표
- 러시아, 10월 혁명
- 프랑스, 클레망소가 수상에 취임

1915 1916 1917 1918 1919

- 중국, 위안스카이가 황제로 등극하려다 실패하고 곧 실각
- 영국, 유틀란트 해전 승리해 제해권 장악
- 프로이트의 『정신분석입문』
- 아인슈타인의 『일반 상대성이론』
- 러시아, 라스푸틴 암살

- '스페인 독감' 대유행, 이후 소멸까지 세계적으로 약 3천만 명 사망
- 영국, 30세 이상의 여성에게 선거권 부여
- 독일 항복, 제1차 세계대전 종전
- 윌슨의 「14개조」와 그 속의 '민족자결주의'가 전후 질서 회복의 방법으로 제시됨
- 슈펭글러의 『서구의 몰락』
- 루쉰의 『광인일기』

- 베르사유 조약 체결
- 한국, 고종 사망, 3·1운동 전개
- 미국, 철강노조 대파업
- 미국, 금주법 제정
- 중국, 5·4운동
- 이탈리아, 무솔리니가, 파시스트당 조직
- 아일랜드, 신페인당이 독립선언
- 인도, 간디의 불복종운동 개시

모든 권력을 소비에트로!

블라디미르 레닌, 1917

:: 첫째, 제국주의자들의 전쟁에 단호히 반대하고, 평화를 즉각 실현해야 한다.

둘째, 현 정세의 특징은 프롤레타리아트의 의식과 조직 역량이 충분치 못했기 때문에 부르주아지에게 권력을 넘긴 혁명 1단계에서, 프롤레타리아트와 빈농이 권력을 장악하는 혁명 2단계로 이행해가는 단계이다.

셋째, 임시정부를 지지해서는 안 된다.

넷째, 소비에트의 권력을 확대해야 한다.

다섯째, 의회주의적 공화국에 반대해야 한다. 전국적으로 모든 노동자들, 농업 노동자들, 농민들의 대표로 이루어진 소비에트공화국을 수립해야 한다. ::

1917년, 미처 준비도 없이 이국땅에서 러시아혁명 소식을 듣고 부랴부랴 페트로그라드(7년 후 그의 이름을 따서 '레닌그라드'라고 불리게 됨)로 돌아온 블라디미르 레닌1870-1924은 '현 단계 혁명에서 프롤레타리아트의 임무에 대해'라는 제목의, 총 10개조로 된 제안서를 발표했다. 이후 「4월 테제」로 불리게 되는 이 제안서는 지나치게 급진적이라는 이유로 사회주의자들 사이에서도 일단 거부되었다. 그러나 5월, 제7차 러시아 사회혁명당 전당대회에서 「4월 테제」는 당의 공식 입장으로 채택되었고, 다음과 같은 한마디로 요약되어 발표되었다. "모든 권력을 소비에트로!"

러시아가 이대로 가서는 안 된다, 혁명이 필요하다는 말이 나온 지는 벌써 한참이었다. 그 배경에는 이 나라의 묘한 존재 방식이 자리하고 있었다. 서구의 근대화가 앞서 진행된 대서양 연안 유럽에서 멀리 떨어져 있었던 러시아는 오랫동안 몽골의 지배를 받으며 아시아 물이 흠뻑 들어 있었다. 그러다 18세기 들어 표트르 대제가 대대적인 서구화-근대화 개혁을 추진했으나, 이후 러시아는 '이중의 제국'으로 발전하고 말았다. 다시 말해 황실과 귀족 집단은 서유럽화되고 최신 학술과 문예를 누리는 반면, 대다수의 국민은 여전히 봉건적인 관습과 제도에 묶여 중세와 크게 다르지 않은 생활을 했던 것이다. 1861년에 알렉산드르 2세가 농노제를 폐지했지만, 농촌공동체의 관습에 묶여 거주 이전의 자유가 금지되고, 자기 소유의 땅이 없다는 이유로 지주들에게 가혹한 착취를 당하는 등 농민의 처지는 그대로였다. '차르'라고 불리는 황제는 여전히 전제군

주로 법 위에 군림했고, 귀족만이 참여할 수 있었던 정부 조직에는 민주적인 요소가 전혀 없었다.

이런 '이중의 제국'은 어느 나라에나 있는 진보와 보수의 대립도 기묘한 형태가 되도록 만들었다. 서구의 첨단 사상과 문화에 접하고 있던 젊은 러시아 지식인들은 사회주의나 무정부주의에 빠졌다. 그것은 당시 유럽 어느 곳에서나 흔히 볼 수 있는 현상이었다. 그러나 다른 유럽 국가에서는 원래 봉건적 구질서를 타도하려는 진보파였다가, 세월이 지난 이제는 기득권자로서 보수 세력이 된 자유주의자들과 자본가들이 두텁게 형성되어 있었다. 반면 러시아에는 그런 자유주의 세력, 부르주아 세력이 거의 없었다. 유럽의 기준으로는 '시대착오적'인 봉건적 왕당파와 지주 세력이 보수파였던 것이다. 그런 기형적인 진보-보수의 대립 구도가 마침내는 러시아가 최초의 사회주의 국가가 되도록 몰고 간다.

어느 나라에서나 그렇듯, 러시아에서도 국가기관을 대부분 장악한 보수의 힘이 진보보다 셌다. 그러나 20세기 초의 상황은 그런 힘의 구도를 뒤집어놓았다. 우선은 전쟁. 러시아는 미국의 서부 개척을 본받아 동방을 개척할 마음을 먹었다. 그래서 시베리아철도를 부설하고, 당시 청나라의 힘이 급속히 약해지고 있던 틈을 타서 중앙아시아와 동북아시아를 세력권에 포함시키려 했다.

하지만 이는 한반도를 넘어 중국에까지 손을 뻗으려던 일본을, 또한 인도와 티베트를 손에 넣고 있던 영국을 긴장시켰다. 1902년에 러시아가 시베리아철도를 완공하는 것과 때를 같이하여, 영국은 동맹을 거부한다는 오랜 전통을 버리고 일본과 영일동맹을 맺었다. 그리고 러시아의 남하를 저지하였다.

양쪽의 긴장은 마침내 1904년의 러일 전쟁으로 폭발한다. 서구열강의 하나이며 영토로 보면 세계 최대의 국가인 러시아로서는 얼굴이 노란 사람이 사는 조그만 섬나라에게 패배한 것은 큰 충격이었다. 이를 계기로 국내적으로 개혁을 요구하는 지식인들과 일반인들의 불만이 한껏 고조되었다. 개혁을 요구하는 군중을 무자비하게 진압하여 수백 명의 목숨을 앗아간 '피의 일요일'로 정부의 입장은 더욱 난처해졌다. 결국 황제는 제한적인 민주주의 도입과 민생 개혁으로 이 난국을 돌파하기로 했다. 러시아 최초로 선거가 치러지고, 소수의 자본가와 시골 유지들이 참여한 의회 '두마'가 설치되었다. 그리고 봉건적인 토지제도를 고쳐 농민에게 토지를 분배하는 개혁이 시행되었다.

하지만 둘 다 리더십의 부재와 보수 세력의 역풍 때문에 충분한 효과를 거두지 못했다. 난감해진 정부는 또 하나의 전쟁으로 국론을 통일하고 잃어버린 정국의 주도권을 되찾으려 했다. 그것이 바로 제1차 세계대전이었다. 러시아는 동유럽에서 '범슬라브주의'를 관철하려는 세력의 대표로서 이 전쟁에 적극적으로 뛰어들었다.

그러나 그 역효과는 러일 전쟁보다도 더했다. 제한된 병력만 동원되었을 뿐 아니라 1년이란 짧은 기간에 마무리된 러일 전쟁과 달리, 세계대전은 전 국민이 총동원되어 몇 년씩 전쟁터에서 뒹굴게 만들었다. 이 때문에 기하급수적으로 늘어나는 사상자도 문제였지만, 다른 서구 열강과 달리 인구의 대부분이 농민이었던 러시아는 농사를 제때 돌볼 인력이 없어지면서 상상을 초월하는 식량난을 겪었다. 얼마 안 되는 공업지대였던 동부가 독일군에 점령되면서 생활필수품의 공급도 어려워졌다. 제발 전쟁을 집어치우라는 요구가 불길처럼 일어났고, 전쟁을 시작할 때 유일하게 반대했던 레닌 등의 급진파 즉 볼셰비키가 처음으로 중요한 정치 세력으로 등장했다.

여기에 로마노프 황실에 대한 실망도 한몫했다. 전제군주인 황제는 순박한 농민들에게 일종의 신과 같은 경외심을 자아내는 존재였다. 그러나 라스푸틴이라는 기괴한 승려가 국정을 농단하게 되면서 황실의 권위는 날로 추락했다. 라스푸틴이 알렉산드라 황후와 간통하고 있다는 소문, 라스푸틴에게 뇌물을 먹인 어중이떠중이들이 군사령관이 되는 바람에 전쟁에서 연거푸 패배하고 있다는 소문(어느 정도는 사실이었다)이 나돌았다.

이렇게 정부와 보수 세력의 힘이 여지없이 무너져내린 틈을 타서, 개혁 또는 혁명을 염원하는 세력이 마침내 승리할 수 있었다. 라스푸틴이 살해되고, 1917년 2월에 총파업과 대규모 탈영이 이어지면서 사태가 걷잡을 수 없이 돌아가자 마침내 니콜라이 2세가 버티지 못하고 퇴위한다. 로마노프 왕조의 종말이었다. 권력을 넘겨받은 두마는 케렌스키가 이끄는 임시정부를 출범시켜 러시아공화국을 건립했다.

그러나 임시정부를 구성하고 있던 '부르주아' 세력은 결속도 약했고, 러시아 국민 중 극소수에 지나지 않았다. 진보파의 주류는 사회주의와 무정부주의를 추구하는 지식인들, 그리고 그들에게 동조하는 노동자 및 농민 집단이었다. 그래서 노동자와 농민 대표로 이루어진 '소비에트'와, 두마가 세운 임시정부가 서로 협조 내지 견제하며 러시아를 이끌어가게 된다. 이런 어정쩡한 상황에서 레닌은 「4월 테제」를 던졌던 것이다.

허약한 기반에도 불구하고 임시정부가 존립할 수 있었던 까닭이나 소비에트로 모든 권력을 모으자는 레닌의 주장이 지나치게 과격하다고 여겨졌던 까닭은, 마르크스주의의 역사법칙 때문이었다. 마르크스는 봉건주의가 자본주의로 이행하고, 그다음에 사회주의가 온다고 보았다. 그런데 러시아는 누가 봐도 봉건적 농업 국가였다. 그렇다면 우선 자본가들이, 부르주아가 정권을 잡아야 순서가 아니겠는가? 하지만 레닌의 눈에 그것은 현실을 이론에 억지로 꿰맞추는 일이었다. 그리고 사실이 그랬다. 낡은 체제를 대신해서 새로운 시대를 이끌어갈 주체는 사회주의자들이어야 옳았다.

그리하여 볼셰비키는 임시정부를 공격했고, 1917년 10월 26일에 임시정부가 자리 잡고 있던 겨울궁전이 함락됨으로써 '10월혁명'이 이루어졌다. 그리고 그 결과 역사상 최초의 사회주의 국가가 등장했다. 레닌은 새로 출범한 사회주의 정부의 수장이 되었고, 민중에게 약속했던 종전과 토지 재분배를 선물했다. 하지만 민중의 즐거움은 길지 않았다. 레닌은 편법으로 마르크스주의의 역사법칙에서 벗어나긴 했지만, 하루바삐 그 편법을 시정하려 했다. 그래서 농민층을 없애고 국민 다수를 노동자로 탈바꿈시키는 작업에 들어갔다. 꿈에도 그리던 자기 땅을 얻은 농민은 얼마 되지도 않아 다시 빼앗길 처지가 되자 분노하지 않을 수 없었다. 노동자들은 노동자들대로 노동쟁의를 인정하지 않고 노동생산성 향상만 부르짖는 정부가 마음에 들지 않았다. 그리하여 1919년에는 '노동자의 천국'이어야 할 사회주의 소련에서 대규모 파업이 일어나고, 정부가 노동자들을 무력으로 진압하여 많은 사상자가 생기는 사태가 벌어진다. 레닌은 이런 '부작용'이 일어날 수밖에 없다고 보면서도, 그럴수록 더 강력한 힘으로 민중의 요구를 억압하며 혁명을 꿋꿋이 이끌어가야 한다고 생각했다.

그리하여 소련을 움직이는 실권은 어느새 민주적이고 평등한 소비에트를 떠나, 공산당 일당 독재로 바뀌었다. 황제 독재 시대의 억압과 다른 점은 새로운 독재는 훨씬 철저한 이념과 효율적인 관료기구로 무장하고 있었으며, '혁명의 이상을 위해서 다소간의 희생은 불가피하다'는 생각에서 필요하면 수십만, 수백만의 민중을 죽음으로 내몰 준비가 되어 있었다는 점이다.

새로 수립된 사회주의 국가를 무너뜨리려는 외국의 압력과 그들의 후원을 받은 반혁명 군대가 공산당으로 하여금 더더욱 권력을 강하게 틀어쥐고 민중을 감시하며 통제하게끔 했다. 이런 체제는 레닌이 집권 7년 만에 죽고 이오시프 스탈린1879-1953이 그 자리를 이어받으면서 더욱 가혹해지고 냉혹해져갔다.

사회주의를
한 국가의 틀에서 실현하자

이오시프 스탈린, 1926

레닌은 마르크스의 이론을 뛰어넘으며 프롤레타리아 독재 체제를 세웠으나, '세계의 노동자들은 단결해야 한다. 혁명은 전 세계에서 동시에 진행되어야 한다'는 마르크스의 주장만큼은 실천하고자 했다. 그래서 정권을 수립하기 바쁘게 다른 나라에서도 사회주의 혁명을 일으키고자 노력했고, 그 때문에 다른 자본주의 국가들은 소련을 무너뜨리려 더더욱 혈안이 되었다.

그러나 레닌보다 덜 지적이면서 더 정치적이었던 스탈린은 일단 소련이 살아남는 것이 무엇보다 중요하며, 세계 혁명은 그다음이라고 주장했다.

:: 이것이 문제다. 사회주의가 한 국가의 틀에서 그 국가의 힘만으로 수립될 수 있는가? 이 문제의 답은 '그렇다'가 될 것이다. ::

『레닌의 문제들』1926이라는 책자에서 그가 밝힌 내용이다. 이런 입장을 '일국사회주의'라고 부르며, 이에 맞서서 세계 혁명론을 주장했던 볼셰비키혁명 동지들은 레닌 다음으로 혁명에 공로가 컸던 레온 트로츠키1879-1940를 비롯해서 차례차례 숙청당했다. 1930년대에 접어들며 그 숙청의 정도는 상상을 초월했다. 500만 명의 당원과 관료가 '사상이 불순하다'는 이유로 체포되었고, 체포된 사람 중 열에 하나, 그러니까 약 50만 명이 재판도 없이 처형되었다. 레닌이 믿었던 정당 엘리트조차 이렇게 파리 목숨이었으니, 일반인은 말할 것도 없었다. 스탈린은 레닌의 체제에 공포정치를 더하고, 나아가 개인숭배를 추가했다. 특히 제2차 세계대전을 승리로(엄청난 희생을 치르고) 이끈 이래 스탈린은 예전의 황제는 비교도 안 될 만한 숭배의 대상이 되었다. 프롤레타리아 독재가 일당 독재로, 다시 일인 독재로 바뀐 것이다. 그 무시무시한 권력을 이용해 스탈린은 소련을 공업 국가로 탈바꿈시키는 데 성공했다. 정부의 경제계획과 노동자 강제동원을 통해 이루어진 신속한 공업화와 경제발전은 이후 나치 독일이, 그리고 세계대전 이후 신생 독립국들이 모델로 삼았는데, 1960년대와 1970년대 박정희의 경제발전 모델도 여기서 비롯되었다. 한편 이처럼 무리한 공업화의 대가로 농업은 나락으로 떨어졌다. 1930년대에는 수백만 명이 굶어 죽었으며, 지나치게 약한 농업은 이후 미국과의 경쟁에서 소련의 발목을 잡는 요인이 되기도 했다.

인류는 사회를 이루고 살기 시작한 직후부터 이상 사회를 꿈꿔왔다. 하지만 실제로 사회를 어떤 이념에 맞게 통째로 뒤바꿔 새로운 이념의 국가를 세운 예는 세계사에서 러시아혁명이 유일하다고 할 수 있다. 더구나 그것은 가장 인간적인 사회를 지향하는 이념의 승리였다. 모두가 평등하고, 잘난 사람이나 못난 사람이나 더불어 살며, 개인의 딱한 처지를 국가가 살뜰히 보살펴주는 사회. 그 사회는 프랑스 대혁명으로 주권이 왕의 손에서 국민의 손으로 옮겨진 뒤에도 미흡하고 아쉬웠던 부분을 채워주고도 남을 터였다. 그러나 러시아혁명의 기수들은 너무 욕심을 부렸다. "모든 이론은 잿빛이며, 영원한 것은 저 푸른 생명의 나무이다." 괴테가 『파우스트』에 남긴 이 한마디를 레닌은 즐겨 인용했다고 한다. 아마 그런 생각에서 마르크스의 역사 이론을 뛰어넘었을 것이다. 하지만 레닌 자신도 마르크스의 나머지 이론에 현실을 꿰맞추는 데 급급하고 말았다. 그리고 스탈린에 이르러서는 이념의 본래 이상과는 전혀 동떨어진 세상이 되어버렸다. 현실을 이론에 맞추고, 인간의 존엄성을 정치적 필요성에 맞춘 결과, 세계사에서 찾아보기 힘든 이 실험은 사회주의가 가진 모든 매력과 가능성마저 온통 잿빛으로 칠해버렸다.

나의 국내 정책은 전쟁 수행입니다

조르주 클레망소, 1918

제1차 세계대전은 인류가 겪은 사상 최대의 재앙이었다. 4년에 걸친 미국 남북 전쟁에서는 남군과 북군 병사 모두 합쳐 72만여 명이 전사했다. 1년 조금 더 계속된 러일 전쟁에서는 20만여 명이 목숨을 잃었다. 그런데 제1차 세계대전에서는 한 달도 안 되는 사이에, 1916년 2월의 베르됭 전투에서만 100만 명 이상이 죽었다. 몇 달 뒤에 벌어진 솜전투에서는 60만 이상의 생명이 사라졌다. 그 결과 이긴 쪽은? 아무도 없었다. 양 진영은 수백 킬로미터에 이르는 참호 속에서 공방전을 벌이며, 한 발짝도 나아가지 못하면서 죽음만을 대량으로 생산할 뿐이었다.

전쟁 직전까지 서구의 기술 문명이 이뤄낸 기적에 환호하며 미래를 낙관하던 서구인들은 이제 그들의 기술 문명이 이룩한 또다른 위업을 똑똑히 보았다. 십여 년 전과는 비교도 안 될 만큼 폭발력이 향상된 폭약, 멀리까지 정확히 날아가는 포탄. 총동원령에 따라 전국에서 동원되어 나온 앳된 젊은이들이 이 최첨단 살육 기계의 식욕을 한없이 채워주고 있었다. 과거 비서구 세계와 벌이던 전쟁과는 달리, 비슷한 기술력과 병력과 전술을 갖춘 상대끼리 겨루다보니 좀처럼 결판이 나지 않았다. 초조해진 각국의 정치인들과 군인들은 더 많은 인력을 동원하고, 더 많은 물자를 징발하고, 더 강력하고 더 기발한 무기를 고안해냈다. 적군이 참호 속에 틀어박혀 나오지 않으니 진격을 할 수가 없다고? 그러면 놈들 머리 위로 날아가라! 전투용 비행기가 1914년에 처음 등장했다. 참호를 밀어붙이고 넘어가라! 탱크는 1916년이었다. 아예, 참호 속에서 두더지처럼 웅크린 채로 싹 죽어버리라고 해라! 1915년에는 독가스가 나왔다. 그야말로 적을 하나라도 더 죽이고 우리는 덜 죽기 위해 모든 지혜를 짜내고 있었다. 그런데 왜 애당초, 아무도 죽지 않는 방법은 생각해낼 수 없었던 걸까?

이 믿지 못할 비극이 사실은 굳이 겪을 필요가 없었던 비극이라는 점, 그것이 더 비극적이었다. 영국은 본래 유럽 대륙에서 떨어진 섬나라로, 유럽의 분쟁에 휘말릴 필요가 적었다. 독일은 비스마르크의 외교 노선을 따라 수십 년간 평화를 누려왔다. 하지만 야심만만한 빌헬름 2세가 그를 몰아내고 실권을 쥔 다음, 이미 영국과 프랑스 등이 대부분 차지하고 있던 식민지의 틈새를 억지로 비집고 들어가면서(경제적으로는 전혀 쓸모가 없었는데!) 전쟁의 불씨를 키웠다. 러시아는 자기 앞가림을 하기도 힘들었으며, 그래서 오히려 전쟁을 분위기 전환용 돌파구로 선택했다. 오스트리아는 여러 소수민족의 독립을 억눌러야 하는 입장이었고, 황실의 유일한 후계자인 페르디난트 황태자가 그런 소수민족의 반발 때문에 숨진 이상 누구보다도 전쟁에 적극적일 수밖에 없었다. 그러나 세르비아는 오스트리아가 전쟁 철회의 대가로 요구한 무리한 조건들을 남김없이 수락했다. 오스트리아의 위신을 높이고 실리를 얻는 데는 그것으로 충분했으리라. 그럼에도 오스트리아는 전쟁을 선택했다.

아프리카의 일부 식민지가 독일의 손에 들어간다 해도 영국이 목숨을 걸고 전쟁에 뛰어들 일은 아니었다. 오스트리아의 황태자가 죽었다고 해서 원조 요청을 받은 독일이 제국의 모든 자원을 쏟아부으며 전쟁을 벌일 이유도 없었다. 서구 열강은 제국주의 시대를 통해 제각기 군사력을 강화했으며, 그것은 이웃나라에 불안을 가져왔다. 불안을 해소할 방법은 자체적인 군비 증강, 그리고 믿을 만한 동맹국의 확보였다. 동맹은 유사시에 나의 힘을 몇 배로 늘려준다. 하지만 동시에 내가 굳이 끼고 싶지 않은 싸움에도, 동맹국의 싸움이기에 할 수 없이 끼어들게 될 위험을 가져온다. 우리가 아쉽다고 동맹을 맺어놓고, 동맹국이 우리를 아쉬워할 때 먼 산을 쳐다본다면 동맹은 깨질 것이며, 다시는 어떤 나라도 우리와 동맹을 맺지 않으려 할 것이 아닌가? 그것은 우리가 고립되고, 급기야 모든 나라가 우리를 적으로 돌려 일제히 공격해올 수도 있다는 뜻이다. 20세기를 여는 첫해에 서구 열강 모두가 힘을 합쳐 중국을 유린한 것처럼! 그래서 러시아는 세르비아와의, 독일은 오스트리아와의 동맹 때문에 전쟁에 뛰어들었다. 독일과 러시아가 싸우게 되자 러시아와 동맹을 맺고 있던 프랑스도 전쟁에 나섰다. 영국은 한동안 주저했으나, 전략적으로 중요시해온 벨기에가 독일군의 침공을 받자 끝내 참전했다.

이처럼 결사적이면서도 도통 진전이 없는 전쟁이 몇 해 동안 지속되자, 1917년쯤 되어서는 대부분의 나라가 지쳐버렸다. 러시아는 전쟁 반대와 식량 보급을 요구하는 성난 민심에 밀려 왕조가 붕괴했고, 얼마 뒤에는 소비에트 정권이 들어서서 독일과 일방적으로 휴전협정을 맺었다. 프랑스에서도 군인들이 더이상 못 견디겠다면서 반란을 일으켰다. 러시아와 프랑스가 전열에서 물러서자 독일 등에게 유리해지나 싶었지만, 미국이 참전을 결정하면서 전쟁의 승패는 다시 오리무중이 되었다. 이런 와중에 프랑스의 새 수상으로 취임한 사람이 클레망소1841-1929였다.

:: 나의 국내 정책은 전쟁 수행입니다. 나의 대외 정책은 전쟁 수행입니다. 나의 경제 정책은 전쟁 수행입니다. 나의 사회 정책은 전쟁 수행입니다. ::

한 국가의 수반이 한 말이라기에는 너무 농담 같고, 농담이라 생각하기에는 너무 섬뜩한 이 한마디는 그가 1918년 3월에 국회 연설을 통해 밝힌 말이다. 외교와 경제를 비롯한 모든 정책을 전쟁 수행이라는 목표에 맞추겠다는 뜻. 그것은 "전쟁은 정치의 연장이며, 정치적 목적을 위한 수단이다"라고 했던 근대 군사학의 태두 클라우제비츠1780-1831의 한마디를 거꾸로 뒤집는 것이었다.

이렇게 보면 클레망소가 피에 굶주린 전쟁광 같지만, 사실 그는 오랫동안 진보 성향을 보여온 정치인이었다. 드레퓌스 사건 때는 열성적으로 드레퓌스를 옹호해 유명해졌으며, 1906년에 처음 수상이 되고서는 민주화의 확대와 노동자의 처우 개선에 힘썼다. 그 뒤 정계에서 한 걸음 물러서 있다가, 지칠 대로 지친 프랑스가 러시아처럼 무릎을 꿇을지도 모르는 상황에서 새로 정부의 수반이 된 것이다.

클레망소는 자신의 사명이 혼란과 패배주의에 빠진 프랑스를 다시 추스르는 것이라 믿었다. 그리고 프랑스를 위해서는 승리가 필요하고, 승리를 위해서는 좌파든 우파든 진보든 보수든 노동자든 자본가든 모두가 각자의 입장을 버리고 온 힘을 모아야 한다고 생각했다. "승리를 위해서는 모든 것을 희생한다." 이것은 인류 역사상 처음 등장한 사고방식이었다. 아니, 정확히 말하면 고대의 전사나 중세의 기사들이 개인적인 차원에서 품던 생각이었다. 그것이 이제는 국민국가에 의해 '요람에서 무덤' 사이의 모든 국민에게 요구되고 있었다.

사실 전쟁이란 바로 얼마 전까지만 해도 국민의 절반인 남성, 그 남성의 소수인 청년, 그 청년의 소수(싸움에 나가는 계급이 따로 정해져 있는 경우도 많았다)만이 참여하는 제한적인 활동이었다. 싸움의 강도도 격렬하지 않았고, 싸움에 참여한 전사들도 대부분 살아남았다. 그러나 이제는 군인과 민간인이 따로 없게 되었다. 전방과 후방의 구분도 사라졌다. 가정집에 폭탄이 떨어졌고 학교와 병원이 불타올랐다. 총을 들 수 있는 모든 남자가(열 살이 채 넘었을까 말까 한 경우마저) 전쟁터로 달려갔고, 노인과 여성도 공장이나 농장에서 일하며 총탄과 포탄을 만드는 데 힘을 보탰다. 그야말로 국가 전체가, 모든 사회 구성원이 전쟁에 참여하여 죽음의 신과 매일 함께 일하고, 먹고, 마시고, 숨 쉬었다. 이것을 한마디로 '총력전'이라고 불렀다.

"이 전쟁에서 무엇을 잃었는지, 유럽은 결코 알지 못할 것이다!" 독일의 작가 슈테판 츠바이크의 한탄이었다. 사실이 그랬다. 1918년 11월, 네 제국(독일 · 오스트리아 · 러시아 · 터키)과 940만여 명의 생명을 제물로 한 채 세계대전이 겨우 끝났지만, 약 20년 만에 유럽은 다시 한 번 처절하고 무시무시한 총력전을 치르게 되니까 말이다.

피와 땀과 눈물밖에 없습니다

윈스턴 처칠, 1940

1939년 시작된 제2차 세계대전에는 제1차에 없었던, 또는 미처 충분치 못했던 것까지 곁들여져 있었다. 모든 것을 다 바쳐서라도 이기고야 말겠다는 국가의 자세, 거기에 일반 국민의 결의와 각오, 장렬한 애국심, 이념적인 대의명분까지 추가된 것이다.

:: 이 정부에 참여한 장관들께 말씀드렸던 대로, 저는 여기 국회에서도 '피와 땀과 눈물'밖에 바칠 것이 없다고 말씀드립니다. 우리 앞에는 기나긴 세월의 투쟁과 고난이 놓여 있습니다. 여러분이 제게 당신의 정책이 무엇이냐고 물으신다면, 땅에서, 바다에서, 하늘에서 전쟁을 수행하는 것이라고 답변드리겠습니다. 우리가 가진 모든 힘과 하느님께서 허락하시는 모든 힘을 다하여 전쟁을 수행하는 것입니다. 어둡고 비참한 인류 범죄사에도 일찍이 없었던 가공할 폭정暴政과 맞서 싸우는 것입니다. 그것이 저의 정책입니다.

여러분이 제게 당신의 목적이 무엇이냐고 물으신다면, 한마디로 대답하겠습니다. 승리입니다. 어떠한 희생을 치르더라도, 승리입니다. 어떠한 공포에도 불구하고, 승리입니다. 그 길이 아무리 길고 험난할지라도, 승리입니다. ::

1940년 5월, 히틀러가 프랑스를 그야말로 쓸어버리고 금방이라도 도버해협을 건너 영국을 삼킬 것만 같던 절체절명의 위기에 수상에 취임한 윈스턴 처칠1874-1965의 국회 연설이다. 이 연설은 오늘날에도 숭고한 용기와 의지의 상징으로 즐겨 인용되며 많은 사람에게 감동을 주고 있다. 그리고 실제로 이 연설이 행해졌을 때도 감동을 주었다. 상상을 초월한 독일군의 기세 앞에서 이제는 항복밖에 없다는 생각을 가졌던 많은 사람들이 처칠의 연설을 듣고는 다시금 투지를 불태웠다.

그러나 그의 연설은 사실, 모든 정책은 전쟁 수행이라는 목표에 종속된다는 클레망소의 한마디를 반복한 것이었다. 아니, 처칠은 거기서 한 걸음 더 나아갔다. 처칠은 국가의 정책을, 즉 공적인 문제만을 거론하지 않고 국민의 '피와 땀과 눈물'을 말했다. 전쟁에서 이기기 위해서는 전방과 후방이 따로 없고, 군인과 민간인이 따로 없다는 총력전의 계명을 바이런의 시구까지 인용해가며 비장한 언어로 강조, 아니 선동한 것이다. 무엇을 위해 그토록 "우리가 가진 모든 힘과 하느님께서 허락하시는 모든 힘"을 다 바치며 싸워야 하는가? 그것은 우리의 싸움이 폭정에 맞서는 성전聖戰이기 때문이다. 제1차 세계대전 때에도 조국을 위해 목숨을 바치라는 요구는 있었다. 그러나 전쟁의 목표는 적국을 누르고 강대국이 되는 것, 또는 더 넓은 땅을 차지하는 것이었다. 영국이든 독일이든 자국의 이익을 위해 전쟁을 한다는 점은 누구도 부인하지 않았다. 말하자면 올림픽에서 더 많은 금메달을 따려고 각국이 경쟁을 벌이는 것과 비슷했다. 모두들 자기 나라가 이기기를 바랐지만, 그것이 정의의 실현이라고까지는 믿지 않았다. 하지만 제2차 세계대전의 경우에는 단순한 국가이익을 넘어서는, 인류를 위한 대의명분이 제시되었다. 우리가 지금 싸워야 하는 이유는 인류의 희망과 미래의 행복이 우리 손에 달려 있기 때문이다. 우리의 적은 단지 적이 아니라 사탄의 세력이며, 적의 승리는 곧 인류의 파멸인 것이다!

1940년 당시 히틀러는 아직 유대인 학살을 시작하지 않았으며, 특별히 인권을 짓밟는 정책을 펴고 있지도 않았다. 그럼에도 처칠은 독일 나치스 정권을 '폭정'tyranny이라고 부르며 그 존재 의의를 완전히 부정했다. 수십 년 뒤, 미국이 이라크 공격을 선언하며 사용한 표현과 똑같지 않은가? 이런 한마디는 영국의 처칠만 한 것이 아니었다. 독일의 히틀러는 게르만 민족이 자유롭게 살 수 있는 세상이 되느냐 유대인의 타락한 세상이 되느냐가 이번 전쟁에 달려 있다고 했고, 미국의 루스벨트는 인류의 자유와 민주주의를 위해 싸우자고 말했으며, 소련의 스탈린은 제국주의 침략자들에 맞서 사회주의 조국을 지켜야 한다고 역설했다. 이런 대의명분론 덕분인지, 제2차 세계대전에서는 제1차 때처럼 전쟁을 반대하는 총파업이나 군인 반란이 일어나지 않았다. 총력전에서 승리하려면 적국 국민의 전쟁 수행 의지를 꺾을 필요가 있다는 생각에서 '전략폭격'을 실시하기도 했다. 일부러 적국의 민간인을 목표로 해서 무자비하게 폭탄을 쏟아부었던 것이다. 민간인이 많이 죽으면 전쟁 반대 여론이 높아지고, 결국 적국 정부가 두 손을 들게 되리라는 기대에서였다. 그러나 결과는? 사랑하는 가족과 친구를 잃은 분노와 복수심까지 더해져, '악마 같은 적국'을 무슨 일이 있어도 없애버리고야 말겠다는 의지가 광기로 표출되기에 이르렀다.

상대국에 '악마 같은 적국'의 이미지를 덧입히는 일은 세계대전이 끝난 뒤에도 계속되었다. 이번에는 세계대전에서 손잡고 싸웠던 미국과 소련이 서로를 겨누어 그렇게 했고, 마찬가지로 '우리가 가진 모든 힘을' 기울여 승리해야 한다는 의식에 사로잡힌 나머지 신들린 듯이 핵무기를 만들었다. 상대국을 황무지로 만들고도 남아 지구 자체를 몇 차례나 가루로 만들어버릴 만큼 만들고 또 만들었다. 그런 힘이 '하느님께서 허락하신' 힘이었는지는 모르지만. 전쟁의 목적은 승리. 승리를 목적으로 하지 않는 전쟁은 이미 전쟁이 아니다. 그리고 승리하기 위해 가장 확실한 방법은 적을 남김없이 없애버리는 것이다. 그러나 그 목적에 사로잡힌 나머지 타협이 가능한 상황에서도 전쟁을 선택한다면? 적을 없애는 데 그치지 않고 우리 쪽까지, 심지어 제3자까지 모조리 지구상에서 없애버리는 수단에 손을 댄다면?

한편 세계대전은 국민국가가 마침내 최대의 힘을 손에 넣는 계기가 되기도 했다. 그전까지만 해도 지방에 분산되어 있던 군사력이 이제는 중앙 정부 아래 통합되었다. 육군과 해군이 각기 독자적으로 발전해온 미국에서는 공군까지 더해 삼군을 하나의 국방부 아래 통합하기도 했다. 전쟁을 수행하기 위해 모든 힘을 짜내다보니 사회의 구석구석까지 국가의 통제력이 미치게 되었고, 그 통제력은 전쟁이 끝난 뒤에도 없어지지 않았다. 경제 부처와 중앙은행이 중앙집권적으로 경제를 통제하는 방식도 세계대전을 계기로 정착된 것이다.

공동체를 지키는 데는 희생을 필요로 한다. 그러나 과연 무엇을 위한 희생일까? 국민국가라는 개념을 정립한 홉스가 세계대전의 참상을 보았다면, 핵무기의 무서움을 알았다면 고개를 절레절레 흔들었으리라. 그가 국가권력을 만들어야 한다고 했던 까닭은 '그래야만 개인이 생명의 위협을 느끼지 않으며 안심하고 살 수 있기 때문'이었으니까. 그러나 이제 국민국가는 그 자체의 필요(국민의 필요가 절대로 아니라)에 따라 국민의 생명을 초개와 같이 쓸 수 있게 되었다. 국민의 피를! 국민에 의한 땀을! 그러나 국민을 위한 눈물은 어디에도 없었다.

모든 민족은 더불어 살아갈 권리가 있다

우드로 윌슨, 1918

제1차 세계대전은 몇 가지 '바람직한' 결과도 가져왔다. 그중 하나가 세계대전의 원인이 바로 제국주의라고 보고, 이렇게까지 된 이상 제국주의를 청산할 때가 되었다는 인식이 고개를 들었다.

:: 정복과 영토 확장에 목을 매던 시대는 이제 끝났습니다. 또한 정부 간의 비밀 협정을 통해서 이루어진 일이 느닷없이 세계 평화를 깨트리는 일 역시 더이상 통하지 않습니다. ……
세계의 모든 민족은 서로 의지하고 있는 동반자입니다. 다른 나라의 국민이 정의를 얻을 수 없다면, 우리 국민도 정의를 얻을 수 없습니다. ……
제가 제시한 이 계획을 하나로 꿰뚫고 있는 원칙, 그것은 바로 정의입니다. 힘이 세든 약하든, 모든 민족은 정의를 얻어야 합니다. 모든 민족은 자유와 안전을 평등하게 누려야 하며, 더불어 살아가야 합니다. 모든 민족에게는 그런 권리가 있습니다. ::

미국 제28대 대통령 우드로 윌슨1856-1924이 1918년 1월, 미국 국회에 보낸 연두교서의 내용이다. 이 교서에는 이른바 '14개조 평화 원칙'이 제시되어 있는데, 이 원칙은 제1차 세계대전을 마무리 짓는 베르사유 조약에서 새로운 시대를 열어갈 기준으로 정식으로 채택된다.

"모든 민족은 더불어 살아갈 권리가 있다." 이 한마디는 모든 민족이, 유럽 민족이든 아시아 민족이든 평등한 입장에서 스스로의 운명을 결정해야 한다는 '민족자결주의' 사상으로 해석되었다. 유명한 정치철학자로서 프린스턴 대학교 총장을 지낸 바 있는 윌슨은 오직 힘으로 하는 정치와 제국주의에 대해 기본적으로 반대하는 입장이었다('자유의 제국'으로서 미국이 특히 아메리카 대륙의 일에 간섭하는 것은 찬성했지만). 그는 앞서 1915년에도 "어떤 민족도 다른 민족의 위에 설 수 없다"는 말을 남겼다.

이러한 민족자결주의는 모든 피압박 민족들에게 복음처럼 들렸으며, 한국의 3·1운동을 비롯하여 중국의 5·4운동, 인도의 스와라지운동 등이 모두 윌슨의 한마디에 영향을 받아 일어났음은 잘 알려져 있다. 그런데 그 속사정을 뜯어보면 사실 그렇게 복음으로만 들을 이야기는 아닐 수도 있었다. 우선 윌슨이 말한 14개조를 보자. 1조부터 5조까지는 비밀 외교의 금지, 군비축소 등 기본적인 평화 원칙이며, 14조는 국제연맹의 창설을 제의하고 있다. 구체적으로 민족 문제를 다룬 조항은 6조에서 13조까지인데, 6조의 러시아 관련 조항이 가장 길고 자세하며 나머지는 벨기에, 프랑스의 알자스-로렌, 이탈리아, 오스트리아-헝가리, 유고슬라비아, 폴란드, 터키에 대한 내용이다. 말하자면 제1차 세계대전의 불씨가 된 발칸 지방을 비롯한 유럽 지역의 영토 조정 문제가 주제였던 것이다. 아시아, 아프리카, 오세아니아 지역에 대한 구체적인 언급은 하나도 없었다. 또한 유독 러시아에 대한 내용이 많은 까닭은 이 14개조 원칙이 처음 나왔을 때가 소련으로 바뀐 러시아가 마침 독일과 단독 휴전을 준비하고 있던 때여서, 소련을 급히 달래기 위해 소련에 유리한 여러 조항을 집어넣었기 때문이라고 한다. 아예 14개조 자체가 소련을 전선에 붙잡아두기 위한 목적에서 나왔다는 분석도 있다. 그리고 유럽에 대한 내용 역시 잘 살펴보면 당시 프랑스, 이탈리아 등 연합군 측에 유리한 내용이며, 상대 진영 국가와 민족의 입장을 살핀 흔적은 보이지 않는다.

윌슨은 앞서도 말했듯 미국이 남아메리카 국가들의 내정에 간섭하는 것을 미국의 당연한 권리인 양 여겼다. 또한 그는 '민족'에 대해서는 진보적이었어도 '인종'에 대해서는 그렇지 않았던 것 같기도 하다. 그는 1914년에 "인종차별은 수치가 아니라 축복이며, 신사적인 문화다"라고 주장했다. 심지어 흑인에게 잔인한 폭력을 일삼던 큐클럭스클랜(KKK단)의 행동을 "남부의 공동체를 지키기 위한 백인들의 자기방어"라며 찬양하기까지 했다.

그래도 윌슨이 오직 힘만 믿었던 종래의 국제정치에 이념과 이상을 세우려고 했고, 궁극적으로 여러 민족의 평등하고 자유로운 세계를 꿈꿨음은 분명해 보인다. 다만 유색인종에 대해서는 "아직 백인이 누리는 자율성을 누릴 수준에 이르지 못했다"고 판단했을 뿐. 그리고 링컨이 미합중국 연방의 통일이라는 현실적 과제를 노예해방의 대의보다 앞세웠듯, 윌슨 또한 현실에 발을 디디고 선 정치인으로서 연합군의 승리라는 과제에 더 충실했을 뿐이다.

윌슨이 현대 국제정치에 남긴 또 한 가지 업적이자, 세계대전의 몇 안 되는 성과 중 하나가 국제연맹의 창설이다. 그전까지는 안보란 자체적인 국방력 증가와 동맹으로만 확보할 수 있다고 여겨졌다. 하지만 말했다시피 동맹은 어려울 때 힘이 되는 반면, 굳이 끼어들고 싶지 않은 전쟁에도 할 수 없이 끼어들게 되는 위험을 동반한다. 그 최악의 사례가 바로 제1차 세계대전이었다. 그래서 윌슨은 '집단 안보'라는 개념을 제시했다. 모든 국가가 서로를 동반자로 여기며 평등한 협력 관계를 갖기로 한다. 협력 관계를 맺지 않은 나라가 회원국 중 하나를 침략하면 공동으로 대처하고, 만약 회원국 중 하나가 협약을 깨고 침략에 나선다면 모두가 나서서 그 나라를 응징한다. 이렇게 하면 아무도 감히 침략자가 될 마음을 먹지 못할 것이고, 결국 모두가 평화를 누리게 될 것이다. 이것이 사실상 윌슨 혼자 힘으로 구상했던 국제연맹의 원리였다.

이런 '집단 안보' 체제에는 또다른 긍정적인 면도 있었다. 강대국과 약소국의 차별이 없고, '우리 쪽'과 '저쪽'의 구분도 없기 때문이다. 진실로 지구상의 모든 나라가 국제연맹에 가입하고 그 규약을 준수한다면 이 세상에 다시는 전쟁이 없을 터였다.

그러나 현실은 훨씬 냉정했다. 영국과 프랑스 등은 미국의 힘 때문에 마지못해 국제연맹 설립에 찬성했지만, 약소국과 '평등한' 입장에 설 생각은 눈곱만큼도 없었다. 독일이나 오스트리아는 전쟁에서 패배했다는 이유로 지나치게 많은 희생을 강요하는 연합국들을 신뢰할 수가 없었다. 소련도 일단 연맹에 가입하기는 했지만 자본주의 국가들을 믿지 않았고, 자본주의 국가들 역시 소련을 믿지 않았다. 더군다나 가장 중요한 미국이 연맹에 가입하지 않았다. 윌슨은 병에 걸려 몸을 가누기 힘든 가운데서도 전국을 다니며 연맹 참여 여론을 일으키고자 안간힘을 썼다. 그러나 '다른 나라 일에 더이상 끌려 들어가기 싫다'는 정서가 워낙 강했고, 의회는 결국 연맹 가입안을 부결했다. 미국이 빠진 국제연맹은 빛 좋은 개살구나 다름없었고, 1926년에 스페인, 1933년에 일본과 독일, 1937년에 이탈리아가 각각 자국의 이익을 이유로 탈퇴하면서 국제연맹은 사실상 와해되고 만다. 그리고 두 번째의 세계대전으로 치닫는 역사를 아무도 막지 못했다.

'모든 사람이 평등하게, 더불어 살아가는 세상', 이런 이상은 정치인이 아닌 문인에 의해 더 분명하고 뚜렷하게 표현되었다. 제국주의의 이상이 디즈레일리가 아닌 키플링에 의해 멋지게 표현된 것처럼.

우리의 참된 조국은 인류다

H.G. 웰스, 1920

허버트 조지 웰스1866-1946는 『타임머신』1895, 『투명 인간』1897, 『우주 전쟁』1898 같은 공상과학소설의 작가로 널리 알려져 있다. 그런데 사실 그는 진보적인 사회사상가이기도 했고, 아마추어 역사학자이기도 했다. 저서가 100권이 넘는 그가 스스로 필생의 대작으로 꼽은 책은 『세계사 대계』1920인데, 거기서 그는 오늘날에도 많은 이상주의자들이 즐겨 읊는 한마디를 남겼다. "우리의 참된 조국은 인류다."

웰스는 제1차 세계대전의 참상에 진저리를 쳤다. 그래서 그는 무엇보다도 세계 평화를 확실히 보장할 시스템이 필요하다고 생각했는데, 윌슨의 생각에서 한 걸음 더 나아갔다. 즉 민족끼리의 평등만으로는 세계 평화가 불가능하며, 민족끼리 평등해질 수도 없다고 보았다. 웰스의 대안은 바로 '세계 정부'였다. 전 인류가 국민이 되고, 어떤 민족도 계급도 성性도 권력을 갖지 못하는, 국가를 지배하는 세계 정부. 그래서 그는 우리 모두가 각자의 민족이나 국가에 대한 충성심을 버리고 인류를 유일한 충성의 대상으로 삼아야 한다고 외쳤다.

윌슨처럼 웰스도 드높은 이상의 이면에 낡고 섬뜩한 사상을 일부 가지고 있었다. 예컨대 그는 민주주의의 가능성을 믿지 않았다. 제1차 세계대전이 시작될 때 '조국을 위한 숭고한 희생'이라는 허울에 들떠 열광했던 보통 사람들의 모습에 질렸기 때문일까? 그는 자신이 구상하는 세계 정부는 과학자와 지식인, 기술자들이 지배권을 독점하는 '천재 정부'가 되어야 한다고 여겼다. 태어날 때부터 정해지는 민족이나 사회계층에 따른 불평등은 인정할 수 없지만, 능력에 따른 불평등은 필요하다고 본 것이다. 하지만 사실 그는 태생적인 능력의 차이를 믿었고, 그런 능력 차이가 인종별로 나타난다고도 생각했다. 즉 태어날 때부터의 불평등을 인정한 셈이다.

윌슨과 마찬가지로 웰스의 이상주의도 현실의 쓴맛을 보았다. 웰스는 자신의 이상과 똑같지는 않지만 두 가지 모델에 기대를 걸고 있었다. 지식인들이 사회를 개조하고 있는 소련과, 일단 '세계 정부'의 모양을 갖춘 국제연맹이 그것이었다. 그러나 스탈린 체제로 돌아서는 모습을 보며 소련에 대한 기대를 접어야 했고, 그 자신이 연맹 헌장 작성에 참여하기도 했던 국제연맹은 강대국들의 국익 다툼에 만신창이가 되고 말았다. 1924년, 임기 중에 이미 심각한 병에 걸렸던 윌슨이 간신히 임기를 마치고는 실의에 빠진 채 숨을 거뒀다. 그래도 윌슨은 행복한 편이었다. 웰스는 자신의 모든 꿈이 산산조각 나는 상황을 살아서 지켜봐야 했다. 제2차 세계대전의 발발은 세계 평화도, 세계 정부도, 지식인들이 이끄는 진보된 세상도 헛꿈에 불과하다는 뜻이었다. 이후 그는 당뇨병에 시달리는 한편 인간성 자체에 대한 실망으로 괴로워하다가 1946년에 눈을 감는다. 그는 자신의 묘비에 이런 한마디를 새겨달라고 유언했다. "내가 경고했잖아? 이 바보들아!"

제1차 세계대전의 폐허에서 살며시 고개를 든 희망의 꽃송이. 그것은 아직 뿌리를 내리기에는 약했으며, 인종차별주의 같은 이전 세대의 독성도 일부 간직하고 있었다. 그러나 그 의미가 전혀 없지는 않았다. 윌슨이나 웰스가 남긴 한마디는 그들의 원래 의도를 넘어서 사람들 사이에 가지를 쳐 나갔다. 그리고 정의에 대한 열정을, 평화에 대한 염원을, 인류에 대한 사랑을 싹틔워갔다. 그들은 자유롭고 평화로운 세계를 보지 못한 채 세상을 떠났고, 지금 우리도 아직 보지 못하고 있다. 하지만 인류가 그들의 한마디를 가슴에 간직하고 있다는 사실, 그것이 우리에게 남겨진 희망이 아닐까. 우리 손으로 더 나은 내일을 선택할 수도 있다는 희망. 1985년, 기근으로 죽어가는 아프리카 사람들을 돕기 위해 밥 딜런, 마이클 잭슨, 스티비 원더, 라이오넬 리치 등 팝 스타들이 총출동하여 만든 노래〈We Are the World〉에서도 그들의 한마디가 희망의 빛을 던져주지 않았던가.

:: 이제 행동할 때가 되었어요
세계가 하나로 뭉쳐야만 할 때가
사람들이 죽어가고 있어요
자, 생명을 구하기 위해 힘을 모을 때예요
가장 귀한 선물을 줄 때가
아무 일도 없는 듯 이대로 살 수는 없죠
누군가, 뭔가 변화를 가져오지 않으면 안 되죠
우리는 모두 하늘 아래 더불어 사는 커다란 가족인걸요
그리고 알죠, 우리 모두 사랑이 필요한 것을
우리는 세계예요
우리는 한 가족이에요
우리 손으로 밝은 내일을 만들 수 있어요
그러니까 이제 함께 시작해요
우리 손으로 내리는 선택이
우리 스스로의 삶을 구하고
더 나은 내일을 만들어요
당신의 선택, 그리고 나의 선택이 ::

아이들을 구하라

루쉰, 1918

:: 여기는 4천 년 동안 계속해서 사람을 잡아먹어 온 곳이다. 그런 곳에서 내가 태어나고, 자랐으며, 지금껏 살아왔다는 것을 오늘에야 깨닫게 되었다. ……
나도 무심결에 사람의 고기를 먹었을지도 모른다.
이제는 그 죗값을 치러야 한다. ……
사람을 잡아먹은 일이 없는 아이들이 아직도 어딘가 남아 있을지 모른다!
아이들을 구하라! ::

중국 현대문학의 아버지라고 할 수 있는 루쉰1881-1936. 그가 1918년에 발표한 『광인일기』狂人日記의 마지막 장면이다. 이 작품은 제목을 통해 정상이 아닌 사람이 비정상적인 소리를 늘어놓은 것임을 표방하고 있지만, 사실 그 의도는 우리를 둘러싼 사회야말로 정상이 아님을 풍자하고 비판하는 데 있다. 루쉰이 광인의 입을 빌려 비판한 중국은 "4천 년 동안 사람을 잡아먹어 온 곳"이다. 다시 말해, 인의도덕仁義道德의 허울을 빌려 자유로운 정신을 억압하고 인간성 자체를 비루하게 만들어온 위선과 독선의 사회다.

:: 옛 책을 들춰보았다. 그 책에는 연대가 없고, 페이지마다 '인의도덕' 같은 글자들이 꾸불꾸불 씌어 있었다. 어차피 잠이 오지 않아 밤늦도록 뒤져보다가, 글자와 글자 사이에서 또다른 글자를 찾아냈다. 곳곳에 '식인'食人이라는 글자가 적혀 있었다. ::

중국, 그리고 한국이 수천 년 동안 소중하게 받들어온 유교의 가르침, 그것을 한꺼풀 벗겨보면 사람 잡아먹는 소리에 지나지 않는다는 것이다. 루쉰은 왜 그런 말을 했을까? 유교의 가르침은 본래 남을 배려하라는 것이다. 보통은 부모가 자식에게 사랑을 쏟는 만큼 자식이 부모를 사랑하지는 않는다. 그래서 부모에게 효도하고 부모의 뜻을 따르는 것이 사람의 도리라고 가르친다父子有親. 또한 노인은 생활 능력이 없으며 몸도 허약해서 젊은이들의 업신여김을 받기 쉽다. 그래서 나이 든 사람을 공경하고, 되도록 양보하라고 가르친다長幼有序. 즉 좀더 인간적인 사회, 각박하지 않고 서로 배려하는 마음이 넘치는 사회를 만드는 데 인의도덕, 예의염치禮義廉恥의 본뜻이 있다. 적어도 공자는 그렇게 말했다.

그러나 부모의 내리사랑만큼 자식이 부모를 사랑하기란 쉽지 않은데, 만약 가르침에 따르기 위해 사랑한다면 그것은 억지가 섞인 사랑이다. 노인을 보고도 저절로 양보심이 일지 않는데 장유유서라는 규범에 얽매여 지하철에서 자리를 양보한다면 그것 역시 떳떳한 도덕적 행동은 못 된다. 이러한 '자연스럽지 못함'에 대해 맹자는, 본래 사람은 선을 지향하는데 선행을 하면서 부담을 느낀다면 사회의 악에 물들었기 때문이라며 더욱 도덕적인 사회가 되어야 한다고 말했다. 주희는 이것을 기氣가 이理에 앞서기 때문이라며 형이상학적으로 풀이하여, 매사에 기를 억제하고 이를 앞세우는 생활을 하라고 주문했다. 아무튼 보통 사람의 일상에서 자연스럽지 않은 것은 자연스럽지 않은 것이다. 그런데 만약 이 '자연스럽지 않음'이 '인간으로서의 본모습을 잃은, 사람 같지 않은 마음'이라고 한다면 어떻게 될까? 다른 사람에게 손가락질을 받을지 모른다는 두려움 때문에 억지로 '도덕적인' 행동을 하게 될 것이다. 그리고 설령 남이 보지 않더라도 인의도덕에 맞지 않는 행동을 하지나 않을까 겁이 나고, 어쩌다 잘못 행동하면 부끄러움에 사로잡힐 것이다. 이것은 사회적으로는 위선의 문화를 기르고, 개인적으로는 정신의 자유를 억압한다. 위선의 문화가 심해지면 너도나도 더 인의도덕에 맞는 행동을 하려고 경쟁하게 된다. 아직 과거제도가 없던 고대 중국에서는 효성이 지극하다는 평판이 있는 사람이 관료로 출세할 수 있었다. 그러자 너도나도 자기야말로 제일가는 효자라고 과시했다. 그래서 자기 허벅지 살을 베어 병든 부모에게 먹이는가 하면, 심지어 어린 자식을 죽여 부모의 약을 지었다는 '미담'이 생겨나기도 했다. 여기서 루쉰의 광인은 부르짖는 것이다. "인의도덕이라고? 뒤집어 말하면 식인이 아닌가? 사람을 배려하려고 만든 도덕이 어째서 사람을 잡아먹는 일을 자랑스러워하게 만들었는가?" "정절을 지켜야 한다. 그래야 조정에서 열녀문을 세워주고 우리 가문이 빛날 수 있다"는 시대의 강요 때문에 평생 재혼

할 수 없었던 조선의 과부들도 같은 맥락의 피해자들이다. 유교적 도덕론이 불편한 정도를 넘어서 인권을 탄압하고 인간의 존엄성마저 말살하는 지경에 이른 것이다.

루쉰이 『광인일기』를 발표한 당시는 오랫동안 '세계의 중심'을 자처하며 다른 민족을 오랑캐로 멸시했던 중국이 서양 오랑캐들에게 큰 코를 단단히 다치고 있던 때였다. 20세기를 여는 1900년에는 유럽 열강이 북경의 자금성으로 쳐들어와 온갖 행패를 다 부렸으며, 그보다 앞서 1895년에는 왜놈이라고 업신여기던 일본에게까지 철저하게 패배했다. 이상하지 않은가? 중국은 예나 지금이나 드넓은 국토와 풍부한 자원, 세계 최대의 인구를 가지고 있다. 그런데 왜 서양에게, 그리고 일본에게까지 이런 수모를 당한단 말인가? 그것은 지나친 도덕의식 때문에 자유로운 발상이나 모험심이 위축된 결과라는 해석이 나왔다.

돌이켜보면 중국인이 발견과 발명에 뒤지지는 않았다. 오히려 오늘날의 서양을 있게 한 종이, 나침반, 화약, 인쇄술은 하나같이 중국의 발명품이다. 그러나 지금 그것을 제대로 활용하고 있는 쪽은 중국이 아니라 서양이다. 또한 현장법사의 인도 여행, 아프리카에까지 이르렀던 정화의 대원정 등을 생각하면 마젤란이나 콜럼버스가 그렇게 특별한 사람들도 아니다. 하지만 서양은 지리상의 발견으로 상업혁명을 이룩하고 전 세계에 식민지를 건설하기 시작했는데, 중국의 대여행과 대원정의 성과는 별로 없다. 왜 그럴까? 인의도덕, 예의염치에 얽매여 창의성과 도전 정신이 위축된 까닭이 아닐까? 그래서 과학 기술을 도약시킬 기회를 잡고도 주저하고 머뭇거리다가 결국 사장시키고 만 게 아닐까? 애초에 유교 사회는 '사람답게 살기 위한' 도덕을 수양하고 예법을 배우는 일을 중시한 나머지 그런 일을 전담하는 선비를 가장 존귀한 계층으로 받들었다. 물론 지식인을 우대하는 사회는 긍정적일 수도 있다. 그러나 사·농·공·상으로 짜인 신분제가 고착되면서 공업과 상업은 기를 펴지 못했다. 따라서 어쩌다 획기적인 발견이나 발명이 있어도 그것을 재빨리 상업화하고 기술 개량을 할 동기가 부여되지 못했던 것이다.

이 책의 첫머리에 소개했던, "네가 원하는 일을 하라"고 말한 J. S. 밀과 크로울리의 자유주의 윤리학, 그리고 "강한 자만이 살아남는다. 살아남고 싶으면 강해져야만 한다"는 사회진화론, 이 두 가지 서구 사상은 당시 중국에도 건너와서 열렬한 반응을 얻고 있었다. 그 영향으로 많은 지식인들은 중국이 어이없이 패배를 거듭하는 이유를 유교의 가르침에서 찾았다. "유교가 중국을 나약하게 만들었다!" "유교는 위선을 조장하며, 급기야 사람이 사람을 잡아먹게 하는 가르침이다!"

이런 동양적 전통의 부정은 19세기 말 일본에서 먼저 시작되었다. '탈아입구'脫亞入歐, 즉 아시아 국가의 틀에서 벗어나 서구의 일원이 되자는 후쿠자와 유키치1835-1901의 한마디는 일본이 아시아 국가 중에서 가장 먼저 근대화를 이룩하고 중국마저 꺾게 되는 과정을 압축해서 보여주는 말이다. 하지만 그것은 서구의 제도와 문물을 수입하자는 의미가 강했고, 전통 자체를 내버리자는 의미는 약했다. 또한 일본은 본래 유교화 수준이 낮았다. 그러므로 바야흐로 동양 정신문명의 벼리가 되어온 유교를 본고장인 중국에서 부정한다는 것은 탈아입구보다 훨씬 의미심장한 일이었다. 그런 '신문화운동'의 중심에 서 있던 후스, 천두슈, 루쉰 등은 '백화白話문학'을 내세워 고색창연한 전통적 문장 대신 일상적으로 쓰이는 말과 글을 문학에 사용하려 했다. 그 대표작 중 하나가 바로 『광인일기』다.

"아이들을 구하라!" 이 한마디의 전후에는 정치운동과 사회운동이 따랐다. 1911년, 쑨원을 비롯한 혁명파는 신해혁명을 실현하여 마지막 황제 푸이(선통제)를 퇴위시키고 중국 수천 년 왕정에 종지부를 찍었다. 그러나 이후 수립한 중화민국의 통치권이 새로운 왕조를 꿈꾸던 야심가 위안스카이에게 돌아가고 중국의 혼란을 틈탄 일본의 침략이 노골화되자, 민족주의와 민주주의, 근대화의 요구가 복받친 나머지 1919년 5·4운동이 일어난다.

5·4운동의 무서운 '아이들'은 『광인일기』의 한마디에 충실했고, 그것을 과격하게 실천했다. "타도공가점"打倒孔家店(공씨(공자)네 집을 때려부숴라!) 이 구호는 30년 뒤 중화민국이 중화인민공화국에 밀린 뒤에도 사라지지 않았다. 그리고 다시 약 20년이 지난 다음, '문화 대혁명'이 일어났을 때도 되풀이되었다. "타도공가점!" "비림비공"批林批孔(공산당 부주석을 지낸 린뱌오와 그가 즐겨 인용한 공자를 비판함)을 외치는 학생들이 공자묘를 불태우고, 유교 경전을 찢어발기고, 공자상을 토막 냈다.

그런데 한편으로 생각하면, 유교에 대한 부정이 나온 지 반세기가 지났는데도, 또한 유교를 '봉건적이고 귀족 중심적인 썩어빠진 사상'으로 맹렬히 비난하는 공산주의가 중국을 지배한 지 20년이 지났는데도 아직도 찢어발길 유교 경전이 남아 있고, 태워버릴 공자묘가 남아 있었다는 이야기다. 유교는 기독교나 이슬람교와 달리 교회도 없고 사제 집단도 없으며, '현세와 내세의 복'을 비는 장치도 없었기 때문에(유교 국가의 제왕조차 개인적인 소망이 있을 때는 불교에 의지했다) 지식인과 정치인의 비판을 받으면 곧바로 사라지리라 여겨졌다. 그러나 실상은 그렇지 않았다.

문화의 힘은 그만큼 강했던 것이다. 사실 "아이들을 구하라!"고 외친 루쉰 스스로도, 유교 경전이나 고전문학은 백해무익하다고 하면서도 몰래 고문서를 수집해 읽으며 마음을 위로했다고 한다. 자신은 어차피 '사람의 고기를 먹은' 구세대 사람이니까 할 수 없다고 변명했을까?

다시 30여 년의 시간이 흐른 뒤, 유교는 마침내 중국에서 화려하게 부활한다. 1990년대 유럽 사회주의권이 붕괴하고 중국이 개혁개방 노선을 채택하면서 유교에 대한 중국 고위층의 시각은 점점 따스해졌다. 그리고 마침내 2000년대에 들어서는 후진타오 국가주석이 유교가 중화인민공화국의 통치 이념이라고 선언하고 수십 년 동안 끊어졌던 석전釋奠, 즉 공자에 대한 제례를 부활시켰으며(이때 제례를 진행하는 방법을 아는 사람이 남아 있지 않아서 한국에서 예법을 배워 가기도 했다), 학교나 기업에서도 마오쩌둥의 저서 대신 유교 경전을 배우고 익히는 열풍이 불고 있다. 한편으로는 눈부신 경제성장과 막강한 군사력을 바탕으로 이제 다시금 초강대국의 꿈을 꾸게 된 중국이 문화적으로도 서구에 대항할 중국적인 대안을 찾고 있기 때문에, 다른 한편으로는 개혁 개방 후 날로 심각해지는 빈부격차와 범죄 증가 문제에 맞서 중국을 통합하고 질서를 유지할 이념으로 유교의 극기복례克己復禮에 기대게 되었기 때문에 나타난 현상이라 할 수 있다.

정의를, 법을, 체제를 구하라

무스타파 케말, 1926

전근대의 오랜 세월 동안 '우리가 최고다'라는 단꿈에 잠겨 있다가, 업신여겼던 서구의 공세에 여지없이 체면을 구기고 반식민지 상태로 전락한 나라가 하나 더 있었다. 바로 터키다. 일찍이 서양에 공포감을 심어준 동양 국가가 있다면 칭기즈칸 시대의 몽골과 터키뿐이었다. 천 년 이상을 이어온 동로마제국이 오스만제국에 쓰러지고 동방 교역로가 통제됨에 따라 대안을 찾던 서구 국가들이 지리상의 발견을 하게 되었다는 사실은 유명하다.

그러나 17세기부터 점차 공세에서 수세로 돌아선 오스만제국은

19세기부터 급속도로 쪼그라든다. 아프리카와 유럽의 점령지가 물에 녹아드는 소금 덩이처럼 유럽 국가들의 땅으로 바뀌어갔다. 이런 난국을 타개하려고 마흐무드 2세, 압둘마지드 1세 등이 개혁을 시도했으나 성공하지 못했다. 그러자 청나라가 양무운동洋務運動, 변법자강變法自疆 등으로 자체적 개혁을 시도하다 실패했을 때 일어났던 것과 비슷한 일들이 오스만제국에서도 일어났다. 개혁 실패는 무능하고 부패한 정부 때문이라고 보고 싹 물갈이를 해야 한다는 급진적 정치 개혁의 외침, 그리고 좀더 근본적으로는 전통 사상과 문화 자체에 문제가 있으므로 낡은 사상을 과감히 버리고 머리와 가슴으로 서구화, 근대화를 하지 않으면 살아남을 수 없다는 신문화운동이 바로 그것이다.

급진적 정치 개혁은 1908년에 청년튀르크당이 혁명을 일으켜 술탄에게 입헌군주제와 의회 설치를 골자로 하는 헌법을 승인토록 함으로써 달성되었다. 그러나 오스만제국은 제1차 세계대전에 독일, 오스트리아 등과 함께 동맹국으로 참전했다가 패전, 절체절명의 위기를 겪게 된다. 아나톨리아반도를 제외한 모든 영토를 상실했을 뿐 아니라 1832년 독립한 그리스가 이번에는 반대로 손을 뻗쳐오고, 정부는 서양 열강에 의해 식민지에 가까운 내정간섭을 받게 된 것이다. 이런 위기 상황에서 술탄 체제를 종결시킴으로써 정치 개혁을 완성하고, 나아가 신문화운동까지 적극적으로 추진한 주인공이 무스타파 케말1881-1938이었다.

무스타파 케말은 오스만군 장교로, 제1차 세계대전 당시 갈리폴리에서 영국군을 물리침으로써 국민적 영웅이 되었다. 패전 후 나라가 위기에 빠지자 프랑스와 그리스의 침공을 격퇴하고, 뜻을 같이하는 '애국지사'들과 함께 새로운 정부를 세웠다. 그는 술탄 제도를 폐지해 오스만제국을 역사 속으로 사라지게 했으며, 터키공화국의 초대 대통령으로서 서구 열강의 간섭을 배제하고 경제발전과 사회 개혁을 강력하게 추진해 나갔다.

케말 아타튀르크('터키의 아버지'라는 뜻으로, 그가 권력을 잡은 뒤 얻은 존칭이다)는 후쿠자와처럼 '탈아입구'를 새 공화국의 목표로 삼았다. 그리고 그러려면 이슬람교가 정치에 간섭하지 말아야 하며, 주로 이슬람교와 관련된 낡은 관습을 떨쳐버려야 한다고 생각했다.

:: 우리의 정의를, 법을, 체제를 구하라. 이미 낡은 것이 되어버렸는데도 여전히 우리를 얽어매고 있는 속박으로부터! ::

그는 최고 종교 지도자인 동시에 최고 통치자를 의미하는 '칼리프' 제도를 폐지하고(마호메트가 죽은 후 그를 대리할 사람으로서 칼리프가 처음 세워진 632년 이후 약 1300년 만이었다), 선거와 시험을 통해 선발된 공무원만이 권력을 갖는 근대적 국민국가를 만들어냈다. 또한 국민 모두가 동등한 기본권을 갖는다는 원칙을 세우고자 여성의 얼굴을 가리던 복장을 폐지하고, 일부다처제도 금지했다. 나아가 이슬람력을 서양식 달력으로, 아랍 문자를 알파벳으로 바꾸는 등 사회 문화를 일제히 서구화하려 했다. 그는 사실 독재자였고, 그가 이끄는 공화인민당 이외의 정당을 만들 수 없도록 강제했다. 또한 쿠르드족의 분리 독립 움직임을 맹렬히 탄압하기도 했다. 그러나 몰락을 거듭하여 파멸 직전까지 이르러 있던 터키인들은 그의 독재를 오히려 환영했으며, 다소 무리한 수단을 써서라도 서구화, 근대화하는 것을 긍정했다. 그래서 그가 죽은 지 70년이 지난 지금도 그는 터키의 국부로 존경을 받고 있다.

루쉰이나 마오쩌둥과 비교하면, 케말은 이슬람교 자체를 혐오하고 적대시하지는 않았다. 한편으로 중국에서는 터키처럼 전면적인 서구화가 이루어지지 않았다. 터키에서처럼 한자가 알파벳으로 교체되지도 않았으며, 중국 공산당은 서구화 자체를 이념적으로 혐오했다. 그러나 전통 문명이 서구의 충격 앞에 비틀거리는 상황에서 급진적인 방법으로 전통과 결별, 근대화를 달성한 점은 차이가 없다.

그러나 다시 말하지만 문화의 힘은 세다. 중국에서 개혁 개방 이후 유교의 가치가 재평가되기 이전인 1970년대부터, 일찍이 막스 베버가 동양의 발전을 늦춘 원인으로 폄하했던 유교가 반대로 동양의 놀라운 경제발전을 가능하게 한 원동력이 아니냐는 재조명이 있었다. 일본, 한국, 타이완, 싱가포르 등이 모두 유교적 전통을 가진 나라였기 때문이다. 그리하여 '유교 자본주의'라는 말이 나왔고, 또 1980년대에는 지나치게 개인의 자유만을 강조하는 서구식 자유 민주주의의 대안으로 '유교 민주주의'가 있다는 말도 나왔다. 1990년대 말에 아시아가 경제위기를 겪자 서구의 유교 재조명 열기는 많이 식었지만, 최근 중국의 발전까지 더하여 유교 문명권이 과거의 치욕을 씻고 세계의 중심으로 떠오를지 모른다는 시각은 여전하다.

터키와 그 이웃들의 경우에도 마찬가지였다. 20세기는 터키와 이란의 이슬람교 격하, 이스라엘의 건국과 중동 전쟁에서의 승리 등으로 이슬람교에는 몰락의 세기가 될 것으로 보였다. 그러나 전통에 대한 지나친 외면은 그만큼 강한 반발을 불러일으켰다. 1979년 이란혁명을 필두로, 정치와 종교를 분리하지 않는 옛 이슬람 체제로 돌아간다, 서구 문명은 되도록 거부한다, 『코란』에 씌어 있는 대로 이슬람 율법을 엄격히 준수한다는 이슬람 근본주의운동이 들불처럼 번진 것이다. 그리하여 미국의 정치학자 새뮤얼 헌팅턴은 『문명의 충돌』1996에서 유교 문명권과 이슬람 문명권이 힘을 합쳐 서구 문명권을 공격할 가능성을 내다보기까지 했다.

19세기에는 "백인의 사명을 짊어져라!"라는 한마디와 함께 서구가 나머지 세계의 곳곳으로 침투했다. 20세기 초에는 그에 호응하여 비서구권에서 "아이들을 구하라!" "정의를, 법을, 체제를 구하라!"라며 자발적으로 서구화에 나섰다. 그 과정에서 많은 무리와 오해와 비극이 생겨났다. 하지만 되돌릴 수 없는 역사적 과정이다. 유교와 이슬람교가 부활하더라도 전근대 세계에서의 모습과는 다를 것이며, 국민국가라는 오늘날의 현실에 따르지 않으면 안 된다. 다른 한편으로는, 과연 서구화가 서구 아닌 세계의 인간을 행복하게 만들었는지 생각해보아야 한다.

[1920-1929]

불안한 번영, 고독한 지도자

일본, 관동대지진,
한인 5천여 명 학살

터키공화국 수립

루쉰의 『아큐정전』

비트겐슈타인의
『논리철학논고』

히틀러가 나치당 당수에
취임

중국, 제1차 국공합작

브르통 등의 초현실주의
선언

레닌 사망

1920 **1921** **1922** **1923** **1924**

- 워싱턴 해군 군축조약
- 쑨원이 계림에서 '북벌' 선언
- 간디가 반영운동 주도 혐의로 투옥됨
- 영국, 이집트 독립 승인
- 아일랜드 자유국 수립
- 조이스의 『율리시즈』
- 헨리 포드의 자서전, 『나의 인생과 일』
- 무솔리니, 집권에 성공
- 스탈린, 소련공산당 서기장에 취임
- 네덜란드 헤이그에 상설 국제사법재판소 설립
- 케말 아타튀르크, 술탄제 폐지 선언, 오스만투르크 멸망

- 한국, 『조선일보』 『동아일보』 창간
- 미국, 금주법 발효
- 제1차 그리스-터키 전쟁, 무스타파 케말이 그리스군 격퇴
- 케말 아타튀르크, 앙카라 임시정부 수립
- 인도, 국민회의파 대회에서 영국에 대한 비협력을 결의

1925

- 린제의 『현대 청년의 반항』
- 히틀러의 『나의 투쟁』
- 소련, 스탈린의 일국사회주의론 채택
- 아문센의 북극 탐험
- 터키, 쿠르드족의 반란을 유혈 진압
- 터키, 일부다처제 폐지
- 오스트랄로피테쿠스 화석 발견

1926

- 한국, 6·10만세운동
- 김구, 임시정부 국무령 취임
- 고다드가 최초의 액체 연료추진 로켓 발사
- 일본, 다이쇼 천황 사망, 쇼와 시대
- 스페인, 국제연맹에서 탈퇴
- 캐나다, 오스트레일리아, 뉴질랜드가 자치권 획득

1927

- 한국, 신간회 창립
- 홍난파의 〈고향의 봄〉
- 린드버그가 대서양 횡단 비행
- 하이데거의 『존재와 시간』
- 하이젠베르크, 불확정성 원리 발표

1928

- 디즈니의 〈증기선 윌리〉, 미키마우스 처음 등장
- 장개석이 국민정부 주석에 취임
- D. H. 로렌스의 『채털리 부인의 사랑』
- 인도, 네루 중심의 인도독립연맹 결성

1929

- 세계경제대공황
- 허블이 우주팽창론을 뒷받침하는 '허블 법칙' 발표
- 플레밍이 페니실린 개발
- 인도, 라호르 대회에서 간디의 '푸르나 스와라지(완전독립)' 결의

첫째도 비폭력, 마지막도 비폭력이다

모한다스 간디, 1922

법정은 피고석을 주목했다. 이제 53세이지만 열 살은 더 늙어 보이고, 피죽도 못 먹은 것처럼 뼈에 가죽만 걸친 듯한 인물이 천천히 자리에서 일어났다. 그러나 그의 눈빛은 그 누구라도 움찔할 수밖에 없는 불꽃을 조용히 태우고 있었다. 그리고 이제 막 자신의 최후 진술을 시작하려는 그의 입은, 벌써 30년 동안이나 세계 최강의 제국을 골치 아프게 만들고, 세계 최대의 식민지 주민들의 가슴을 설레게 해왔다.

:: 제 신념의 첫 번째, 그것은 비폭력입니다. 그리고 제 신념의 가장 마지막, 그것도 비폭력입니다. 하지만 저는 선택해야 합니다. 이 나라에 회복할 수 없는 피해를 입힌 체제에 굴복하느냐? 제 동포들에게

진실을 말하고, 그 즉시 분노를 폭발시킬 위험을 감수하느냐? 우리 동포는 때때로 비폭력 노선을 유지할 수 없을 만큼 분노에 사로잡힙니다. 안타깝게도 말입니다. 그러므로 저는 재판장님께 말씀드립니다. 제게 가벼운 형벌을 선고하지 마시라고. 반드시 법정 최고형을 선고하시라고. ::

젊은 시절의 모한다스 간디1869-1948는 '체제'에 순응하던 사람이었다. 18세 때인 1887년 영국 유학을 떠난 그는 런던법학원에서 법률을 공부해, 1891년에 변호사 시험에 합격했다. 이후 인도에서, 또 얼마 뒤에는 영국의 또다른 식민지인 남아프리카에 가서 변호사로 활동했다. 변호사로서 그가 다루는 법률은 물론 영국에서 만든 식민지 지배를 위한 법이었다. 또한 그는 남아프리카에서 보어전쟁이 벌어지자 영국 편에 서서 싸우기까지 했다(전투병은 아니고, 위생병 부대를 이끌었지만). 전통 문명은 낡았으며 서구인들을 통해 새로운 문명을 익히지 않으면 안 된다고 생각했던 중국이나 터키의 지식인들과 비슷한 생각을 갖고 있었던 듯하다.

그러나 인도인들이 많이 이주해 있던 남아프리카에서 인도인에 대한 굴욕적인 차별이 이루어지는 것을 보고, 간디는 생각과 행동을 바꾸지 않을 수 없었다. "피부색이 다른 것이 죄인가? 서구에서 태어나지 않은 것이 죄인가? 근대화는 필요하다. 그러나 차별이 있어서는 안 된다."

그래서 남아프리카에서 인도인의 권익을 위한 운동을 벌이던 간디는 인도로 돌아와서도 그런 운동을 이어가는데, 이런 그의 활동이 정치적인 색채, 다시 말해 '인도 독립'이라는 과제와 연결된 계기는 1919년의 암리차르 학살 사건이었다. 인도가 영국의 식민지에서 벗어나야 한다는 정치운동은 19세기 후반부터 뚜렷해지고 있었다. 1885년에는 나중에 독립 인도의 집권당이 되는 국민회의가 탄생하였고, 1900년대에는 보통 간디가 처음 시작했다고 알려져 있는 '스와데시'(국산품 애용), '스와라지'(자치권 획득)운동도 전개되었다. 영국에서도 얼마 안 되는 군사력으로 본국에서 멀리 떨어져 있고 인구도 많은 인도를 강압적으로만 다스리기는 무리라고 생각했다. 그래서 자치권에 대해 적지 않은 양보와 약속을 하고 있었다(이에 비해, 바로 이웃해 있으며 인구도 오히려 본국 인구가 많았던 일본은 조선의 독립은커녕 자치권도 거의 허용하지 않았다).

1914년 제1차 세계대전이 일어나자 인도인들도 반쯤 자발적으로 참전하여 영국군과 함께 피를 흘렸는데, 그것이 자치권 획득에 유리할 것이라는 생각 때문이었다. 그러나 전쟁이 끝나고 영국이 보여준 태도는 정반대였다. 1919년, 민족운동을 하는 사람은 재판 없이 감옥에 가둘 수 있다는 롤라트법을 제정한 것이다. 그리고 암리차르에서 이 법률에 반대하던 평화적 시위자들을 기관총으로 무자비하게 진압했다. 그 결과 379명이 사망, 1200여 명이 부상당하고 말았다. 이에 충격을 받은 간디는 영국과 정면으로 대결하겠다고 선언하는 한편, 영국의 주권을 인정하며 자치권만 얻는 형태의 스와라지 대신 '푸르나 스와라지', 즉 완전한 자주독립을 목표로 내걸었다. 그런 그를 추종하는 사람들이 구름처럼 모여들었고, 이슬람교도까지 그의 편에 섰다. 본래 정치운동과 거리를 두었던 간디는 어느새 국민회의의 최고 지도자 역할을 맡게 되었다.

그리하여 그는 1922년 3월, 영국에 반대하는 운동을 주도했다는 이유로 재판정에 서게 되고, 최후진술을 통해 이 한마디를 남겼던 것이다. "첫째도 비폭력, 마지막도 비폭력이다." 그것은 간디가 최후진술을 빌려 자신의 '사티아그라하', 즉 비폭력·불복종운동 노선을 공개적으로 선언한 것이나 다름없었다. 간디는 이 진술의 마지막에서 다시 한 번 비폭력의 중요성을 강조한 뒤, "사악한 정권이 가하는 처벌에 순종하는 일 역시 비폭력에 속한다"며 자신을 무죄로 석방하든지 아니면 법정 최고형을 내려달라고 요청했다. 법정은 6년형을 선고했고, 간디는 3년 만에 병을 이유로 석방되었다.

그러면 왜 비폭력인가? 사티아그라하는 간디가 인도 고유의 철학과 종교 사상을 깊이 연구한 결과 얻은 전통적 가르침이었다. 또한 톨스토이 같은 사람과 교류하며 익힌 '가장 순수한 기독교 정신', 사해동포주의적 평화 사상과도 잇닿아 있었다. 그리고 가장 진중하면서도 교활한 정치 전술을 포함하고 있기도 했다. 영국은 세계 최고의 군사력을 갖춘 나라다. 그런 나라에 대항하여 영국인의 피를 흘리게 하면, 영국은 복수심에서라도 인도에 더 많은 군대를 보내고 더 사정없이 탄압할 것이다. 1850년대에 벌어졌던 세포이 항쟁을 보지 않았는가? 대대적인 무장투쟁은 끝내 영국의 인도 지배를 더 굳히는 결과를 가져오고 말았다. 따라서 그보다는 영국 스스로 인도를 다스리는 데 진력이 나서, 결국 제풀에 떨어져 나가도록 만들어야 한다. 우선 영국인들의 식민지 지배에 협조하지 않는다. 다음으로 영국 물품을 사지 않고 스스로 만들어 씀으로써 영국이 인도에서 돈을 벌지 못하게 한다. 그러면 인도보다 군사력은 강해도 인구는 훨씬 적고, 채산이 맞지 않는 일을 언제까지나 할 수 없는 자본주의 국가 영국이 지칠 수밖에 없으리라. 그리고 인도인이 분노에 사로잡혀 영국인을 마구 죽인다면 영국은 물론, 전 세계의 공분을 면치 못할 것이다. "저런 야만인들!" 하면서, 이유야 어떻든 잔악한 행위를 벌인 인도인들을 외면할 것이다. 그러나 반대로 영국이 잔악 행위를 해도 같은 행위로 대항하지 않고 '오른뺨을 때리면 왼뺨마저 내미는' 행동을 하면 어떻게 될까? 인도에 대한 존경과 영국에 대한 비난이 이어질 것이다. 나아가 영국에서도 온건하고 양심적인 일반인들이 인도 편에 서서 영국의 식민지 지배에 반대하는 여론을 형성할 것이다.

이처럼 간디의 사티아그라하는 인도가 당시 가지고 있던 무기를 전부 동원해 영국에 대항하는 것이었고, 인도의 전통과 서구 사상이, 이상주의적 정신과 현실주의적 책략이 한데 뒤섞인 것이었다. 간디는 전통 카스트 제도에서 '불가촉천민'으로 인간 이하의 대접을 받던 사람들을 '하라잔'(신의 아이들)이라 부르며 적극적으로 포용했는데, 이 역시 사티아그라하와 같은 맥락이었다. 즉 인도의 전통에서 찾아낸 신념을 빌려 인도의 전통 제도를 공격한다. 그리하여 전 세계의 인도주의자들에게 감동을 주고 지지를 얻는 한편, "우리

인도인은 영국이 없어도 잘해나갈 수 있다"는 메시지를 던진다. 키플링의 '백인의 사명', 곧 '서구인이 비서구인을 지배하는 일은 불가피하다. 그들 스스로는 무지와 야만, 비인간성에서 벗어날 수 없기 때문이다'라는 주장에 도전하는 것이었다. 많은 영국인들이 인도의 비인간적이고 비합리적인 카스트 제도를 비웃었다. 거기에 대해 간디는 인도인 스스로 그런 전통의 어두운 면을 없앨 수 있다고 외친 것이다. 즉 간디는 전통을 전면 부정하면서 서구의 사상과 제도를 한시바삐 받아들여야 한다고 여긴 루쉰이나 케말과 다르면서도 비슷했다.

그리고 간디 사상의 이런 복잡성은 성공했으면서도 실패했다. 간디는 힌두교의 성자 이미지를 통해 인도 민중의 열광적 지지를 얻었고, 어느새 인도 독립운동은 간디 한 사람이 없으면 생각도 할 수 없는 것이 되었다. 영국이 탄압의 고삐를 조이거나, 인도 독립운동가들 내부에서 분열이 일어나거나 할 때 간디가 단식에 들어가기만 하면 문제를 해결할 수 있었다. 간디를 신처럼 받드는 수억 인도 민중의 열화와 같은 반응을 그 누구도 견딜 수 없었기 때문이다. 하지만 정통 힌두교도들은 전통을 자기 입맛대로 해석하는 간디를 증오했고, 분리 독립을 원했던 이슬람교 지도자들은 한사코 하나의 인도(사실 '하나의 인도'란 영국 식민지가 되면서 나타난 것이었고, 그 이전에는 결코 하나가 아니었다)를 주장하는 간디가 못마땅했다. 영국 측에서도 간디를 부담스러워했는데, 간디가 영국에 저항하고 있어서만은 아니었다. 어떻게 보면 원만한 타협이 가능한 상황에서도 간디가 투쟁을 선택하곤 했기 때문이다. 가령 1930년에 간디는 유명한 '소금 행진'을 벌였다. 24일간 '행진'한 끝에 단디 바닷가에 도착한 간디는 소금은 영국 총독부의 허가를 받아야 제조할 수 있다는 식민지 법을 깨고 직접 소금을 만들었는데, 의외로 식민 당국은 간디와 그 일행을 탄압하지 않았다. 그러자 간디는 예정에 없던 가두시위를 벌이며 과격한 구호를 외쳤다. 결국 당국이 출동하지 않을 수 없었고, 간디는 '영국의 무자비한 탄압'을 널리 선전했다. 이것은 간디가 자기 개인을 영웅으로 만들기 위해 불필요한 충돌을 유발한 게 아닐까? 사실 1930년대 이후로는 간디의 비타협 노선이 오히려 인도의 독립을 늦춘 원인이 되기도 했다. 그리고 마침내 1946년에 독립이 결정된 뒤, 하나의 인도를 고집하는 간디의 노선은 힌두교도 측과 이슬람교도 측 모두에게 외면당했다. 간디는 예의 스스로의 카리스마에 의존하는 방법, 즉 단식투쟁을 통해 국면 전환을 꾀할 수밖에 없었다. 하지만 단식을 끝낸 직후 암살되고 말았다.

인간 간디가 어떤 사람이었든, 그는 놀라운 위업을 성취했다. 그리고 그 과정에서 인도의 문제를 뛰어넘어 인류애와 인종 평등, 세계 평화라는 보편적 가치에 호소함으로써 전 인류의 양심을 움직였다. 그러므로 그를 '마하트마'(위대한 영혼)라고 부르는 데 손색은 없으리라. 한편 간디가 이후 역사의 전개에 미친 가장 큰 영향은 인도의 독립도 아니고, 사티아그라하도, 하라잔에 대한 애정도 아니었다. 바로 대중의 감성에 호소하는, 비폭력적 정치운동 방법을 제시한 점이었다. 이제껏 정권에 맞서 정치적 목표를 달성하는 방법은 소수의 엘리트들이 이끄는 폭력적인 방법뿐이었다. 레닌의 러시아혁명도, 신해혁명도, 케말의 공화정 수립도 모두 마찬가지였다. 그러나 간디는 전혀 다른 방법으로 목적을 달성할 수 있음을 보여주었다. 그리고 그것은 바야흐로 전개되는 대중의 시대에 걸맞은 방법이었다. 대중은 폭력을 혐오하며, 기존 질서를 과격하게 뒤엎는 것을 싫어한다. 반면 기존 질서에 대한 불만 또한 크며, 숭고한 목표를 내세운 대중운동을 통해 그 불만에 불을 붙이면 누구도 막을 수 없는 힘을 발휘한다. 이후 20세기의 나머지, 그리고 오늘날까지 성공을 거둔 사회변혁운동은 모두 그런 비폭력적 대중운동 노선을 따랐다. 민족주의자도, 사회주의자도, 여성운동가도 모두 간디를 배우고 응용했던 것이다. 물론 좀더 전통적인 방식, 폭력에 의존하는 방식도 아직 남아 있으며 간디 스스로도 그런 방식에 희생되었지만.

아만들라, 응가웨투! 민중에게 권력을!

넬슨 만델라, 1990

간디의 가르침과 그 투쟁 방식을 가장 잘 본받아서 성공한 예 중 하나가 바로 간디가 처음으로 사회운동에 발을 내디뎠던 땅, 남아프리카에서 일어난 흑인인권운동이다.

"아만들라!"

"응가웨투!"

"아만들라, 응가웨투!"

1990년 2월, 검은 피부를 가진 남녀노소의 사람들이 이제 막 27년 동안의 감옥 생활에서 돌아온 자신들의 지도자를 보려고 광장을 꽉 메웠다. 그리고 열띤 목소리로 외치고 있었다. 아만들라, 응가웨투, 민중에게 권력을! 하얗게 센 머리카락, 칼로 가닥가닥 새긴 듯한 주름살, 그러나 1922년 인도의 법정에서 간디가 보여준 것과 전혀 다르지 않은 형형한 눈빛으로, 넬슨 만델라1918- 는 연설을 시작했다.

:: 저는 평생을 아프리카 민중 투쟁에 헌신했습니다. 백인의 지배에도, 흑인의 지배에도 맞서 싸웠습니다. 저는 민주주의와 자유 사회의 이상을, 모든 사람이 서로 화합하며 공평한 기회를 갖고 살아가는 사회를 꿈꾸었습니다. 그 꿈이야말로 제가 사는 이유이며, 제가 이룩해야 할 과업입니다. 필요하다면, 그 꿈을 위해 죽을 것입니다. ::

이것은 사실 새로운 연설은 아니었고, 1964년 법정에서 최후진술을 할 때 말했던 내용이었다. 감옥에 가기 전에 밝힌 뜻을, 만델라는 감옥에서 돌아와 다시 한 번 되풀이했다. 그리고 27년 전에는 하지 않았던 말을 덧붙였다. "아만들라, 응가웨투!"

백인에 의한 인종차별, 오랫동안 그 땅에서 살아온 겨레이면서도 소수 외래인들의 지배와 탄압을 견뎌야 하는 처지. 남아프리카공화국의 '아파르트헤이트'(흑백 인종 분리주의) 체제와 싸우는 만델라의 입장은 간디의 입장과 기본적으로 비슷했다. 본래 변호사로 사회에 입문했다가, 인종차별의 실상을 알고 사회운동에 뛰어든 것도 간디와 마찬가지였다.

그러나 다른 점도 있었다. 똑같이 영국의 식민 지배를 받았지만 인도는 식민지에서 벗어나는 것으로 해방이 완성된 반면, 남아공은 이미 오래전에 독립했으나 여전히 해결해야 할 과제가 남아 있었다. 문제는 독립을 이룬 주체가 흑인 원주민이 아니라 네덜란드계, 영국계, 포르투갈계 등이 섞인 '토착' 백인이라는 점이었다. 지리상의 발견 이래 남아프리카에 정착한 이들은 영국 식민지 체제에 반대해 보어 전쟁을 일으키기도 했는데, 1930년대에 자치권을 얻고 1961년에 정식으로 독립했다. 그러고는 곧바로 인구의 다수인 흑인과 인도계 등 아시아인에 대해 가혹한 차별과 착취를 시작했던 것이다. 임금 차별은 물론이고 노조 설립 금지, 교육 금지, 거주 이전의 자유 제한을 비롯해 전기나 수도 등 기초적인 공공서비스의 이용까지 금지하였다. 흑인은 남아공이라는 국민국가의 '재산'이었지 '주인'은 아니었다. 말하자면 영국 총독부를 쫓아내면 그만이었던 간디와 달리, 만델라는 국가 내에서 불평등한 체제를 무너뜨리고 새로운 체제를 세워야 했다. 또한 인도에서 단지 근무하고 있었을 뿐인 영국 관료들과 달리, 남아공의 백인들은 실질적으로 나라를 차지하고 있었다. 산업 시설과 토지의 대부분이 백인 소유였던 것이다. 만델라는 이런 소유의 불평등과도 맞서야 했다. 마지막으로 약간의 파견 군인이 전부였던 인도의 영국군 총독부와 달리, 남아공 백인 정부는 강력하고 잘 조직된 군대와 경찰을 갖추고 있었다.

이런 상황에서 만델라는 기본적으로는 간디의 '비폭력 · 불복종' 노선을 본받았다. 다만 그 실천에는 좀더 과격한 면이 있어서, 발전소를 폭파하고 전화선을 끊는 경우도 있었다. 사람을 해치는 폭력은 자제했으되, 재산의 파괴는 필요하다고 본 것이다. 그러나 정부의 탄압이 심해지자 그런 노선에서도 결국 물러선다. 경우에 따라서는 인명을 해치는 폭력도 쓰기로 한 것이다. 일제 강점기에 평화적운동으로 출발했지만 결국 무력에 의지할 수밖에 없었던 독립운동사를 생각해보면 이해가 쉬울 것이다.

하지만 그것은 그야말로 어쩔 수 없을 경우, 대부분 방어를 위한 경우이며, 기본적으로는 비폭력 노선을 유지해야 한다고 만델라는 감옥 밖에서나 안에서나 동지들에게 끊임없이 호소했다. 가족이나 친지의 죽음에 격분하여 피로 보복하려는 사람들을 한사코 설득했다. 그 결실은 있었다. 세계 여론이 남아공의 아파르트헤이트를 비난하기 시작한 것이다. 남아공 정부는 "만델라와 아프리카민족회의ANC 사람들은 공산주의자들이다"라며 미국과 영국을 설득했지만, 인권의 중요성이 날로 중시되는 가운데 19세기에도 찾아보기 힘든 가혹한 차별을 계속하는 남아공 정부에 대한 지지는 갈수록 줄어들었다. 그리고 각국이 남아공에 석유 수출을 금지하는 등 강경한 조치를 취하자, 안팎의 압력에 견디지 못한 정부는 마침내 아파르트헤이트를 포기하고 반대파와 타협하게 된다. 그 덕분에 1990년 만델라는 석방될 수 있었다.

그야말로 30년이 넘는 세월을 괴롭게 싸워온 결실이었다. 최종적인 승리가 멀지 않은 곳에 있었다. 1994년, 새로운 헌법에 따라 투표권을 얻은 흑인들이 처음으로 참여한 선거에서 만델라는 압도적 지지로 대통령에 당선된다.

그런데 만델라의 위대함은 승리 이전보다 이후에 더욱 빛을 발했다. 그동안 흑인들에게 만행을 저질러온 백인에 대한 가혹한 보복이 있으리라던 예상과 달리, 백인들에게 화해의 손길을 내민 것이다. 그가 집권 중 수립한 '진실과 화해를 위한 위원회'는 과거 정권이 저지른 만행의 진실을 조사하되 처벌하지는 않았으며, 복수가 아닌 통합을 지향했다. 실로 그가 밝힌 대로, 만델라는 '백인의 지배도 흑인의 지배도' 용납하지 않았다.

만델라는 간디에 비해 덜 철학적인 사람이었고, 그래서인지 비폭력의 신념을 철저하게 실천하지는 못했다. 하지만 그는 간디보다 더 훌륭한 정치가였던 것 같다. 자기 개인을 숭배하는 열기에 의존한 나머지 사실상 스스로를 신격화했던 간디와 달리, 만델라는 민주적인 지도자로서 상식적인 존경을 받고 상식적으로 퇴임했다. 그리고 끝내 힌두교도와 이슬람교도의 화합을 이끌어내는 데 실패했던 간디에 비해, 만델라는 흑백 화합을 실현했으며 오늘날까지 안정 속에서 번영하는 새로운 남아공이 탄생할 수 있도록 했다.

“아만들라, 응가웨투!” 그것은 영어가 아닌 토속 흑인들의 언어였으며, 따라서 백인들의 지배에서 벗어나고자 하는 흑인들의 의지를 반영하는 한마디였다. 그러나 그 의미, ‘민중에게 권력을’ 돌려주어야 한다는 것은 온전히 민주주의적인 의미였다. 백인에 비해 압도적 다수인 흑인이 공평한 투표권을 갖기만 하면 평화적이고 민주적인 방식으로 탄압을 종식시킬 수 있다고 여긴 것이다. 그 생각은 옳았다. 그리고 권력을 쥔 다음 소수의 백인을 탄압하지 않음으로써, 만델라는 국민의, 국민에 의한, 국민을 위한 정부가 아프리카의 남쪽 끝에서 유지될 수 있도록 했다. 링컨이 그 원칙을 명쾌하게 제시했던 근대적 국민국가가 남아공에서는 백 년이 지나서야 비로소 수립된 것이다.

일터는 인정을 베푸는 자리가 아니다

헨리 포드, 1922

한편으로 생각하면, 만델라가 집권 후 백인에게 관대했던 이유는 그렇지 않고서는 정권을 유지할 수 없었기 때문일지 모른다. 무엇보다 만델라는 집권하기 위해 커다란 양보를 해야 했다. 오래전부터 꿈꿔온 사회주의적 개혁의 포기였다. '만델라는 공산주의자'라는 백인 정권의 선전을 반박하고 미국 등 자유 진영 국가들의 지지를 얻기 위해 필요한 선택이었다. 하지만 그 결과 백인들의 토지와 공장 독점은 새 정권 수립 뒤에도 이어졌으며, 아직까지 남아공은 심각한 사회적 불평등에 시달리고 있다. 이처럼 모든 국민이 평등하게 민주주의를 누리게 되었어도, 실질적인 불평등은 남을 수 있다. 링컨의 나라인 동시에 유진 데브스의 나라인 미국에서도 그러한 예를 찾아볼 수 있다.

헨리 포드1863-1947는 현대를 만든 사람 가운데 절대 빼놓을 수 없는 한 사람이다. 자본주의와 민주주의를 현대의 전부라고 해도 지나치지 않은데, 자본주의가 민주주의 사회에 깃들면서 나타난 그 가장 화려한 형태가 대량 생산-대량 소비의 현대 자본주의다. 그리고 이 대량 생산-대량 소비 체제의 주춧돌을 놓은 사람은 '과학적 관리법'을 개발한 테일러지만, 주춧돌 위에 기둥을 세우고 지붕을 얹은 사람은 바로 헨리 포드다.

농민의 아들로 태어난 포드는 농기계를 만지다가 기계에 매혹되었고, 다시 자동차 발명에 정열을 쏟기 시작했다. 토머스 에디슨과의 만남은 기계에 대한 그의 열정에 불을 붙이는 계기가 되었다. 20세기로 넘어가려던 시점에 자신만의 자동차를 발명한1896 그는 그것을 더욱 개량하는 한편, 판매할 회사를 설립한다1903. 세계 최대의 자동차 회사로 커 나갈 포드 사의 시작이었다. 포드의 자동차는 기술적으로 대단한 혁신품은 아니었다. 그러나 자동차가 막 선

보이기 시작한 초기, 포드의 선택이 이후의 자동차 문화를 결정했고, 나아가 대량 생산–대량 소비의 현대적 패턴을 만들어냈다. 아직까지 기본 교통수단은 말이었다. 자동차는 값비싼 사치품처럼 여겨졌다. 그래서 많은 자동차 회사들은 소수의 부자들을 대상으로 자동차를 판매하기로 결정하고, 최대한 호사스럽게 자동차를 꾸미는 데 애썼다.

그러나 포드는 정반대 길을 갔다. '모든 사람을 위한 자동차'를 지향했던 것이다. 그래서 다소 성능이 떨어지고 볼품이 없어도 싼 값으로 구입할 수 있는 차를 만들려고 노력했다. 그러기 위해 그는 테일러의 경영 기법을 채택해 노동자들의 작업을 일일이 분화하고 '합리화'했다. 또한 컨베이어 벨트를 처음으로 공장에 도입해 작업 속도와 능률을 크게 높였다. 포드는 "어떤 물자도 보충할 수 있지만, 한번 잃어버린 시간은 영영 되찾을 수 없다"는 신념이 뚜렷했으며, 계속해서 작업 속도를 빠르게, 더 빠르게 개선해나갔다.

그 결과 1908년에 1만 대에 불과하던 연간 생산량이 1925년에는 200만 대까지 늘어났다. 그만큼 자동차 대당 원가가 절감되어, 판매 가격도 850달러에서 260달러로 낮아졌다. 시간이 갈수록 더 싼 차가 더 좋은 성능을 갖추고 시장에 쏟아지게 된 것이다! 이후 자동차는, 1990년대에 개인용 컴퓨터가 대중화될 때와 같은 기세로 일반 미국인들 그리고 세계인들에게 빠르게 보급되어갔다. 1920년대에는 전 세계 자동차의 70퍼센트 가까이가 포드 차였을 만큼 그 생산과 판매는 경이적이었으며, 결코 부자가 아닌 사람도 자동차를 갖고 어디든 자유롭게 다닐 수 있게 됨으로써 포드는 '진정한 민주주의의 기틀'을 마련했다는 칭송을 들었다. 부유하든 가난하든 자기 차를 가질 수 있도록, 교통수단에 있어서 평등이 이루어지도록 했다는 칭송이었다.

포드는 생산원가를 절감함으로써 노동자들에게 다른 회사에 비해 많은 임금을 줄 수 있었고, 따라서 처음에는 정치인과 기업인들에게서뿐 아니라 노동자들에게서도 칭찬을 들었다. 그러나 점점 그 평가는 뒤집히기 시작했다. 노동자가 일하다가 화장실을 몇 번 갔는지, 기지개를 몇 번 켰는지까지 일일이 기록하여 임금에서 제하는 '과학적 관리법', 잠시도 쉴 새 없이 컨베이어 벨트를 따라 하루 종일 되풀이하는 단순 작업. 상대적으로 돈을 많이 받는다지만, 이처럼 비인간적인 작업 방식은 사람의 진을 빼놓을 수밖에 없었다. 영화 〈모던 타임스〉에서처럼, 노동자들은 자신을 거대한 기계의 하찮은 부속품처럼 여기게 되었다. 이런 말을 들은 포드는 당황하기는커녕 오히려 고개를 크게 끄덕였다. 기계가 되라! 그는 젊은 시절 기계를 만지며 황홀해하던 경험을 그대로 간직하고 있었다. 그에게 인간은 기계를 닮을수록 더 쓸 만했고, 볼 만했다.

:: 일터는 인정을 베푸는 자리가 아니다. 노동자 개인의 사정을 일일이 챙겨주는 자선사업은 이미 시대에 뒤졌다. 어떤 자선사업보다도, 그럴듯한 투자와 협력 계획이 호황을 가져오고 결국 노동자들에게도 도움을 준다. ::

1922년에 쓴 자서전 『나의 인생과 일』에서 포드가 강조한 말이다. 그는 같은 맥락에서 노동조합에 정면으로 반대했다. 그는 노동조합이 조합원들의 눈앞의 이익만 따지다가 장기적 이익을 놓치는 어리석은 조직이라고 생각했다. 그리고 그의 공장이 나날이 비인간적이 되는 만큼 노동조합의 기세도 점점 과격해지자, "노동조합 지도자라는 사람들이 의심스럽다. 정말 노동자를 위해서라기보다 사회 혼란을 가져오고 나라 자체를 뒤엎으려는 게 아닌가" 하는 의심마저 품게 된다. 그래서 권투 선수 출신의 헨리 버넷을 고용해 노조 활동을 필요하면 폭력을 써서라도 억누르게 했다. 하지만 노사의 충돌은 더 잦아지고 과격해졌다. 포드는 1941년에야 회사 내에 노조를 설립하도록 허용했는데, 이대로는 회사가 망하고 만다는 아내와 아들의 눈물겨운 호소 때문이었다. 그래도 그는 죽을 때까지 "일터는 인정을 베풀기 위한 자리가 아니다"라는 신념과 "노동자의 권리니 뭐니 떠드는 사람들을 조심해야 한다"라는 의심을 품고 살았으며, 그래서 강력한 반공산주의를 외쳤던 독일의 나치스를 열심히 후원하기도 했다(유대인에 대한 편견도 이유였다).

당시 대기업을 이끄는 사람들이 모두 포드처럼 생각하지는 않았지만, 적어도 다수가 그렇게 생각했다. 대표적으로 '어린이의 꿈'을 창조했다는 월트 디즈니도 기업인으로서는 피도 눈물도 없는 폭군에 가까웠다. 그래도 포드는 노동자들에게 임금을 후하게 준다는(그리고 그것으로 충분하며, 일터에서 인간적인 것 따위는 찾지 말라는) 철학이라도 가졌지만, 대다수는 노조를 가혹하게 탄압하면서 노동자를 저임금으로 착취했다. 제1차 세계대전과 대공황의 사이가 되는 1920년대는 '광란의 1920년대'라 불리기도 한다. 미국을 중심으로 경제가 부흥하고 흥청망청 먹고 마시는 소비문화가 세상을 뒤덮었던 시기였기 때문이다. 그러나 그 이면에는 극심한 노동 억압과 양극화가 있었다. 미국의 경우, 당시 치솟고 있던 주식 배당금의 80퍼센트가 단 1퍼센트의 미국인에게 돌아갔다. 미국 전체 부의 90퍼센트가 13퍼센트의 미국인 차지였다. 미국인 중 60퍼센트는 하루 벌어 간신히 하루를 연명하고 있었다. 대공황은 그런 구조적인 모순이 쌓인 결과 터져버린 것이라는 분석도 있다.

사람은 가장 값진 기회다

피터 드러커, 2002

피터 드러커1909-2005는 현대 경영학의 시조라고 불린다. 또한 앨빈 토플러, 존 네이스비츠 등과 함께 '미래학'이라는 분야를 개척한 사람이기도 하다. 학문과 대중문화 두 영역에 동시에 발을 디디고 있던 종합 지성인이며, 아마도 현대인에게 가장 친숙한 지식인 중 한 사람이었다고 할 수 있을 드러커는 그만큼 이중적, 또는 다중적인 배경의 인물이었다. 유럽에서 태어나고 자랐으나 미국으로 이주해 살았고, 철학을 배우고 법학으로 학위를 받았지만 경제 경영 분야의 교수를 지냈다. 젊은 시절에는 사회주의자였다가, 중년 이후에는 새로운 자본주의의 예언자가 되었다. 그래서인지 수십 권에 이르는 그의 저서 중에는 소설과 철학서, 미술서도 포함되어 있다. 현대의 경영자들에게 늘 새로운 비전을 제시해온 그의 메시지 중에는 "인문학에 밝은 경영자, 교양인으로서의 CEO가 되라"는 내용도 있다. 기술자 출신이며 끝끝내 기술자로서의 경영자를 고집했던 헨리 포드와는 그만큼 생각이 다를 수밖에 없었을까.

노동자를 '기계'처럼 다루고, 노동조합을 거부하며, 직장이 업무 이외의 다른 일을 하는 곳이 되지 않기를 바랐던 포드의 경영 철학은 많은 반발에 부딪혔다. 1960년대 이후로는 '인간관계론'이 새로운 경영 철학으로 유행했는데, 이는 포드와는 반대로 노동자를 '인간'으로 대해야 하며, 노동조합의 요구를 적극적으로 수용하고, 직장이 공식적인 업무 외에도 비공식적인 인간관계의 장이 되도록 해야 한다는 입장이었다. 인간은 기계가 아니며, '당근과 채찍' 즉 임금과 징계(해고 포함)로만 움직일 수 있는 동물도 아니다. 따라서 노동자들의 사기를 높이고, 회사 내 동호회나 친목 모임 등 비공식 조직 활동을 장려하여 직장을 인간 냄새가 풍기는 곳으로 바꿔야 한다. 그래야 능률이 오르고 실적이 올라갈 것이라는 주장이었다. 이런 경향은 1970년대 이래 일본 경제가 부흥함에 따라 '가족 경영', '인화 단결'을 앞세우는 일본식 경영 철학이 주목을 받게 되면서 더 강해졌는데, 다만 일본의 경우는 인간관계를 중시하지만 한편으로 상명하복을 강조하는 '봉건적' 기풍도 짙다는 점에서 개인의 자발성을 존중하려는 서양식 인간관계론과 완전히 합치되는 것은 아니었다.

그러나 '인간관계론' 역시 막다른 길에 부딪히게 된다. 우선 합리적 의사결정 과정에서 구성원들의 화합을 중시하고 감정적 대응을 허용하다보니 결단이 필요할 때(가령 위기에 처한 회사를 살리기 위해 인원을 감축해야 하는 상황) 우유부단해지는 경우가 많았다. 또 '좋은 게 좋은 것'이라는 분위기가 형성되어, 새로운 투자나 신상품 개발 등 '창조적 파괴'가 일어나기 어려웠다. 그리고 회사가 종업원들의 불평불만을 들어주거나 노조의 요구에 응하는 일에 시간과 자원을 빼앗기다보니, 정작 사업에는 소홀해지기도 했다. "도대체 종업원을 위해 회사가 있는가, 회사를 위해 종업원이 있는가?" 국가의 경우라면 '국민을 위해 국가가 있는' 게 맞으리라. 하지만 수익을 내고 조직을 유지 발전시켜야 하는 기업은 사정이 다르다. 기업을 경영하는 데 지나치게 정치적으로, 인간관계 중심으로 접근하는 것은 기업의 본분을 망각한 것이라고 드러커는 생각했다. 그러면 다시 포드의 모델로 돌아갈 것인가? 그것도 아니었다. 그의 해답은 이것이었다.

:: 종업원은 기업의 가장 큰 부담이다. 그러나 사람은 가장 값진 기회다. ::

드러커는 얼핏 듣기에는 모순이 되는 듯한 이 한마디에 자신의 경영 철학을 압축해 들려주고 있다. '종업원'은 회사의 부담일 수밖에 없다. 각종 복리후생을 요구할 뿐 아니라, 근본적으로 직장 생활을 자신의 인생이라고 생각하고 회사에서 지위와 명예와 영향력을 얻으려고 꿈꾼다는 점에서 그렇다. 합리적이고 목표 지향적인 조직으로서는 불필요한 인력을 보유할 까닭이 없다. 그런데 그 인력이 조직에서 좋은 대우를 받는 것은 물론이고, 나아가 능력을 인정받고 장차 우두머리가 될 계획까지 세우고 있다면 어찌 부담스럽지 않겠는가? 본래 사회주의자였던 드러커는 노조에 대해 직접적으로 비판하지는 않았지만, 노조는 그 자체로서 기업에 필요한 것이 아니라 부당한 대우를 받은 종업원이 기업에 맞설 다른 방법이 없을 때 투쟁하는 수단으로서만 의미가 있다고 말했다. 말하자면 노조가 잘된다고 기업이 잘되는 것은 아니라는 뜻이다.

하지만 한편으로 '사람'은 회사에게 가장 값진 기회를 준다고 한다. 무슨 말인가? 여기서 '사람'이란 이른바 '지식 노동자'를 가리킨다. 이들은 회사가 시키는 일만을 하는 부속품 같은 존재가 아니며, 전문 기술을 가지고 회사와는 반독립적 또는 완전 독립적으로 활동한다. 이들은 당연히 특정 회사에서 장기 근무를 하거나, 승진을 해서 간부가 되거나, 퇴직금을 챙기거나 할 생각이 없다. 그러므로 회사에 부담은 안 주는 한편, 이들 지식 노동자가 창출하는 부가가치와 혁신에 기여하는 것이야말로 현대 기업에게 무엇보다도 귀중한 기회가 된다(그 자체가 가치는 아니다. 지식 노동자들이 만들어준 기회를 경영자가 잘 활용해야 비로소 가치가 있다). 따라서 경영자는 포드 식으로 사원들을 기계화해서도 안 되고, 인간관계론에서처럼 사원들을 가족화해서도 안 된다. 지식 노동자들이 잠재력을 최대한 발휘할 수 있게 배려해주고 도와주는 역할에 충실해야 한다. 그런 접근법이 정답인 이유를 드러커는 사회와 경제의 발전에서 찾았다. 포드주의가 지배했던 대량 생산-대량 소비, 소품종 대량 생산의 시대는 갔으며 이제는 다품종 소량 생산의 시대라는 것이다. 즉 대중의 일반적인 욕구에 맞추어 싸고 튼튼한 제품을 공급하는 것이 아니라, 소비자 개개인의 취향에 맞는 다양한 상품을 개발하고 유통해야 한다. 그러려면 제품별로 개성을 잘 살리고 끊임없이 새로운 모델을 만들어내야 하므로, 결국 저비용 노동보다 지식 노동이 중요해진다. 세계는 지식산업 시대로 진입했으며, 드러커에 따르면 이미 기업(아마도 선진국의 일부 기업이겠지만)의 5분의 2가 이런 지식 노동자로 구성되며, 전통적인 '블루칼라' 노동자들은 5분의 1에 지나지 않는다고 한다. 따라서 지식 노동자 중심의 경영을 하는 것이 당연하다는 것이다.

이러한 드러커의 경영 철학은 이중적인 의미를 지닌다. 먼저 종업원에 대한 복리 후생을 기업의 부담이라며 꺼리는 그는 분명 "종업원을 위해 회사가 있다"는 입장은 아니다. 그렇게 보면 그는 뚜렷한 친기업주의자, 신자유주의자인 것처럼 보인다. 그런데 그는 또한 "주주를 위해 회사가 있다"는 신자유주의의 기본 입장에도 반대한다. 오직 주주를 위해서만 회사가 존재한다면 모든 것이 수익성을 높이는 방향으로 움직여야 한다. 그래야만 주주들에게 많은 배당금을 줄 수 있을 테니까. 하지만 드러커는 수익성 때문에 종업원을 마구 해고하거나, 이익이 확실히 날 것 같은 분야에만 투자하는 경영 방침에 반대한다. 그러면 대체 드러커에게 회사는 누구를 위해 있는 것인가? "고객을 위해 있다"는 게 그의 대답이다. 정부보다 합리적이고 전문적이면서 공공의 이익에 대한 관심도 높은 기업들이 활발하게 활동한다면, 국민은 풍요와 평안을 누릴 것이고 국가는 부유해지고 번영할 것이다. 그런 견지에서 드러커는 '제3부문', 즉 비영리사업 조직들의 활동에 큰 기대를 걸었다. 이들이 영리기업과 다른 점은 수익성을 추구하지 않는다는 점뿐인데, 드러커는 수익성을 그다지 중시하지 않았다. 중요한 것은 창조하고 배려하며 육성하는 경영이다. 이는 기업 활동의 자유를 무엇보다 강조한, 신자유주의 경제학의 원조이자 드러커의 스승이기도 한 하이에크1899-1992의 입장을 계승하는 한편, 사회 전체의 복지 증진을 위해 조직이 활동한다는 사회주의의 원칙을 반영하는 것이었다.

드러커의 경영 철학도 여러 가지로 비판을 받았다. 거대 담론을 즐기는 미래학자답게 세밀한 통계 수치나 사실관계를 얼버무리고 넘어간다는 지적에서부터, 그와 다른 미래학자, 경영 컨설턴트들이 수십 년간 정보화 사회니 지식산업 시대니 하고 얘기해왔지만 아직도 자본주의의 기본 틀은 소품종 대량 생산, 대량 생산-대량 소비의 틀을 벗어나지 못했다는 비판까지 있다. 그가 노조의 권력을 억제하고 주주의 영향력도 배제하면서 결국 경영자에게 지나치게 막강한 권력을 쥐여줬다고 보기도 한다. 이것은 자율성과 창조성을 무엇보다 필요로 하는 지식 노동자들에게는 오히려 불편한 조건이 아닌가? 하지만 바로 그 때문에 드러커의 주장이 계속해서 인기를 얻고, 그의 한마디가 마치 성자의 말씀처럼 학습된다고 할 수 있다. 경영자에게, 그리고 경영자를 꿈꾸는 사람들에게 옛날의 군주를 방불케 하는 힘과 명예를 실어주었기 때문이다.

많은 사람들을 자기 뜻대로 움직이며 자신이 꿈꾸는 하나의 세계를 건설하는 것, 그것은 수많은 사람들의 꿈이다. 그 꿈을 과거에는 주로 정치를 통해 이루었으나, 오늘날에는 많은 사람들이 경영을 통해 이루려고 한다. 그것도 현대의 특징 중 하나이리라. 하지만 경영자는 고독한 존재다. 그는 군주가 귀족과 백성들을 상대하듯 주주와 종업원들을 상대해야 한다. 그들을 짓밟아서도 안 되고, 그들에게 휩쓸려서도 안 된다. 그리고 고독한 경영자들을 보는 사람들의 시각은, 성군이든 폭군이든 결국 모든 군주는 군림하려 하듯, 과학 경영이든 인간 경영이든 모든 경영자는 지배하려 한다는 것이다.

유명한 사람들의 **유명한 말실수**

말실수에는 깜빡 정신줄을 놓은 탓에 엉뚱한 말을 해버린 '실언', 의식하고 한 말이지만 큰 물의를 빚는 바람에 나중에 쩔쩔매며 사과하는 '망언', 자신 있게 한 예측이 두고 보니 영 엉뚱하게 빗나가버린 '잘못된 예언' 등이 포함된다. 사람인 이상 누구나 말실수를 한다. 그러므로 대수롭지 않은 말실수에도 벌떼처럼 달려들어 성토하는 일은 몰인정한 태도일 것이다. 하지만 한편으로 무심코 한 말실수에서 그 사람의 진정한 생각이 드러나는 경우도 있다.

[허걱, 내가 지금 뭐라고 말했지?]

피게레이두 대통령과 볼리비아 국민 여러분께 감사합니다. 로널드 레이건, 남미 순방 중. 그곳은 브라질이었다.

죄송해요. 저는 당신에 대해 잘 모르겠네요. 전 테니스는 별로거든요. 크리스티나 아길레라, "전 당신 음악을 좋아합니다"라는 '골프 황제' 타이거 우즈의 말에 대답하여.

4면의 바다를 갖고 있는 대한민국이 바다를 제대로 활용하지 못했던 것은 우리 역사의 과오입니다. 이명박, 2009. 05. 경인 아라뱃길 사업 현장에 참석하여.

[기분 탓인가? 뭔가 앞뒤가 안 맞는 것 같아]

우리는 공존을 원합니다. 그래서 그토록 많은 피를 흐르게 했습니다. 야세르 아라파트, 1975.

나는 이 나라에 민주주의를 가져오려고 합니다. 누구든지 반대하는 자는 감옥에 처넣을 겁니다. 박살을 내버릴 겁니다. 밥티스타 피게이레두, 1979. 브라질 대통령에 취임하며.

우리 적들은 혁신적이고 가진 것이 풍부합니다. 우리도 그렇습니다. 그들은 자나 깨나 우리나라와 우리나라 사람을 해치려는 생각을 합니다. 우리도 그렇습니다. 조지 W. 부시, 2004.

[저기요, 생각 좀 하고 말씀하실래요?]

지금 우리는 예수보다 더 인기가 좋다. 로큰롤과 기독교 중 어느 것이 먼저 사라질지 모른다. 존 레넌, 1966.

한국인은 마치 들쥐와 같아서, 권력만 잡으면 아무나 좇

아간다. 한국인에게 민주주의는 맞지 않는 시스템이다. 존 위컴, 1980.

여성은 최고 수준의 수학과 과학 분야 일자리에 덜 적합한 것 같다. 로런스 서머스, 2005.

[이렇게 될 줄 알았나!]

앞으로 50년 내에는 인간이 하늘을 나는 일이 없을 것이다. 라이트 형제, 1900. 최초로 비행에 성공하기 3년 전.

이제 주식 가격은 영원히 내려오지 않을 고지에 오른 듯하다. 어빙 피셔, 1929. 그는 당시 미국에서 가장 권위 있는 경제학자였는데, 이 발언이 있은 지 2주 뒤에 대공황이 닥쳤다.

인간이 핵에너지를 사용할 수 있는 가능성은 손톱만큼도 없다. 알베르트 아인슈타인, 1932.

여기 히틀러와 제가 공동 서명한 문서가 있습니다. 이것은 우리 시대의 평화의 보증서입니다. 네빌 체임벌린, 1938. 히틀러의 독일에 체코의 주데텐란트를 귀속시킨다는 내용의 뮌헨 협정을 마치고 귀국하며. 그 후 1년이 못 되어 제2차 세계대전이 일어났다.

원자폭탄은 지금 폭탄만큼의 성능은 있겠지만, 특별히 위력적이지는 않을 겁니다. 윈스턴 처칠, 1939.

복구하려면 최소한 100년은 걸릴 것이다. 더글러스 맥아더, 1950. 전쟁으로 폐허가 된 서울을 돌아보며.

내가 살아 있는 동안에는 여성이 영국 수상이 되는 일은 없을 것이다. 마거릿 대처, 1969.

45세가 되어서도 〈새티스팩션〉을 부르고 있느니, 죽는 게 낫지. 믹 재거, 1970. 현재 나이 67세.

우리가 헤어지는 일은 없을 거예요. 아마 앞으로 10년은 더 부부로 지낼 겁니다. 엘리자베스 테일러, 1976. 리처드 버튼과 이혼하기 5일 전.

[1930-1939]

공포에 빠지는 세계

마오쩌둥을 주석으로 하는 중화소비에트 임시중앙정부 수립

웨스트민스터 헌장에 의해 영연방 수립

스페인, 제2공화정 수립

미국, 프랭클린 루스벨트가 대통령 취임

미국, 소련을 승인

일본, 만주철군 결의에 반발해 국제연맹에서 탈퇴

독일, 히틀러가 총리 취임, 나치스 일당독재 수립

독일, 제네바 군축회의 및 국제연맹에서 탈퇴

스페인, 프랑코가 팔랑헤당 결성

소련, 농업집단화 달성

중국, 홍군의 대장정

영국, BBC가 최초의 텔레비전 공중파 방송

소련, 키로프 암살, 스탈린의 대규모 숙청 전개

터키, 그리스, 루마니아, 유고슬라비아와 발칸동맹

쿠바, 바티스타 정권 수립

1930 1931 1932 1933 1934

- 미국, 뉴욕은행의 지불정지로 1300개 은행이 파산
- 노르웨이, 벨기에, 네덜란드 등 북구 국가들이 오슬로블록 형성
- 간디의 '소금 행진', 제2차 비폭력 저항운동 개시
- 우루과이에서 제1회 월드컵 개최

- 일본, 만주국 수립
- 독일, 나치스가 총선에서 1당 확보
- 제네바 군축회의
- 스웨덴, 사회민주당 집권
- 채드윅이 중성자 발견
- 간디가 불가촉천민 차별에 항의하여 단식 시위
- 태국, 군부쿠데타로 입헌군주제 수립
- 이라크, 영국의 신탁통치에서 벗어나 독립

1935

- 일본, 나가타 장군 암살
- 독일, 재군비 선언
- 독일, 반유대인법인 「뉘른베르크법」 제정
- 이탈리아, 에티오피아 침략
- 소련의 루이센코가 멘델 유전학에 대립하는 루이센코학설 제창

1936

- 미국, 루스벨트가 대통령에 재선
- 중국, 시안 사건
- 일본, 황도파 청년 장교들의 2·26 쿠데타
- 일본, 독일과 방공협정
- 영국, 에드워드 8세 즉위, 직후에 심슨 부인 문제로 퇴임하고 조지 6세 즉위
- 케인즈의 『고용, 이자 및 화폐의 일반 이론』
- 스페인 내란 발발
- 소련, 스탈린헌법 채택
- 아르헨티나 부에노스아이레스에서 미주 21개국 상호방위조약 체결

1937

- 중국, 루거우차오 사건, 중일 전쟁 발발
- 난징대학살
- 독일, 이탈리아, 일본과 3국 방공협정
- 스페인, 게르니카 폭격

1938

- 조선총독부, 조선육군지원병령 발표, 국민정신총동원조선연맹 창립
- 일본, 국가총동원법
- 독일, 오스트리아 합병
- 뮌헨 회담, 독일의 주데텐 병합이 승인됨
- 독일, '제국 수정의 밤', 대대적인 대유대인 테러
- 멕시코, 석유 국유화 선언

1939

- 조선총독부, '조선인의 씨명에 관한 건'을 공포해 창씨개명 추진
- 아인슈타인이 루스벨트 대통령에게 핵개발 촉구 서한을 보냄
- 독일, 소련과 불가침조약 체결
- 독일, 폴란드 침공, 제2차 세계대전 개시
- 스페인, 프랑코의 마드리드 진주, 스페인 내란 종식
- 소련, 핀란드 점령하고 폴란드의 절반을 차지
- 파나마에서 미주 제국 중립 선언 (파나마 선언)

우리가 두려워해야 할 것은 두려움 자체다

프랭클린 루스벨트, 1933

"아악…… 아악…… 아악……!"

1929년 10월 29일, 뉴욕의 증권거래소. 몇 주 전만 해도 세계 모든 부의 신전이며 미국과 자본주의 번영의 상징이었던 곳. 바로 이곳에서 한 젊은 남자가 비명을 지르며 내달리고 있었다. 말쑥한 양복 차림의 그는 완전히 넋이 나가 보였다. 창백한 얼굴로 눈을 크게 치뜨고는 입을 벌린 채 목이 죄는 듯한 비명을 내질렀다. 그는 다른 사람을 밀치고 넘어뜨리며 정신없이 달렸지만, 사실 그 자신도 어디로 가는지 알 수 없었다. 그는 증권거래소에서 제법 이름이 있던, 유능한 주식 중개인이었다. 하지만 태어나서 처음 보는 주식 폭락에 눈앞이 캄캄해지고, 심장이 죄어들었다. 불과 두 시간 사이에 수십억 달러의 자산이 허공으로 사라졌으며, 셀 수 없이 많은 사람들이 순식간에 알거지가 되었다. 듣도 보도 못한 대폭락은 이 청년 중개인을 미칠 듯한 공포에 사로잡히게 했고, 정신없이 달아나게 만들었다. 그 주변의 멀거니 서 있는 사람, 길바닥에 주저앉은 사람, 기절해서 쓰러진 사람도 공포에서 벗어날 수 없었다.

대공황. 원래 영어에는 단지 '큰 불황'great depression이라는 뜻밖에 담겨 있지 않은데, 오히려 한자어로 번역된 대공황大恐慌이 그 의미를 깊이 있게 전한다. 거대한 공포. 뭘 어떻게 해야 할지 알 수 없는 당황스러움.

흔히 1929년 10월 29일을 대공황의 날로 보고 있으나, 사실 주가 폭락은 10월 23일에 시작되어 24일까지 이어졌으며, 그 뒤로 소강 내지 회복 상태를 보이다가 29일의 대폭락으로 판가름이 났다. 이후 보다 완만한 하락이 꾸준히 이어져, 1933년이 될 때까지 내려가기만 했다. 그리고 대공황의 검은 구름이 전 세계를 뒤덮은 것은 1930년대의 일이었다.

대공황의 원인에 대해서는 수없이 많은 주장이 있으나, 대체로 시장의 구조를 중심으로 한 설명과, 심리를 중심으로 한 설명으로 나뉜다. 그리고 두 가지 모두 '그때까지의' 자유방임적 자본주의, 또는 자본주의 자체의 문제점과 연결된다. 구조를 중심으로 한 설명은, 이제 막 구축된 대량 생산-대량 소비 체제가 소득 양극화와 맞물리면서 끝내 탈선하고 말았다고 본다. 앞서 포드주의의 도입을 통해 본 것처럼, 기술의 발전과 '과학적 관리 기법'의 도입, 컨베이어 벨트의 활용을 비롯한 업무 합리화 등 노동력을 최대한 효율적으로 쓰는 경영 기법을 통해 기업들은 이전과는 비교할 수 없을 만큼 많은 상품을 시장에 자꾸만 쏟아놓았다. 그런데 그 상품을 사야 할 소비자들의 주머니가 그에 걸맞게 두둑해지지 못했던 것이다. 헨리 포드처럼 노동자에게 높은 임금을 주려고 노력한 사람도 있었지만, 대부분 재벌 기업의 소득은 소수의 자본가들에게 집중되었다. 기업을 도와 경제를 활성화한답시고 미국의 후버 행정부를 비롯한 각국 정부는 기업의 세금을 줄여주었고, 그것은 부의 편중 현상을 더욱 가속화했다. '광란의 1920년대'에 미국을 비롯한 자본주의 선진국의 실업률과 파산율은 그 어느 때보다 높았고, 부익부 빈익빈 현상이 극에 달했다. 물론 소수이지만 엄청난 부를 쌓은 사람들도 있었다. 그러면 그들이 소비를 많이 하면 별 문제가 없지 않을까? 그러나 포드의 T형 자동차를 비롯해서 대량 생산을 통해 쏟아낸 물건은 부자가 아닌 일반인을 대상으로 하는 상품이었다. 상품 하나를 팔아서 얻는 이익은 크지 않지만, 많은 상품을 팔 수 있기 때문에 고가 상품을 적게 파는 것보다 결국 이익이 많아진다는 '박리다매' 논리에 따른 것이었다. 그런데 대량으로 소비해주어야 할 일반인들의 주머니 사정이 나쁘다. 당연히 물건은 잘 팔리지 않고, 기업의 경영 실적은 악화된다. 이는 장기적으로 임금 상승을 억제하고 고용 또한 위축시켜 일반인들의 소비를 더욱 어렵게 만든다. 악순환이다.

그런데 주가 폭락은 심리적인 문제와도 얽혀 있었고, 마침내 그 문제가 곪아 터짐으로써 대공황이 나타났다. 바로 지나치게 과열

된 투기판의 막장. 광란의 1920년대가 한창일 때는 겉보기에 기업들의 실적이 좋아 보였고, 지표상 전에 없는 호경기가 계속될 것 같았다. 때문에 주식 투자 열풍이 불어닥쳤다. 부자들만이 아니라, 쥐꼬리만 한 임금에 한숨을 쉬던 날품팔이 노동자나 달동네 가정주부들까지 차라리 주식으로 돈을 벌자는 생각을 했다. 그리고 한동안 그것은 올바른 선택 같았다. 주식시장이 연일 상종가를 기록했기 때문이다. 주식은 한정되어 있는데 사자는 주문은 끝도 없으니 주가가 오르고 또 오를 수밖에.

그러나 영원히 그럴 수는 없었다. 1920년대가 끝나갈 때쯤, 대량생산 체제의 모순이 점점 불거지면서 기업들의 경영 부실이 피부에 와닿기 시작했다. 투자자들은 슬슬 불안해졌다. 결국 주식이란 해당 기업의 경영 실적이 좋아질 거라고 '믿고' 매입하는 것이다. 비록 지금은 과도한 수요 때문에 실적과는 상관없이 가격 거품이 한껏 부푼 상태지만. 언젠가 내가 투자한 기업의 경영이 부실해지면, 아니 아예 파산해버리면 어떻게 하지? 이런 불안이 점점 커지며 일확천금에 부풀었던 턱없는 희망을 잠식해 들어갔다. 군중심리는 대중화된 언론을 통해 빠르게 번져갔다. 그래서 너도나도 뛰어들려고 악다구니를 하던 주식시장에서 이번에는 갑자기 모두들 뛰쳐나오려고 발버둥을 쳐댔다. 그 결과, 사상 유례없이 빠르고 광범위하게 일어난 주식 가격 하락, 곧 대공황이 시작되었다. 집채만큼 커진 채 부르르 떨리고 있던 고무풍선, 누가 거기에 바늘을 갖다 댔다. "빵!"

처음의 투자 과열이 기업의 실제 경영 실적과는 관계없이 일어난 것처럼, 급속한 투자 심리 냉각도 실적과는 무관했다. 하지만 그 사실을 아는 경제학자나 투자 전문가조차 어떻게 손을 쓸 수가 없었다. 처음에는 "모두 다 돈을 벌고 있다. 나라고 못 벌 까닭이 뭔가?" 하는 생각이었고, 이제는 "모두 다 망했다. 나라고 망하지 않을 수 있을까?" 하는 심리가 팽배해 있었다. 여기에 실제로 대량 생산 체제의 구조적 모순이 노출되면서 소비, 생산, 고용, 저축, 유통 등 모든 경제지표가 빙하기에 접어들었다.

구조적인 문제나 심리적인 문제나 하나같이 자유주의적 자본주의의 모순에서 비롯되었다고 할 수 있다. '지나친 자유는 결국 모든 자유를 파괴한다.' 기업이 오직 적은 비용으로 많은 물건을 생산하려고만 하다보니, 그리하여 수요 이상의 상품을 공급하거나 생산비 절감을 위해 임금을 깎아 결국 소비자들의 주머니를 가볍게 만들어도 아무런 규제가 없다보니, 공급이 수요를 훨씬 넘어서는 문제가 초래되었다. 또한 누구나 아무런 제한 없이 자유롭게 투자하도록 하다보니 '묻지도 따지지도 않는' 투기 과열이 이루어졌고, 마침내 한껏 부푼 거품이 삽시간에 터지는 결과를 낳았다. 이제 어떻게 할 것인가? "남에게 해를 끼치지 않는 이상 자유를 누려라"라는 것이 현대의 계명이었고 이제까지 그에 따라 숨 가쁘게 달려온 현대 사회였지만, 이제 적어도 경제에만큼은 어느 정도의 자유 제한이 필요하다는 합의가 이루어졌다. 그런 자유가 유능하고 합리적인 투자자를 걷잡을 수 없는 공포에 빠져들게 하고, '다른 사람을 밀치고 넘어뜨리며' 정신없이 달리게 만들었으니 말이다. 그러면 누가 자유를 제한할 것인가? 국민에게 위임받은 권한으로 국민의 자유를 제한할 정당성을 가진 자, 국민의 자유를 실제로 제한할 실력을 갖춘 자, 국가뿐이었다.

우선은 심리적인 문제였다. 1933년 3월 4일, 대공황의 제물이 되어 쓸쓸히 백악관을 떠나는 후버 대통령을 대신해 새로운 미국 대통령이 된 프랭클린 루스벨트1882-1945는 대통령 취임 연설에서 이렇게 말했다.

:: 이제는 그 어느 때보다도 진실을 말해야 할 때입니다. 온전한 진실을 솔직하고 대담하게 말할 때입니다. 지금은 우리나라가 처한 상황을 똑바로 쳐다보기를 꺼릴 때도 아닙니다. 이 위대한 나라는 과거의 고난을 이겨냈듯, 이 고난 역시 이겨낼 것입니다. 힘을 되찾고, 번영해 나갈 것입니다.
따라서 그 무엇보다도, 나는 이렇게 생각합니다. 우리가 두려워해야 할 것은 두려움 그 자체라고. 말하자면, 불합리하고 부당한 공포, 그런 공포가 지금의 침체를 끝내고 다시 나아가는 데 필요한 노력을 마비시키고 있다고. ::

"두려워해야 할 것은 두려움 그 자체다." 공포가 공포를 낳고, 투자 부진이 고용 부진을, 고용 부진이 소비 위축을, 소비 위축이 기업 실적 악화를, 기업 실적 악화가 투자 부진을 낳는 악순환의 고리를 끊어야 하는데, 그러려면 모두들 두려움 그 자체에 용감하게 맞서야 한다. 경제의 '기초 여건' 자체는 달라지지 않았는데 공연한 두려움 때문에 우리 스스로 경제를 더 나쁘게 만들지 말자! 우리는 누가 뭐래도 여전히 부유하고 강력한 나라가 아니냐? 이것이 루스벨트가 전하려는 메시지였다.

루스벨트의 한마디는 충격과 공포에서 헤어나지 못하는 국민들을 다독이기에 적절했다. 하지만 그냥 한마디로 그칠 것인가? 말로만 될 일은 아니었다. 따라서 두려움과 싸우기 위한 노력이 정부의 적극적 사업 추진이라는 형태로 전개되었다. 이것을 바로 '뉴딜'이라고 부른다. 테네시강 유역 개발 공사, 컬럼비아강의 그랜드쿨리 댐 건설을 비롯해 대규모 토목공사가 정부 주도로 추진되었다. 일자리를 늘리고, 기업을 움직이고, 시중에 돈이 돌게 하려는 목적이었다. 또 루스벨트는 민간자원관리공사를 세워서 일자리가 없는 청년들에게 일자리를 마련해주고, 국가재건공사에는 노동자와 기업을 중재해서 서로 한 발짝씩 양보해 어려운 시기를 함께 헤쳐나갈 수 있게 하는 역할을 맡겼다. 협동 농업을 촉진하는 농업조정법과 농민에 대한 대출을 정부가 돕는 농업대출법은 황폐해진 농촌에 다시 활력을 불어넣었다. 여기에 은행법을 개정하여 부실 은행들을 퇴출시킴으로써 우량 은행이 덩달아 부실화되는 사태를 막았고, 은행과 증권거래소에서 전처럼 무절제한 투자가 성행하지 않도록 금융거래를 규제하는 법률을 만들었다. 이로써 대공황을 초래한 '묻지마 투자' 행태에는 일단 제동이 걸렸다.

그렇다고 뉴딜이 만능은 아니었다. 아니, 오히려 성적표를 냉정히 들여다보면 실패에 가까웠다. 민간자원관리공사가 창출한 일자리는 땜질 식의 임시 일용직이 대부분이라, 일자리를 얻은 젊은이들도 불만이었고 귀한 세금을 헛되이 쓴다는 비판을 받았다. 국가재건공사의 '중재' 활동은 기업, 특히 대기업에게 일방적으로 유리하다는 평가가 많았으며, 반대로 기업 측에서는 정부가 유색인종에게도 일자리를 주는가 하면 혹독했던 노동조건을 일부 완화시켰다 하여(가령 어린이에게 막일을 시키지 못하게 했다) 못마땅해했다. 농촌부흥 정책도 농촌 인구의 다수였던 소작농에게는 아무런 혜택을 주지 못했다. 여기다 복지국가를 지향하는 정책을 일부 포함한 사회안정법을 비롯한 여러 개혁 입법이 대법원에서 위헌 판결을 받음으로써 뉴딜은 큰 타격을 입었다. 무엇보다 루스벨트 자신이 기본적으로는 정부 개입을 최소화해야 한다고 믿었던 자유시장경제론자였다. 단지 대공황이라는 조건에서 일부 불가피한 조치를 취했을 뿐이다. 결국 경제의 기본 틀이 바뀌지 않다보니 투자의 증가와 고용의 증대는 거의 이루어지지 않고 정부의 부담만 늘고 있었다. 미국을 대공황의 늪에서 건져낸 것은 뉴딜이 아니라 제2차 세계대전이었다. "국가가 절체절명의 위기에 처했다"는 명분이 정부가 무기 생산과 식량 증산을 위해 사회 각 부문을 동원하고 경제를 군대식으로 운용할 수 있는 기회를 제공했으며, 이에 따라 비로소 투자와 고용이 살아날 수 있었다.

무엇보다 루스벨트가 뉴딜을 시작하면서 남긴 한마디, "두려워해야 할 것은 두려움 그 자체"라는 말은 공포와 불안에 허우적거리고 있던 미국 국민으로 하여금 냉정함을 되찾고 소매를 걷어붙이고 다시 시작해보자는 생각을 갖게 해주었다. 여기에 금융거래에 일정한 규제 장치가 마련됨으로써, 대공황을 가져온 심리적 요인은 대체로 해결되었던 것이다. 남은 것은 구조적인 요인이었다.

풍요 속의 빈곤을 없애자

J. M. 케인스, 1936

존 메이너드 케인스1883-1946만큼 살아서 세계경제에, 아니 수많은 사람의 삶에 획기적인 변화를 가져온 경제학자도 드물다. 그는 『고용, 이자 및 화폐에 관한 일반 이론』1936에서 이렇게 말했다.

:: 물건은 풍부하게 생산되지만, 그 한편에서는 기계 설비가 놀고 있고 실업자가 급증하고 있다. 이것은 풍요 속의 빈곤이 아니고 무엇이겠는가. ::

이것은 대공황의 구조적 요인을 제대로 꿰뚫어본 한마디였고, 또한 고전 경제학의 패러다임을 뒤집는 한마디였다. 애덤 스미스와 카를 마르크스는 경제를 생산(공급)이라는 관점에서만 바라보았다. 스미스는 분업을 하면 단위시간당 더 많은 생산을 할 수 있으므로 경제가 발전한다고 보았고, 마르크스는 자본에 노동력을 투입하면 반드시 더 많은 자본이 창출된다는 '확대 재생산' 개념을 제시했다. 마르크스는 자본주의가 갈수록 자체 모순에 빠져 결국 파멸할 것이라고 여겼고, 그 예언은 대공황을 통해 실현되는 것도 같았다. 하지만 마르크스가 생각한 모순이란 생산품의 이익 분배 과정에서 자본가와 노동자가 충돌하는 것이었지, 생산품의 판매는 안중에 없었다. 이렇게 모두가 생산에만 초점을 맞추는 동안, 케인스가 한마디를 던진 것이다. "아무리 물건을 많이 생산해도, 그 물건이 판매되지 않으면 무슨 소용이 있는가?" 그것은 자본주의를 생산 과정을 넘어 유통 과정으로 파악하는 것이었고, '공급은 그에 맞춰 수요를 창출하게 마련'이라는 '세이의 법칙'의 폐기를 선언하는 것이었다.

그러면 어떻게 할 것인가? 기업은 무조건 생산량만 늘리려 하거나 생산원가 절감을 위해 임금을 한사코 줄이려 하지 말아야 한다. 개인은 저축뿐 아니라 소비도 미덕임을 알아야 한다. 그러나 무엇보다도 경제를 다시 살릴 역할은 정부에게 주어진다. 정부는 부유한 국민과 기업에게 많은 세금을 물린다. 그렇게 거둔 세금을 복지 정책을 통해 일반 서민들에게 분배해준다. 복지 정책의 결과 주머니가 두둑해진 일반인들은 그만큼 많이 소비한다. 소비가 늘면 기업은 더 많은 돈을 벌고, 그러면 정부는 더 많은 세금을 거두어 더 많은 복지 지출을 한다. 풍요 속의 빈곤을 낳는 악순환 대신 이렇게 정부의 적극적인 역할을 통해 선순환을 달성하는 것이다. 풍요 속의 빈곤이란 물건을 사고 싶고 물건이 없지도 않지만 살 돈이 없어서 사지 못하는 상황, 즉 그냥 수요(물건을 사고 싶다)가 아닌 유효수요(물건을 살 수 있다)가 부족한 상황이다. 케인스는 정부의 개입이 유효수요 창출에 필수적이라고 보았다. 다시 말해, 일단 어긋나버린 대량 생산-대량 소비의 틀에 정부 정책이 끼어듦으로써 이 체제가 다시 굴러갈 수 있게 된다고 보았다.

1930년대는 자본주의가 몸살을 앓는 시대였고, 그에 따라 전 세계가 개인보다는 집단적인 방법에, 정부의 적극적인 개입과 계획, 통제라는 방법에 매진했다. 대공황의 충격을 별로 받지 않은 나라에서도 그랬다. 소련은 농업 집단화를 완성하여1933 모든 경제활동을 국가가 주도하는 체제를 본격적으로 가동했다. 터키는 제1차 경제개발 계획1934을 통해 국가 주도적 경제발전에 나섰다. 독일, 일본, 이탈리아 등은 파시즘 체제를 구축해 정부가 마치 전쟁터의 지휘관처럼 경제와 사회를 다스릴 수 있도록 했다. 그러나 뭐니 뭐니 해도 장기적이고 결정적으로 세계경제의 흐름을 바꾼 것은 루스벨트의 뉴딜과 케인스의 경제 이론이었다. 정부의 경제 조절과 복지국가 지향, 이 두 가지는 제2차 세계대전을 거치며 1960년대 말에 이르기까지 세계경제의 의심할 수 없는 원칙으로 통용된다. 그것은 "우리는 모두 케인스주의자다"라는 리처드 닉슨1913-1994의 한마디가 잘 나타내고 있다.

하지만 루스벨트도 케인스도 자본주의의, 나아가 경제의 기본은 자유라고 생각했다. 자유란 정부의 개입, 계획, 통제와는 근본적으로 어울리지 않는다. 그 결과 수십 년 동안 절대적인 위력을 떨치던 케인스주의와 복지 정책이 거대한 의문과 도전에 직면하는 때가 찾아온다. 그리고 모두가 재확인한다. 애덤 스미스가 모든 경제활동의 핵심이라고 말한 '경제하려는 의지', 거기에는 '더불어 잘살자는 의지'도 없지 않지만 그보다 훨씬 앞설 수밖에 없는 것이 '나만 잘살면 된다는 의지'임을.

정의란 민족을 위해 봉사해야 한다

아돌프 히틀러, 1937

1937년 1월 30일, 독일 국회의사당. 본래 귀족주의적 취미에 따라 호화롭게 장식되어 있던 이곳은 이제 붉은 바탕에 흰 원, 그리고 시커먼 하켄크로이츠卐가 새겨진 깃발들로 넘쳐난다. 그 의사당의 단상으로 탕, 탕, 프로이센 군화의 발자국 소리를 선명히 울리며 한 남자가 오만한 태도로 올라섰다.

:: 제군들! 독일 제국 의회의 의원들! 국회는 오늘, 게르만 민족에게

중대한 의미가 있는 날 소집되었다. 위대한 국가 혁명이, 독일이 일찍이 경험한 최대의 변화가 시작된 지 4년이 지났다. 본인이 하나의 시험 기간으로서 요구한 4년이었다. ……

아돌프 히틀러1889-1945는 특유의 과장된 몸짓과 격정적인 말투로 의사당의 분위기를 고조시켜갔다.

이제 독일의 주권은 오로지 하나만이 대표한다. 민족 자체다!
민족의 의지는 나치스와 그 정치기구가 대표한다.
따라서 오직 하나의 입법부가 존재한다.
따라서 오직 하나의 행정권이 존재한다.
따라서 민족이 모든 것의 기반이며, 당·국가·군대·산업·법률 등은 오직 민족을 보전하기 위한 수단일 뿐이다.
새로운 법전에서, 정의란 언제나 게르만 민족의 보전을 위해 봉사해야 한다. ::

연설이 끝나자 의원들은 여느 때처럼 일제히 일어나며 우레와 같은 박수를 보냈다. 그들은 국민을 대표하는 당당한 국회의원들이었지만, 지금 모습은 오성장군을 눈앞에 둔 이등병들이나 다름없었다.

칫솔 같은 콧수염을 살짝 일그러뜨리며, 아돌프 히틀러는 미소를 지었다. 그리고 오른팔을 높이 들어 나치식 경례를 했다.

파시즘, 그중에서도 나치즘은 현대 서구 사상의 귀결인 동시에 역류였다. 나치즘이 이루어지기까지 대체로 세 가지 기원을 들 수 있다. 첫째, 신이나 전통의 권위를 깨고 개인의 선택권을 최대로 보장하는 현대 자유주의와 그에 힘입어 '어중이떠중이'까지 자기 권리를 내세움으로써 '우수한 인종'의 설 자리를 뺏는 세상에 대한 불만의 목소리. 이것은 니체를 비롯해 슈펭글러와 하이데거 등이 강조한 목소리였다. 둘째, '하나의 국가, 하나의 국민'을 내세우는 근대 국민국가의 이념과 그에 따라 나타난 '이민족'에 대한 과민 반응. 이것은 드레퓌스 사건을 둘러싸고 두드러진 반응이었다. 그리고 마지막으로, 기술 발전 및 자유기업의 발달과 더불어 숨 가쁘게 달려온 자유주의적 자본주의가 대공황이라는 암초에 걸리면서 개인의 자유 대신 집단의 정의를, 시장의 자율 대신 국가의 통제를 우선시하게 된 새로운 경향.

암울한 1930년대를 헤쳐나가는 대안으로 미국과 영국은 뉴딜과 케인스주의를 선택했다. 그러나 독일과 이탈리아, 일본, 더 나아가 소련의 선택은 '자급자족의 경제'였다. 자유무역주의를 포기하고, 무역 장벽과 금융 장벽을 높이 쌓음으로써 국제경제와 단절한다. 독일처럼 자체적인 잘못보다 미국의 월스트리트에서 벌어진 일 때문에 경제난을 겪어야 했던 나라로서는 그럴듯한 선택일 수도 있었다. 그런데 이처럼 외국으로부터의 물자 유입이 끊어지면 기본적으로 국내에서 생산되는 물자로만 먹고살아야 하는데, 그러려면 우선 자원을 합리적으로 잘 배분해야 한다. 따라서 미국이나 영국보다 훨씬 국가의 경제 개입과 통제 수준이 높았다. 또한 아무리 그래도 나라 안에서 나는 것만으로는 부족한 경우가 많다. 그러면 어떻게 해야 하나? 다른 나라를 침략하고 그곳의 물자를 끌어다 쓸 수밖에 없다. 이때 먼저 떠오르는 것은 식민지지만, 독일은 제1차 세계대전으로 식민지를 모두 잃었으며 그나마 경제적으로 '영양가 있는' 식민지는 본래 없었다. 그래서 나치 독일은 1938년 3월 오스트리아, 1938년 11월 체코슬로바키아의 주데텐, 1939년 3월 체코슬로바키아의 나머지를 차례차례 집어삼켰으며 마침내 1939년 9월에는 폴란드까지 침공함으로써 제2차 세계대전을 불러일으킨다. 히틀러는 폴란드만이 아니라 동유럽 전체와 러시아까지, 그리고 석유가 풍부한 중동까지 독일이 번영하기 위한 '생활권'으로 보았으며 이들 나라를 모두 정복해야 한다고 생각했다.

이런 침략적인 대외 정책은 나치즘과 제국주의를 비슷한 것처럼 여기게 한다. 하지만 두 가지는 전혀 다르다. 제국주의는 일종의 식탐과 같았다. 아무리 기름기가 많고(멀리 떨어져 있고), 영양가가 없고(자원이나 인구 등에서 식민지 경영의 수익성이 없고), 맛이 별로라도(문화적 이질성이 커도) 보이는 대로 꾸역꾸역 먹어치우고, 남이 먹고 있는 것까지 빼앗아 먹으려는 과도한 식욕이 제국주의의 본성이었다. 반대로 나치즘은 식욕부진에 가깝다. 이민족과 더불어 산다는 것은 꿈도 못 꿀 일이다. 이웃 나라를 정복하지만 그 주민은 새로운 제국의 신민이 아니라, 노동력 착취의 대상 즉 노예일 뿐이다. 장기적으로 그들은 아메리카 인디언처럼 추방하거나 살육해버리고, 게르만 민족으로 생활권 전체를 채워야 한다. 민족적 이질성을 참아내지 못하는 이 지독한 불관용은 천 년 이상 대대로 독일 땅에 살며 '나는 독일인이다'라는 믿음을 의심치 않았던 유대인들조차 견뎌내지 못하고 모조리 뱉어내도록 했다. 그렇게 독일이 뱉어낸 '이물질' 또는 '기생충' 중에는 아인슈타인을 비롯한 세계 최고의 과학자와 예술가들도 있었다. 이들은 세계대전 후 미국이 세계의 중심 국가로 떠오르는 데 중요한 역할을 맡게 된다. 게워내도 게워내도 한이 없자(독일의 점령 지역이 자꾸만 늘어나, 추방해야 할 유대인 수도 불어났기에), 나치스는 '회충약'을 먹어서 일을 빨리 끝내고자 했다. 유럽의 유대인 중 600만 명이 그렇게 '박멸'당했다. 나치가 그토록 집요하게 유대인을 배제하려 한 이유는, 오히려 그들이 독일 사회에 충분히 동화되어 있었고 금융계나 과학계 등 유력한 부문에 많이 진출해 있었기 때문이다.

이 거대한 악몽은 기본적으로 민주적인 절차에 따라 나치스 정권이 탄생함으로써 시작되었다. 다만 압도적인 지지는 아니었고, 1933년의 총선에서 45퍼센트의 지지를 받은 것이 최대였다. 그래도 당당한 제1당으로서 내각을 조직하기에는 충분했다. 지독한 경제난, '부당한' 외국의 압력, 믿음직하지 못한 기성 정치인 등에 실망하고 분노한 독일인들의 지지, 그리고 그 지지를 과소평가했던 정치인들과 진보적 지식인들의 판단 착오의 결과였다. 집권한 히틀러는 자신에게 4년의 시간을 달라고, 그러면 틀림없이 부강하고 질서 정연하며 활력이 넘치는 독일을 만들어 보이겠노라고 약속했다. 그리고 4년이 지난 이제, 자신은 약속을 지켰노라 당당히 선포한 것이다. 하긴 각종 경제지표는 호전되었고 어떻게든 '질서'가 잡히긴 했다. 그러나 국회의원들이 장군 앞의 이등병처럼 박수를 친 것은 등 뒤에 버티고 서서 그들을 감시하던 나치 당원들이 큰 이유였다. 4년 사이에 히틀러는 독일의 민주주의를 뒤집어엎고, 그의 말처럼 '오직 하나의 정치기구'가 모든 것을 지배하는 체제로 바꿔 놓았다. 그 명분은 "민족이 모든 것의 기반이며 …… 정의는 민족을 위해 봉사해야 하기 때문"이었다. 정의justice란 본래 '각자에게 합당한 몫을 주는 것', 즉 각 개인의 권리를 챙겨주는 것을 의미한다.

그런데 히틀러는 정의가 민족 앞에 무릎을 꿇어야 한다고 외쳤다. 개인의 권리도, 자유도, 심지어 생명까지도, 게르만 민족의 번영에 앞설 수 없었다. 이것이 파시즘이었다. 국민의, 국민에 의한, 국민을 위한 정치. 이제 '국민'을 '민족'으로 바꿔 써야만 하는 시대가 되었다.

그리고 국민 가운데 이민족, 동성애자, 신체장애인, 사회주의자, '퇴폐적 예술가', '민족 반역자' 등은 국민의 권리를 인정받지 못하며, 민족의 이름으로 처단되어야 마땅했다.

살아서 포로의 치욕을 당하지 마라

도조 히데키, 1941

:: 대일본은 황국皇國이니라. 만세일계萬世一係의 천황께서 위에 임하시와, 조국肇國의 황모皇謨를 이으시와, 무궁토록 군림하시니라. 황은皇恩은 만민에 미치며, 성덕聖德은 팔굉八紘을 비추시니라. 신민臣民은 충효용무忠孝勇武한 조손祖孫이 서로 받들어 황국의 도의를 선양하고 천업天業을 익찬翊贊하며 군민일체君民一體가 되니, 국운은 융창隆昌하니라. 너희 전진戰陣의 장병들이여. 너희는 마땅히 우리 국체의 본의를 체득하고 강개한 신념을 가져, 기필코 황국을 수호하는 대임大任을 완수할지어다.

부디 살아서 포로의 치욕을 당하지 말며, 죽어서 죄화罪禍의 오명을 남기지 말지어다! ::

제국주의 일본이 제2차 세계대전에 뛰어들기 직전인 1941년, 군인들의 정신 무장이 무엇보다 중요하다는 생각에서 만든 「전진훈」戰陣訓이다. 당시 수상이던 도조 히데키의 작품으로 되어 있지만, 실제로는 철학자 이노우에 데쓰지로, 소설가 시마자키 도손 등 당대의 일류 지식인들이 동원되어 만들어졌다. 그리고 이는 이후 일본 군인이 총검술보다 먼저 배우고 익혀야 하는 금과옥조가 되었다. 인도네시아 팔렘방의 찌는 듯한 정글 속에서도, 만주 노몬한의 살을 에는 바람 속에서도, 일본 병사들은 「전진훈」을 외고 또 외며 적과 사투를 벌였다.

일본 제국주의의 성격을 가장 잘 드러내주는 이 글에는 나치스에서 강조하는 '민족'은 보이지 않으며, 대신 '황국신민'이라는 표현이 두드러진다. 그들에 따르면 일본은 태양신 아마테라스의 자손인 천황이 만세일계로, 즉 다른 나라처럼 왕조가 바뀌는 일 없이 건국 이래 계속 한 핏줄로 이어지며 다스리는 신의 나라다. 병사들과 일반 국민은 그런 신의 나라의 신민임을 자랑스럽게 여기고, 황국을 수호하기 위해 자신의 모든 것을 바쳐야 한다. 이는 일본이 아시아에서 가장 먼저 근대화를 추진하며 '탈아입구', 즉 아시아를 벗어버리고 서구의 일원이 된다는 목표를 세웠지만 이후 거의 백 년이 지난 당시에도 아시아적인 정신문화를 유지하고 있었다는 것, 또한 '국민의, 국민에 의한, 국민을 위한' 정부체제를 채 갖추지 못하고 있었다는 것을 뜻한다. 헌법도 있고, 의회도 있다. 정치인이나 관료나 봉건적인 충성심에 따라서만 움직이는 것은 아니다. 그러나 수백 년 전부터 왕권을 견제하는 시스템과 관습이 있었고 시민혁명으로 피를 흘리며 국민주권을 확립한 서구 국가들과, 그 외형만을 '선별 수입'한 일본의 모습은 많이 달랐다.

그런 이질성은 1920년대 중반부터 더 짙어지기 시작해서, 1930년대에 절정에 달했다. 그때까지는 일본이 나아갈 방향이 더 철저한 서구화, 그것도 영국과 미국을 본받는 서구화라고 여겼다. 영국과 맺은 영일동맹, 영국을 모방한 의원내각제, 미국 대기업 체제를 본뜬 재벌 체제 등이 그것을 대변했다. 일본 최고의 엘리트들은 대부분 영국과 미국으로 유학을 갔고, 나중에 진주만 공격을 계획하는 야마모토 이소로쿠도 이때 하버드 대학에서 공부하고 있었다. 그러나 제1차 세계대전은 서구에 대한 일본의 믿음에 금이 가게 만들었고, 대공황은 그 금을 더욱 키워 아예 조각나게 했다. 한편 한국을 삼킨 다음 만주로, 다시 중국 내륙으로 마수를 뻗치고 있던 군부는 갈수록 정부의 어정쩡한 민주주의 정치인들이 못마땅했다. 그런 불만은 1932년에 이누카이 수상과 이노우에 대장상 등을 암살하는 사태로 이어졌고, 마침내 1936년에는 '황도파'라는 과격한 군국주의 장교들이 쿠데타를 일으킨다. 이 쿠데타는 진압되었으나 일본이 완전히 군국주의로 빠져드는 계기를 만들어주었다. 그 주역이 군 출신으로서 쿠데타 진압 과정에서 세력을 얻고 1941년에 수상이 된 도조 히데키1884-1948였다.

1920년대 이전까지 영국과 미국의 사랑스러운 수양아들 같았던 일본의 국제사회에서의 입지도 빠르게 변해갔다. 1921년에는 영일동맹이 만료되었다. 1922년 워싱턴 군축회의에서는 일본만이 일방적으로 큰 규모의 군축을 강요받았다. 1933년에는 국제연맹이 일본의 만주 침략을 규탄하며, 즉각 만주에서 물러나라는 결의를 채택했다. 일본의 대답은 연맹 탈퇴였다. 그리고 일본이 중국, 동남아시아, 태평양으로 세력을 넓히려는 상황에서 이 지역의 '기득권자'들인 미국, 영국, 중국, 네덜란드는 'ABCD동맹'을 맺고 일본을 포위 압박했다. 일본에서 군국주의자들의 목소리가 계속 높아졌던 이유에는 이처럼 일본만을 '부당하게' 대우하는 듯한 국제정치 환경도 한몫을 차지했는데, 이는 제1차 세계대전 후 독일에 대한 승전국들의 요구가 지나치다는 독일인들의 불만을 나치스가 이용한 것과 마찬가지였다.

사상적 흐름 또한 달라졌다. 니체의 '초인', 슈펭글러의 '서구의 몰락'이 흘러들어와 일본 지성인들을 매료시켰다. 그리고 각국 고유문화의 가치를 강조했던 독일 낭만주의자들의 사상도 재조명되었다. 이런 여러 사상들은 결국 그동안 일본이 맹목적으로 본받아 온 영국과 미국의 자유주의, 민주주의는 사실 천박한 사상이며, 일본 고유의 사상에 눈을 돌리고 이를 소중히 여길 필요가 있다는 메시지로 귀결되었다. '만세일계의 천황'이 다스리는 '황국'의 가치를 존중해야 한다는 메시지.

「전진훈」이 단지 군인들에게 열심히 외우도록 하는 교훈일 뿐이었다면 그렇게 큰 의미는 없었을 것이다. 오늘날 흔히 볼 수 있는 학급의 급훈이나 회사의 사훈처럼, '그냥 그런 게 있나 보다' 정도의 영향밖에 없었다면 '역사를 움직인 한마디'에 뽑히지도 못했을 것이다. 그러나 이 「전진훈」은 일본 제국주의의 본질을 핵심적으로 보여주는 한편, 수많은 일본 병사들의 생명을 앗아갔다. "살아서 포로의 치욕을 당하지 마라." 싸움은 이기지 못하면 진다. 아무리 열심히 싸워도 항복하지 않으면 죽을 수밖에 없는 상황도 있다. 그럴 때 항복하지 마라, 즉 죽으라는 것이다.

「세속오계」에 '임전무퇴臨戰無退'가 있듯, 고대의 전쟁에서는 '죽을 각오로 용맹히 싸워라'라는 교훈이 유행했다. 당시의 싸움은 병사 개개인이 창칼을 휘둘러 적을 쓰러뜨리는 게 거의 전부였으므로 그만큼 사기가 중요했다. 병력이 적은 군대도 죽을 각오로 싸우면, 반대로 죽음을 두려워하는 대군을 무찌를 수 있었다. 그러나 현대전에는 그런 논리가 적용되지 않는다. 아무리 병사가 죽음을 각오하고 열심히 싸운다 한들 머리 위로 날아오는 대포알을 어쩌겠는가? 개인의 용맹이 별 소용이 없다는 사실은 이미 제1차 세계대전에서 증명되지 않았는가? 그런데도 일제는 병사들에게 항복하지 말라고, 최후의 한 사람이 남더라도 끝까지 싸우라고 가르쳤던 것이다. 그것은 잔인하고 황당할 뿐 아니라 전략적으로도 불리한 교훈이었다. 인구에서 현저히 열세인 국가가 병사들의 목숨을 귀하게 여기지 않다니!

그러나 비극적이게도 그 교훈의 영향력은 컸다. 수많은 일본군 병사들이 포로의 치욕을 당하지 말라는 한마디를 가슴 깊이 새기고 아무 쓸모없이 목숨을 내던졌다. 1943년 3월, 오스트레일리아의 카우라 수용소에서는 일본군 포로 수천 명이 집단으로 탈출을 감행했다. 그것은 살아남기 위한 탈출이 아니라 장렬히 죽기 위한 탈출이었다. 맨몸으로 기관총 앞으로 돌격하고, 철조망을 넘다 말고 스스로 목을 찔렀다. 경비병에게 죽은 병사보다 자살한 병사가 훨씬 많았다. 일본군이 이런 황당하고 시대착오적인, 사람 목숨을 휴짓조각처럼 여기는 전쟁을 그만둔 것은 머리 위로 대포알이 아니라 원자폭탄이 날아온 뒤였다.

게르만 민족의 영광이든, 황국신민의 명예든, 모두 파시즘 체제가 개인에게 주입한 유사종교적인 열정이었다. 파시즘 자체가 주로 열정에 의존했고, 논리적 일관성이 부족했다. 오늘날 우리는 도대체 어떻게 그렇게 어리석은 일을 했는지 궁금해한다. 그러나 히틀러나 도조가 항변할 수 있다면 이렇게 말하리라. "우리만 그런가? 제1차 세계대전 같은 일은 어떻게 가능했지? 대공황은 또 어떻고?" 과거 그 어느 때보다 합리적이고 과학적인 현대, 우리가 사는 현대는 그만큼 큰 어두움과 비합리성을 속에 감추고 있다. 지금도.

아프리카인은 끝없는 투쟁의 사명을 깨달았다

조모 케냐타, 1938

서구에 비해 근대화를 늦게 달성한 나라들에는 '국부'國父라고 불리는 사람이 있는 경우가 많다. 중국의 쑨원, 터키의 무스타파 케말, 인도의 네루, 미얀마의 아웅 산, 베트남의 호찌민 등등. 왜 국모國母는 없는지 모르겠다. 억압적인 봉건 세력, 외국 세력, 반개혁 세력 등과 용감히 맞서면서 많은 사람들의 신뢰를 한 몸에 받으며 새로운 기준과 제도를 세우는 역할을 하다보니, 일반적인 여성의 이미지보다는 더 전투적이고 권위적인 인물상이 필요했던 것일까?

아무튼 세계대전 후 아프리카의 독립 과정에서 중심 역할을 했던 케냐에도 그런 국부가 있다. 바로 조모 케냐타1891-1978다.

케냐타의 본명은 카마우 와 응겡기였다. 선교 단체에서 운영하는 학교를 다니며 기독교와 서양 학문의 세례를 받았다. 그리고 런던에 유학하여 인류학을 배우며 처음에는 미개한 고향을 문명화하는 일에 관심을 가졌지만, 차차 백인들이 아프리카를 지배하면서 준 혜택보다는 해독이 더 많다고 여기게 되었다. 런던 대학의 박사 논문을 손봐서 내놓은 『케냐 산을 바라보며』1938는 다음과 같은 말로 끝맺고 있다.

:: 아프리카인은 수백 년 동안 독특한 문화적, 사회적 제도를 가꿔왔으며, 유럽인은 이해하지 못하는 방식으로 자유를 누려왔다. 그리고 아프리카인의 본성은 지금의 예속 생활을 오래 견딜 수 없다. 아프리카인은 스스로를 해방하기 위한 끝없는 투쟁의 사명을 깨달았다. 그런 투쟁이 없다면, 계속 제국주의자들의 먹잇감으로 남을 수밖에 없으리라. ::

이 무렵 이름을 조모 케냐타라고 바꾼 그는 제2차 세계대전이 끝나자 귀국했으며, 가나의 응크루마와 손잡고 아프리카 독립투쟁에 나섰다. 그런데 마우마우단이라는 과격 운동 단체가 폭력 사태를 일으키고 많은 사상자를 내자, 영국 식민 당국은 케냐타를 그 배후로 몰아 영구 감금시켰다. 그러나 옥중의 그는 마치 남아공의 넬슨 만델라처럼, 갈수록 케냐 독립운동의 핵심이자 신화가 되어갔다. 케냐타는 결국 8년 만에1961 석방되었고, 2년 뒤에는 케냐 자치 정부의 수상이, 다시 1년 뒤에는 독립한 케냐공화국의 초대 대통령이 되었다. 그리고 14년 동안 케냐를 통치하며 국민국가의 기틀을 세웠다. 다른 여러 국부들, 가령 무스타파 케말이나 장제스처럼, 케냐타 역시 일당 지배 체제를 만들고 사실상의 독재를 했다. 게다가 자기 친족들에게 정부 요직을 분배하여 국가를 사유화했다는 비난도 받는다. 하지만 케냐타가 있었기에 오늘날의 케냐가 있다는 점은 누구도 부인하기 어렵다.

케냐타의 한마디는 반제국주의적이다. 마치 독립운동가를 위한 교과서에서 인용하기라도 한 듯한 그의 말은 정치적인 독립뿐 아니라 문화적인 독립의 필요성도 강조하고 있다. 서구인은 아프리카가 미개하다며 서구식으로 생활 방식을 바꾸라고 종용했다. 그리고 '같은 인간이면서도 자유를 누리지 못하고 속박된 삶을 사는 것'을 안타까워했다. 그래서 그들은 "우리 서구인들이 너희를 책임지고 가르쳐주고, 사람 사는 것처럼 살게 해주겠다"고 제안했다. 하지만 케냐타는 이 모두를 부정한다. 아프리카에는 아프리카 나름의 문명이 있고 자유가 있으며, 서구에게 그런 것을 새삼 배울 필요는 없다. 또한 아프리카인은 어떤 이유로든 예속 상태를 견디지 못한다! '백인의 사명'이라고? 웃기지 마라!

케냐타의 이런 주장은 그가 영국에서 공부한 인류학에서 비롯되었다(다시 말하지만 이 한마디는 본래 그의 인류학 박사 논문에서 나왔다). 더구나 그의 스승이던 말리노프스키1884-1942는, 이른바 미개사회가 서구 문명사회의 본모습이며 서구가 급속히 발달하는 동안 아프리카는 원시시대에 머물고 있다는 기존의 관념을 부정했다. 말리노프스키는 어느 사회든 고유한 문화가 있으며, 서구가 아프리카보다 문화적으로 우수하거나 앞서 있는 것은 아니라고 생각했다. 이처럼 '문명과 야만'의 위계질서를 부정하는 사고방식은 출현 과정이 전혀 다른 또 하나의 이념에도 뚜렷이 나타난다. 바로 파시즘이다. 인류가 보편적으로 따라야 할 문명 기준(가령 인권이나 민주주의 같은) 따위는 없으며, 특히 영국과 미국의 자유 민주주의 체제는 그런 기준이 될 수 없다고 생각한 독일과 일본의 파시스트들은 각각 게르만 민족과 황국의 가치를 절대화했다. 그리고 그 절대적 가치를 내세우면서 비민주적이고 억압적인 체제를 정당화했다. 파시즘은 더욱 공격적이고 제3세계의 독립운동은 방어적이라고 볼 수 있지만, 보편적 문명과 인류 공통의 진보 방식이라는 관념을 거부하고 "우리는 우리 식대로 살겠다"고 외친다는 점에서는 같다. 특히 케냐타의 '우리 식대로'는 "인류 공통의 진보를 달성하자, 단 우리 손으로"라는 간디의 독립운동과 현실적 목표는 같지만 논리는 동떨어져 있다. "우리 식은 이미 틀렸다. 저들 식대로 가자"고 외친 무스타파 케말의 개혁운동과는 거의 정반대의 논리다. 케말이나 케냐타나 국부로서 독재 정권을 구축한 귀결은 같지만.

'우리 식대로', 대단히 그럴듯한 얘기다. 하지만 모순이 있을 수밖에 없다. 케냐타가 세운 케냐공화국은 좀 다른 면은 있어도 결국 서구식의 국민국가가 아닌가? 그런데 아프리카에 언제 그런 것이 있었는가? 각 부족이 있고 부족마다 추장이 있었지, 국민·영토·주권을 가지고 대통령이 최고 권력을 행사하는 국가 따위는 없었다. 이처럼 '우리 식대로'라고 말하면서 사실은 서구를 따라하는 것은 무리일 수밖에 없다. 그리고 사회적인 무리는 유사종교적 열정 또는 폭력에 의존할 수밖에 없다.

따라서 이런 경우 파시즘과 같이 박력 있는 유사종교적 열정을 끌어내지 못한다면, 그리고 끌어내더라도 대체로, 개인 숭배와 폭압적 독재 체제로 귀결되고 만다. 세계대전 이후 속속 독립한 여러 제3세계 국가에 그토록 많은 국부가, 그토록 많은 독재가, 그리고 그토록 많은 암살, 내란, 대량 학살이 있었던 이유가 바로 여기에 있다. 그것이야말로 케냐타가 말한 '끝없는 투쟁'의 실체였던 셈이다. 모세에게 이끌려 '약속의 땅'으로 떠난 많은 히브리인들이 "이럴 바에야 그냥 이집트에서 살걸 그랬다"고 푸념했듯, 아프리카와 아시아, 오세아니아의 많은 사람들이 "지배자만 흰둥이에서 우리 쪽 사람으로 바뀌었을 뿐, 뭐가 다른가? 아니, 전보다 더 괴롭다"고 한탄했다. 그러나 싫든 좋든, 그들은 이미 홍해를 건넌 뒤였다.

나의 소원은 대한의 자주독립이오

김구, 1947

우리나라는 어떨까? 한국 역시 제국주의에 희생되어 국권을 찾지 못하다가, 제2차 세계대전 이후 독립한 국가가 아닌가? 물론 한국에도 국부가 될 만한 사람은 있었다. 그러나 그러지 못한 채 암살되고 말았다.

같은 식민지라도 케냐와 한국의 사정은 많이 달랐다. 영국이 점령하기 전에는 여러 부족들뿐이었던 케냐와 달리, 한국은 오랜 세월 동안 국가를 유지해왔고, 굳이 인류학을 들먹이지 않아도 될 만큼 대외에 자랑할 만한 문명을 향유해왔다. 하지만 그런 만큼 서세동점의 과정에서 중국의 루쉰이 느꼈던 것과 같은 충격과 자괴감을 느끼기도 했다. 그리하여 '우리 식은 이미 틀렸다. 저들 식대로 가자'는 의식이 표출된 예가 1884년의 갑신정변이었다. 봉건적 제도의 철폐와 입헌군주제로의 개혁을 꿈꾼 이 정변은 삼일천하로 끝났지만, 일본처럼 철저히 서구화해야 조선이 살 수 있다는 의식은 멈추지 않았다. 다만 자주독립과 내정 개혁을 위해 시국에 대한 6개조의 개혁안을 결의하는 등 활발하게 활동하던 독립협회마저 1899년 해산되면서, 이런 문명개화론의 주류는 친일 담론으로 바뀐다. '봉건 기득권 세력의 저항이 너무 강해서 자체적으로는 문명개화를 이루기 어렵다. 그렇다면 차라리 일본에게 주권을 양도해서라도 개화를 해야 하지 않을까.' 이런 사고방식을 가장 잘 드러내 주는 말이 1920년에 윤치호1865-1945가 남긴 말일 것이다. "한 민족이 도덕적으로 건전하고, 지적 수준이 높으며, 경제적으로 자립을 이루었다면, 정치적 지위야 어떻든 매우 편안하게 살 수 있다. 이와는 반대로 그저 정치적 독립만 있다면, 이것이야말로 아무짝에도 쓸모없는 일이다." 윤치호는 결코 사리사욕에 급급해 일제에 협력한 사람이 아니었고, '105인 사건'으로 옥고를 치르는 등 조선총독부에 맞서기도 했던 '생각하는 백성'이었다. 그는 봉건적 악습이 사라지지 않고 낡은 문벌 또한 여전하며 나라는 가난하고 국민은 무식한 처지에서 독립만 한다면, 차라리 안 하느니만 못하다고 보았던 것이다. 그래서 윤치호나 이광수, 남궁억 등은 우선 문명개화를 하고 경제적, 지적 실력을 기른 다음에 독립을 생각하자고 주장하였다. 그 과정에서 일부 일제에 협력하더라도!

윤치호의 입장과 정반대되는 입장을 고수했던 대표적인 인물이 바로 김구1876-1949다. 그의 독립운동은 늘 타협을 모르는 강경한 것이었고, 정치적 독립을 그 무엇보다 앞세우는 것이었다.

:: 근래에 우리 동포 중에는 우리나라가 어느 큰 이웃 나라의 연방에 편입되기를 소원하는 자가 있다 하니 나는 그 말을 차마 믿으려 아니하거니와, 만일 진실로 그러한 자가 있다 하면 그는 제정신을 잃은 미친놈이라고밖에 볼 길이 없다. 나는 공자·석가·예수의 도를 배웠고 그들을 성인으로 숭배하거니와, 그들이 합쳐서 세운 천당·극락이 있

다 하더라도 그것이 우리 민족이 세운 나라가 아닐진대 우리 민족을 그 나라로 끌고 들어가지 아니할 것이다. 왜 그런고 하면 피와 역사를 같이하는 민족이란 완연히 있는 것이어서 내 몸이 남의 몸이 못 됨과 같이 이 민족이 저 민족이 될 수는 없는 것이, 마치 형제도 한집에서 살기 어려움과 같은 것이다. 둘 이상이 합하여서 하나가 되자면 하나는 높고 하나는 낮아서, 하나는 위에 있어서 명령하고 하나는 밑에 있어서 복종하는 것이 근본 문제가 되는 것이다. …… 철학도 변하고 정치·경제의 학설도 일시적이어니와 민족의 혈통은 영구적이다. …… 오늘날 소위 좌·우익이란 것도 결국 영원한 혈통의 바다에 일어나는 일시적인 풍파에 불과하다는 것을 잊어서는 아니 된다. 이 모양으로 모든 사상도 가고 신앙도 변한다. 그러나 혈통적인 민족만은 영원히 성쇠흥망의 공동 운명의 인연에 얽힌 한 몸으로 이 땅 위에 나는 것이다. ::

주로 해외에서 활동했던 김구는 문명개화를 위해서라면 일본의 지배도 참을 수 있다고 본 윤치호 등과 말을 섞을 기회가 없었다. 그러나 당시 임시정부에도 이승만처럼 미국의 한 주로 편입되기를 바라는 사람들이나, 반대로 이동휘처럼 소련의 일부가 되기를 원하는 사람들이 있었다. 여기에 대해 김구는 '무조건 한민족의 나라여야 한다. 이념, 그 따위가 대체 뭐냐? 혈통적 민족만큼 중요한 것은 없다!'며 맹렬히 반대한 것이다. 그는 그 노선으로 윤봉길, 이봉창 등의 의거를 이끌며 1930년대 이후 임시정부 독립 투쟁의 지도

자가 되었다. 그리고 같은 입장에서 남북 분단을 인정하지 않으려 했으며, '일시적인 풍파'에 불과한 이념을 접고 하나의 민족으로 뭉치자는 뜻에서 평양을 방문하기도 했다.

그의 기개, 리더십, 독립운동 과정에서의 역할 등을 볼 때 김구는 케냐타처럼 신생 한국의 국부가 되기에 충분했다. 그러나 그는 프린스턴 대학교 박사 학위를 가진 이승만에 비해 내세울 만한 학력이 없었다는 점(국민 대다수가 문맹인 신생 독립국가에서 고학력은 중대한 정치적 자산이었다), 그리고 탈이념적 민족주의라는 자신의 노선을 관철하기에는 남과 북, 자유 진영과 공산 진영으로 나뉘고 만 한국의 상황이 좋지 못했다는 점 때문에 불운을 겪어야 했다.

:: 네 소원이 무엇이냐 하고 하나님이 물으시면 나는 서슴지 않고,
"내 소원은 대한 독립이오"
하고 대답할 것이다. 그다음 소원은 무엇이냐 하면 나는 또,
"우리나라의 독립이오"
할 것이요, 또 그다음 소원이 무엇이냐 하는 셋째 번 물음에도 나는 더욱 소리 높여서,
"나의 소원은 우리나라 대한의 완전한 자주독립이오"
하고 대답할 것이다. ::

사회 발전보다 정치적 독립을 우선했다는 점에서, 또한 사회 발전에서 외래 사상·문화의 역할을 부정했다는 점에서 김구의 사상

은 케냐타와 같은 '우리 식대로' 노선에 머문다고 볼 수 있다. 하지만 케냐타가 되지 못했던 김구가 그보다 한 걸음 나아간 점이 있었다. 앞 인용문의 출처인 「나의 소원」1947에서, 김구는 혈통 중심적인 민족국가만이 아니라 자유국가, 문화국가라는 비전을 제시했다. 그는 새로운 한국에 어떤 형태의 독재도 있지 않기를 바랐으며, 부강한 나라가 아니라 문화적으로 풍요로운 나라를 꿈꾼다고 했다. 만약 그가 집권했더라도 여기서 밝힌 대로 소원을 이루어가는 정치를 했을지는 확신할 수 없다.

그러나 같은 민족주의, 그것도 혈통을 앞세우는 무조건적 민족주의라 해도 김구가 던지는 메시지는 편하고 푸근하다. "살아서 포로의 치욕을 당하지 마라!" 같은 처절함이나 장렬함이 없다. 그래서 이후 60여 년이 지난 지금도 그의 메시지는 한국인들 사이에서 숨 쉬고 있다. 진보와 보수 모두 그를 긍정한다. 21세기와 세계화, 다문화주의가 진지하게 논의되는 상황에서도 그의 강경한 민족주의 담론이 부담 없이 어울릴 수 있는 것은 자유와 문화에 대한 그의 배려 때문이다. 케냐타도, 이승만도 최고의 권력을 맛본 뒤 쓸쓸히 세상을 떠났다. 역사 속에서 그들의 사명은 예전에 끝났다. 하지만 김구의 메시지는 아직도 완성되지 않은 미래의 비전으로서 우리 곁에 남아 있다.

[1940-1949]

인권의 나팔, 냉전의 북소리

1940

- 프랑스, 페탱정권이 독일에 항복하고 휴전협정 조인, 비시정권 수립

1941

- 루스벨트, 연두교서에서 '네 개의 자유' 를 주장
- 일본, 진주만 공습, 미국의 세계대전 참전
- 프랑스, 드골이 런던에 망명 정부 조직
- 독일, 소련 침공
- 소련, 일본과 중립조약

1942

- 미국, 맨해튼 계획 착수
- 소련-독일, 스탈린그라드 공방전 시작
- 독일, 폴란드 아우슈비츠에서 유대인 학살 시작
- 인도네시아, 수카르노가 민중총력집중운동(푸트라) 결성

1943

- 루스벨트, 처칠, 스탈린의 테헤란 회담
- 이탈리아, 연합군에 무조건 항복, 독일에 의한 무솔리니의 북이탈리아 정권
- 소련, 미국, 영국의 모스크바 3상회의
- 아르헨티나, 페론이 쿠데타로 집권

1944

- 아베 노부유키가 조선 총독에 임명됨
- 연합군, 노르망디 상륙작전, 파리 해방
- 브레턴우즈 회의
- 하버드-MIT에서 Mark I 컴퓨터 개발
- 아이슬란드, 덴마크로부터 독립
- 아르헨티나, 쿠데타로 팔레르정권 수립

1945

- 임시정부와 미국, 시안에서 한미군사협정 체결
- 독일, 무조건 항복
- 히로시마, 나가사키에 원폭
- 일본 패전, 한국 8·15 해방
- 미국, 소련, 영국과 얄타 회담
- 중국, 만주국 해체, 푸이 퇴위
- 샌프란시스코에서 국제연합 발족, 유엔헌장 발효
- 포츠담 회담
- 유고, 티토 집권하고 유고슬라비아인민공화국연방 수립
- 인도네시아, 수카르노를 대통령으로 하며 독립 선포

1946

- 한국, 이승만의 단정수립 주장
- 미국, 비키니 섬에서 원폭 실험
- 조지 가모가 '빅뱅이론' 제시
- 영국, 처칠이 '철의 장막' 연설
- 뉘른베르크 전범재판
- 도쿄 극동군사재판

1947

- 미국, 트루먼 독트린 발표
- 미국, 마셜 플랜 발표
- 일본, 신헌법 시행
- 소련, 코민포름 설치
- 인도, 인도와 파키스탄으로 분열

1948

- 한국, 제주도 4·3 사태
- 한국, 원내 선거로 초대 대통령 이승만, 부통령 이시영 선출
- 북한, 조선민주주의인민공화국 헌법 채택
- 미국, 트루먼 대통령 당선
- 유엔에서 세계인권선언 채택
- 인도, 간디 암살
- 이스라엘 공화국 수립
- 제1차 중동 전쟁

1949

- 한국, 김구 암살
- 북대서양조약기구(NATO) 수립
- 중화인민공화국 정부 수립
- 동유럽상호원조회의(COMECON) 발족
- 헝가리 인민공화국 수립
- 인도네시아 연방공화국 수립

궁핍으로부터의 자유, 공포로부터의 자유를

프랭클린 루스벨트, 1941

그는 단순한 정치가를 넘어 하나의 신화가 되었다. 미국 역사상 최초로 대통령 3선에 성공했기 때문이다. 이제 그는 제2차 세계대전을 승리로 이끌어달라는 국민의 소망을 어깨에 짊어진 채 3선 후 첫 연두교서를 발표하려고 국회에 출석했다. 그래서인지 그는 몹시 피로해 보였다. 실제로 본래 좋지 않았던 그의 건강은 계속해서 나빠지고 있었다. 나중에 그는 신화에 신화를 더하며 4선까지 기록하게 되겠지만, 지금 당장은 3선 첫해의 임무를 감당하기도 버겁지 않을까 하는 걱정의 속삭임이 의사당 곳곳에서 들렸다. 그러나 이에 아랑곳없이, 그는 준비한 원고를 꺼내 또박또박 읽기 시작했다.

:: 저는 개인적인 희생을 말씀드렸습니다. 거의 모든 국민이 기꺼이

이에 응할 것으로 확신하고 있습니다. 이에 힘입어 우리들이 이룩하려 노력하고 있는 미래가 도래한다면, 다음과 같은 네 가지의 본질적이고 인도적인 자유에 기초를 둔 세계가 실현되리라, 기대할 수 있습니다.

첫 번째, 언론 및 출판의 자유입니다. 세계 어디서든지 동일합니다.

두 번째, 종교의 자유입니다. 모든 사람이 자기 자신에게 맞는 방법으로 신을 섬길 자유입니다. 이것도 세계 어느 곳에서나 같은 뜻입니다.

세 번째는 궁핍으로부터의 자유입니다. 세계적인 차원에서 생각한다면, 모든 나라가 그 국민을 위해 건강하고 안락한 생활을 보장할 수 있는 경제적인 약속을 의미합니다. 이것도 세계 어디서나 마찬가지입니다.

네 번째는 공포로부터의 자유입니다. 세계적으로 체계적인 군축이 철저히 추진되고, 어떠한 나라도 인접국을 물리력으로 침략할 수 없는 것을 의미합니다. 이것도 세계 어느 곳에서나 동일하게 적용되어야 합니다.

이러한 것들은 먼 미래에나 실현될 수 있는 천년왕국의 환상이 아닙니다. 우리 시대, 우리 세대에 실현될 수 있는 세계의 현실적 기초입니다. 이러한 세계는 저 독재자들이 폭탄으로 창조하려고 하고 있는, 이른바 '새 질서'라고 하는 압제에 정반대되는 것입니다. 그러한 '새 질서'에 맞서, 우리는 더 위대한 도덕적 질서를 가지고 대항하는 것입니다. ::

교서를 모두 읽은 대통령에게 국회의원들은 열렬한 박수를 보냈다. 하지만 지금 현대 국가와 사회가 추구해야 할 가장 기초적인 인권의 요건이 비로소 정리되어 표현되었음을 인식한 사람은 그리 많지 않았다.

루스벨트가 언급한 네 가지 자유 중 첫 번째와 두 번째는 고전적인 자유이다. 개인 행동에 국가나 전통의 간섭을 받지 않을 자유, "남에게 해를 끼치지 않는 한 무엇이든 할 수 있는" 자유 중에서도 특히 관심을 모으는 항목이다. 이는 18세기 프랑스 '인권선언'에도 명시되어 있다. 그러나 세 번째와 네 번째의 자유는 비교적 생소하다. 적어도 자유주의-자본주의를 대표하는 국가의 정부 수반이 거론하는 자유 중에서는. 그것은 국가권력의 간섭을 거부할 수 있는 자유가 아니라 국가에 요구할 수 있는 자유, 다시 말해 자유라기보다는 기본적인 '인권'에 해당한다. '궁핍으로부터의 자유'는 기초적인 생활과 복지를 보장받을 권리이며, '공포로부터의 자유'는 전쟁의 피해에서 해방될 권리이다.

프랭클린 루스벨트는 대공황 당시 경제를 주도하는 역할을 국가에 부여함으로써 시장경제의 파탄을 막았던 장본인이다. 그런 그가 이제는 국가에 도덕적 역할까지 맡기려는 것이다. 국가가 도덕의 중심이 된다는 생각은 사실 별로 새롭지 않다. 아니, 근대 서구적 기준으로는 낡은 생각이다. 과거 고대 철학과 종교가 지배하던 사회에서 통용되던 생각이었고, 근대 세계에서는 국가도 교회도 아닌 개인이 도덕의 중심에 서기 때문이다. 그런데 이런 개인 중심의 자유주의에서는 반드시 도태되는 사람이 있다. 헨리 포드처럼 열심히 일해서 부자가 되는 사람이 있는가 하면 가난에서 벗어나지 못하는 사람도 있다. 자유주의는 그것을 어쩔 수 없는 일이라 여겼고, 사회진화론을 들먹이며 잘난 사람과 못난 사람의 숙명을 이야기했다.

하지만 사회주의자들이 보기에 그것은 궤변일 뿐이었다. 처음부터 출발이 달랐는데, 누구는 재벌의 자식으로 태어나고 누구는 흑인 빈민가에서 태어났는데, 빈민가에서 태어난 사람은 아무리 노력해봐야 재벌은커녕 부자도 될 수 없는데, 개인의 노력이나 운명 따위를 핑계할 수 있는가? 출발점의 불평등을 없애고 모두 똑같은 입장에 서도록 사회(국가)가 나서야 한다! 이런 사회주의가 이제는 현실이 되어 러시아에서 한창 힘을 키워가고 있었다. 게다가 대공황은 '누구나 열심히 하면 성공할 수 있다'는 서구 자본주의의 신화를 무너뜨렸다. 따라서 루스벨트는 자유주의적 자본주의 국가에서도 "국민을 위해 건강하고 안락한 생활을 보장"해주어야 한다고 본 것이다. 안 그랬다간 미국이나 영국에서 사회주의 혁명이 일어날지도 모르잖은가?

여기에 또 한 가지, 스스로의 노력으로 또는 국가의 도움으로 부자가 되었다 하더라도, 전쟁은 그것을 하루아침에 물거품으로 만들 수 있다. 아니, 재산은 고사하고 생명마저 위험하다. 아직 가난에서 벗어나지 못한 사람이라면 더 위험할 것이다. 그러므로 "체계적인 군축이 철저히 추진되고, 어떠한 나라도 인접국을 물리력으로 침략할 수 없는" 조건을 만들어야 한다. 제1차 세계대전 후 피어올랐다가 금방 시들어버린 윌슨의 평화주의 이상을 다시 내세운 것이었다.

무엇보다 궁핍으로부터의 자유와 공포로부터의 자유, 이 두 가지는 나치 독일이나 황국 일본처럼 집단을 우선시하는 것이 아니라 개인의 권리와 자유를 인정하고 보장한다는 데 큰 의의가 있다. 비록 그 동기는 '개인에게 이런 자유를 부여하지 않으면 국가가 망할지도 모른다'는 것이었을지 몰라도, 자유를 누리는 주체는 민족이나 국가나 천황이 아니라 평범한 개개인이다. 이것이야말로 현대 인권론의 관점이다. 설령 국가나 집단에 손해가 된다 할지라도, 개인의 인권 문제는 국가가 책임지고 보장해야 한다. 집단 대신 개인을 우선시하는 관점은 이제까지의 자유주의와 같지만, 국가의 개입을 피하는 데 그치지 않고 국가에 무엇인가를 요구해야 한다는 것은 현대 인권론 특유의 관점이다.

루스벨트는 뉴딜 정책에 케인스주의를 더하고, 인권론까지 추가함으로써 현대 민주국가의 기본 틀을 완성했다. 이제 저마다의 차이는 있을지라도, 사회주의 또는 종교적 근본주의 국가가 아닌 현대국가는 국민에게 위임받은 주권을 바탕으로, 경제 문제와 사회 평등 문제를 비롯한 공동체의 도덕성 문제 등을 해결할 일차적인 주체가 될 것이다. 그리고 이는 개별 국가 차원을 넘어 범세계적 차원에서 인권 문제를 해결해야 한다는 움직임으로도 이어졌다. 바로 국제연합UN의 탄생이다. 국제연맹의 '이상주의'를 참고하여 강대국들에게 일반 회원국과는 다른 특권(안전보장이사회에서의 거부권)을 부여한 유엔은 '공포로부터의 자유'를 보장하는 데는 그렇게 효과적이지 못했다고 할 수 있다. 반면 '인간개발활동'을 통해, 각국 국민들이 기본적인 의식주, 교육, 문화생활 등을 어느 정도 누리고 있는지 살펴보고 이를 향상시키도록 해당국에 권고하는 한편, 직접 나서서 비참한 처지의 사람들을 돕고 있다. '궁핍으로부터의 자유'를 보장하기 위한 유엔의 이러한 노력은 바로 루스벨트의 한마디에서 비롯된 것이며, 아직 지구상에서 궁핍을 완전히 추방하지는 못했지만 인류가 생각할 수 있는 최선의 대안 중 하나라고 여겨지고 있다.

인권에 절대적으로 헌신해야 한다

지미 카터, 1977

루스벨트가 '네 가지 자유'를 말한 지 36년, 세계는 인권이라는 화두에 익숙해져 있었다. 하지만 대부분 말의 성찬에 그칠 뿐, 정말 인권이 탄압되는 곳, 사람 목숨의 가치가 파리 목숨보다 나을 게 없는 폭정과 자연재해의 현장에서는 별 효력이 없다는 지적이 나온 지 오래였다. 유엔의 구호 활동에는 한계가 있었고, 기본적으로 주권을 가진 각국 정부가 자국민의 인권을 생각해야 하는데 그렇지 않은 나라가 너무도 많았던 것이다. 그러면 경우에 따라서는 해당국의 주권을 무시하고서라도 고통받는 사람들을 도와야 하지 않을까? 인권을 보장하기 위해 국가가 존재하는 것일 텐데, 인권을 외면하고 오히려 억압하는 국가의 주권은 존중할 가치가 없지 않은가? 세계대전 이후, 이런 생각을 처음으로 실질적인 정책에 담은 자유 진영의 지도자가 지미 카터1924- 였다.

:: 우리는 이미 높은 수준의 개인적 자유를 얻었습니다. 그리고 지금은 기회의 평등을 향상시키고자 분투 중입니다. 인권에 대한 우리의 헌신은 절대적이어야 합니다. …… 자유에 대한 열망이 전 세계적으로 증가하고 있습니다. 이 새로운 경향을 미루어볼 때, 오늘날 우리 미국에게 정의롭고 평화로운 세계, 진정으로 인도적인 세계를 만드는 데 앞장서는 일만큼 고귀하고 야심적인 일은 없을 것입니다.
우리는 강한 나라입니다. 그리고 이 싸움을 위한 힘을 충분히 갖추고 있습니다. 빈곤, 무지, 부정에 대한 싸움 말입니다. …… 우리는 온전히 이상주의적인 국가입니다. 그리고 이상주의는 결코 나약함이 아닙니다.
우리는 자유국가이므로, 다른 나라의 자유에 결코 무관심할 수 없습니다. 우리의 도덕의식은 다른 나라들이 우리처럼 개인의 인권을 존중하도록 종용하지 않을 수 없게 합니다. 우리는 위협하지는 않을 것입니다. 그러나 그런 나라들이 방해받지 않는 세상이라면, 그것은 결

코 멋진 세계가 아니며 모든 사람들의 안녕이 보장되지 못하는 세계일 것입니다. ::

카터는 선거운동 당시부터 도덕성을 유난히 강조했으며, 그 덕분에 백악관의 주인이 되었다. 그것은 동·서 데탕트(화해)의 주역이기는 해도 기본적으로 '도덕보다는 실리가 최고'라는 입장을 갖고 여러 친미적인 독재자들을 은근히 지원해왔던 닉슨 행정부가 준 환멸 때문이었다. 그런 지나친 현실주의에 대한 환멸은 닉슨이 '워터게이트 사건'으로 미국 역사상 처음으로 불명예스럽게 백악관에서 물러남으로써 절정에 달한 상황이었다. 그래서 정치의 때가 별로 묻지 않은 '변두리 정치인' 지미 카터가 도덕성을 내세우며 집권할 수 있었다. 1977년 1월 20일, 카터가 대통령 취임 연설을 하며 던진 한마디가 바로 "인권에 절대적으로 헌신하자"였다.

네 가지 자유와 천부인권을 단지 선언만 하고 각국이 존중해달라고 권고만 할 것이 아니라, 미국의 힘을 이용해서 적극적으로 전 세계의 인권을 향상시키자는 것이었다. 구체적으로 어떻게? 자국민의 인권을 외면하거나 탄압하는 국가에 외교적·경제적 압력을 행사함으로써. 이것이 이른바 카터의 '인권 외교'였으며, 말로만 그친 것이 아니라 곧바로 시행되었다. 취임하자마자 그는 인권운동으로 유명한 사하로프 박사를 탄압하는 소련에게 엄중한 경고를 보냈고, 체코·우간다·에티오피아·아르헨티나·우루과이는 물론 박정희의 한국에 대해서도 경고를 하거나 무역 제재 조치를 취했다. 한국의 경우에는 주한미군 철수 가능성까지 고려했다. 냉전 논리에서 벗어나서, '적'과 '우리 편'을 가리지 않고 인권 문제를 제기한 것이다.

이러한 인권 외교는 워터게이트 이후 자괴감에 빠져 있던 미국인들의 자존심을 다시 높여주었고, 한동안 진보와 보수를 가리지 않고 카터에게 아낌없는 지지를 보냈다. 미국이 전 세계의 지도국 역할을 하는 것을 보수파가 꺼릴 이유가 없었고, 진보파 입장에서도 인권 향상을 반대할 까닭이 없었기 때문이다.

그러나 영광은 길지 않았다. "냉전이 끝나지 않은 상황에서 우방국들과의 관계를 악화시키다니, 제정신인가?"라는 현실주의자들의 비난이 계속되는 가운데, 1979년 이란의 이슬람 과격파가 미국 대사관 직원들을 인질로 잡는 사태가 발생하고 말았다. 카터의 외교는 자국민의 생명조차 보장하지 못하는 허울뿐인 것으로 비쳐졌고, 그에게 박수를 보내던 사람들은 곧바로 등을 돌렸다. 여기에 경제마저 악화되자, 카터의 인기는 치솟았던 속도보다 더 빠르게 추락했다. 그래서 그는 결국 재선에 실패하고, 4년 만에 백악관을 로널드 레이건1911-2004에게 내주어야 했다.

인권 외교는 4년 만에 좌초했으나, 그 기본 논리와 방법은 폐기되지 않았다. 우선 그를 쓰러뜨린 레이건도 인권을 외교에 이용했다. 다만 주로 사회주의 진영을 공격하기 위한 명분으로 이용했고, 우방 국가의 인권 탄압에는 눈을 감았다. 사회주의권이 몰락한 이후에는 외국의 인권을 향상시키기 위해 외교적 경고나 경제제재

이상의 수단, 즉 무력 행사까지 필요하다는 주장이 생겨났다. 그것은 한편으로 유럽연합EU의 개입 노선으로 나타났다. 자연재해나 내란이 일어나 정상적인 질서 유지가 불가능한 나라에 '평화 유지군'을 보내 질서를 유지하며, 불가피하다면 무력을 사용해 인권유린을 막는다는 것이다. 또 한편으로는 조지 부시 행정부(아버지와 아들 모두)의 '체제 교체'론이 나왔다. 자국민의 인권을 지속적으로 유린하며 세계 평화를 깨트리는 '불량 국가'는 주권을 존중해줄 필요가 없으며, 전쟁을 일으켜서 '정상적인' 정권으로 교체해야 한다는 것이다. 어느 쪽이든 신성불가침으로 여겨지던 국가의 주권을 인권의 이름으로 제재할 수 있다는 생각이며, 그것은 바로 카터의 인권 외교에서 비롯되었다. 그리고 인권 외교는 루스벨트의 4대 자유 보장론에서 발전된 것이었다.

"국가는 인권을 보장하기 위해 필요하다. 인권을 보장하지 않는 주권은 존중할 필요가 없다." 이 중 앞 문장은 절대적으로 옳다. 하지만 뒷 문장의 정당성은 생각해볼 필요가 있다. 자기 가족에게 거침없이 폭력을 행사하는 사람을 빤히 보면서도 남의 집안 일이라며 팔짱만 끼고 있는 것은 아마도 옳은 태도가 아닐 것이다. 경찰을 불러서 강제로 폭력 행사를 제지하는 게 옳으리라. 그런데 문제는 과연 오늘날의 국제사회에서 누가 '경찰'인가 하는 점이다.

철의 장막이 처졌다

윈스턴 처칠, 1946

1946년 4월 5일. 미국 미주리 주 풀턴, 웨스트민스터 대학교의 대강당. 한 유명한 사람이 만면에 미소를 띠고 우레와 같은 박수 속에서 연단에 올랐다. 6년 전, 히틀러가 유럽 대륙을 대부분 집어삼킨 상황에서 영국 수상에 취임한 처칠. 공포에 질린 국민들에게 "피와 땀과 눈물을 바친다"며 오직 싸울 뿐 타협은 없다고 외쳤던 처칠, 그리하여 제2차 세계대전을 연합국의 승리로 이끄는 데 큰 몫을 했던 처칠이었다. 이제 그는 수상 자리를 내놓고, 한 민간인이자 '늙은 병사'의 모습으로 미국을 방문해 기념 강연을 하려는 참이었다. 참으로 소박하고 흐뭇한 광경. 그러나 처칠은 따스한 미소 속에서 또 하나의 전쟁을 선언하려 하고 있었다.

:: 저는 전우였던 스탈린 원수와 용감한 러시아인들에 대해 대단한 존경심을 가지고 있습니다. 우리 영국인들은, 아마 이곳 분들도 마찬가지일 텐데, 러시아인들을 좋아합니다. 그리고 친목을 유지하기 위해 두 나라 사이의 여러 차이점과 거듭되는 불협화음에도 불구하고, 기꺼이 참을 용의가 있습니다.
그렇지만 여러분들은 제게서 제가 본 그대로의 사실을 듣기 원하시리라 생각합니다. 그리고 지금 유럽의 상황에 대해 분명한 사실을 여러분께 알려드리는 것이 제 임무라고 생각합니다.
발트해의 슈체친으로부터 아드리아해의 트리에스테까지, 대륙을 가로질러 철의 장막이 쳐졌습니다. 그 뒤로는 유서 깊은 고대 국가들의, 중부와 동부 유럽 국가들의 수도들이 있습니다. 바르샤바, 베를린, 프라하, 빈, 부다페스트, 베오그라드, 부쿠레슈티, 소피아. 모든 유명한 도시들과 그 주변 지역의 많은 인구가 소위 소비에트연방의 영향권 안으로 들어갔습니다. 그런 나라들에서는 모든 것이 이런저런 방법을 통해 소련의 지배 하에 있으며, 모스크바의 통제력은 갈수록 강력하게 그곳 사람들을 얽어매고 있습니다. ::

모든 사람의 피와 땀과 눈물을 요구하게 될 또 하나의 전쟁. 그러나 그것은 제3차 세계대전은 아니었고(결국 그렇게 되리라고 믿은 사람이 많았지만), 베를린장벽을 사이에 두고 총격전이 벌어지거나 미사일이 매일처럼 바다를 건너 상대방 나라의 도시를 불태우지도 않았다(가장 핵심이었던 유럽이 조용한 대신, 한국, 베트남, 아프가니스탄 등이 '국지전'의 소용돌이에 빠질 운명이었지만). '냉전.' 전쟁이지만 전쟁이 아니며, 휴전도 없고 평화 협상도 없는 지루하고 초조한 무한 대립. 이제 전 인류가 그 거대한 전선의 이쪽 아니면 저쪽에 서게 될 것이었다.

처칠의 한마디에 스탈린은 불같이 화를 내고는, "먼저 싸움을 건 것은 그쪽"이라며 루마니아, 헝가리, 불가리아 등 동유럽의 공산화를 연달아 진행했다. 미국은 "공산주의의 팽창은 무력을 써서라도 막겠다"는 '트루먼 독트린'을 발표했다. 나아가 미국이 마셜 플랜으로 서유럽의 자유 진영을 원조하고 나서자, 소련은 코민포름을 만들어서 동유럽과의 유대 관계를 강화했다. 모두가 '철의 장막'이라는 한마디가 나온 지 채 1년 이 되기도 전에 벌어진 일이었다. 냉전은 이미 대세였다.

'철의 장막', 냉전의 본질을 이처럼 뚜렷이 묘사한 표현은 없다. 사실 처칠이 처음 이 표현을 쓴 것은 아니었다. 처음 사용한 사람은 엉뚱하게도 처칠의 적이었던 나치스의 전설적인 선동가 요제프 괴벨스였으며, 1945년 2월에 신문 사설에서 이 표현을 썼다. 스탈린(본명이 아닌 이 이름은 '철의 인간'이라는 뜻이다) 치하의 소련을 비난하기 위해 쓴 것이었는데, 처칠은 같은 해 6월에 그 표현을 인용해서 개인적인 편지에 사용했다. 하지만 공개적인 연설에서 사용한 것은 이때가 처음이었고, 세계적인 주목을 받고 널리 퍼져 나가 '역사를 움직인 한마디'가 된 것도 이 강연 이후였다.

처칠은 6년 전 나치스를 상대할 때처럼 소련을 "인류 범죄사에도 일찍이 없었던 가공할 폭정"이라고 부르지는 않는다. 오히려 스탈린과 러시아인들을 존경한다고 말한다. 다만 "철의 장막 너머에서는 자유와 민주주의가 사라졌으며" "소련은 전쟁을 벌이려 하지는 않을 것이다. 그러나 팽창을 멈추지도 않을 것"이라고 경고한다. 철의 장막, 그것은 차가운 금속 빛으로 보는 사람의 눈을 위협하며 조용히 이쪽과 저쪽을 나눈다. 당장 전쟁이 벌어지는 상황이라면 장막을 치고 있지는 않으리라. 돌진해 들어오는 적의 탱크와 포복으로 전진해오는 적 병사들이 눈앞에 가득 펼쳐지리라. 그러나 철의 장막은 단지 이쪽과 저쪽을 나누고만 있다. 그래서 더욱 두렵다. 당장 포탄이 오가는 상황은 아니므로 부지런히 학교와 직장에 다니고, 연애를 하고 여행을 하면서 살아간다. 하지만 두렵다. 장막 저편에서 도대체 무슨 일이 벌어지고 있는지 알 수 없기에. 언제 철의 장막이 열리고 적군이 쳐들어올지, 또는 장막을 넘어 무시무시한 핵미사일이 비행운을 만들며 날아와 머리 위로 떨어질지 모르기에. 그래서 '우리'는 늘 준비를 하고 있어야 한다. 더 강력한 무기를, 더 많은 핵미사일을 준비해두지 않으면 안 된다. 그리고 장막을 넘어 은밀히 '우리' 곁에 숨어든 적을 주의해야 한다! 간첩은 없는가? 양가죽을 뒤집어쓴 '빨갱이'는 없는가? 놈들이 혹시 땅굴을 파고 있지는 않을까? 주의하라! 경계하라! 감시하라!

공포의 철의 장막은 '이쪽'을 '자유세계'라는 이름으로 단결시키기도 한다. 자유세계에 속한 이상 우리는 단합해야 하고, 사소한 문제는 잊어버려야 한다. 어느 나라가 독재국가라고? 뭐 어때, 소련 편만 아니면 그만이지. 어떤 나라에서 쿠데타가 일어나 군인들이 정권을 장악했다고? 잘됐네. 군인들이니까 반공 하나만큼은 딱 부러지게 하겠지! 인권 외교, 루스벨트 이래 미국과 유럽의 대외 정책을 좌우했던 이 개념은 철의 장막 이쪽에서의 대동단결이라는 개념과 충돌하며 외교 정책 담당자들을 혼란스럽게 만든다.

그리고 기분 나쁜 철의 장막 저편에서 벌어지는 일은 아무도 모르기 때문에, 저들이 비록 숨을 죽이고 있어도 우리를 호시탐탐 노리는 것은 분명하기 때문에, 처칠의 '존경스러운 러시아인들'은 점점 인간의 탈을 쓴 짐승, 잔인무도한 악마의 이미지를 덧입게 된다. 철의 장막이 세계 그 어느 곳보다 생생하고 처절하게 쳐져 있었던 땅 한반도에서, 어린 학생들은 "북한 공산주의자들을 그려보라"는 선생님 말씀에 조금의 의심도 없이 머리에 큰 뿔이 솟아 있고 온몸에 털이 숭숭 난 빨간 도깨비를 그렸다. 이것이 냉전이었다. 냉전 속에서 살아가는 사람들의 생각이고, 삶이었다. 빨갱이들의 음모와 파멸적인 핵전쟁의 공포는 삶의 모든 자락에 숨어 있었다. 세계는 흑백으로 나뉘어 있고, 경계 너머는 우리가 모르는, 알고 싶지도 않은 세계였다. 세계대전을 끝내고 인류는 비로소 인권과 세계 평화를 진지하게 생각하게 되었지만, 동시에 두 개로 갈라진 세계에 살게 된 것이다.

악의 제국을 조심하라

로널드 레이건, 1983

러시아인을 존경한다고 밝힌 처칠은 아직 철의 장막 너머에 도사리고 있는 '저들'이 누구인지 확실히 말하지는 않았다. 한반도 이남에서는 코흘리개 아이도 아는 '사실'이었지만. 그 '사실'을 자유 진영의 총사령관이 처음으로 똑 떨어지게 말한 때는 1983년 8

월 3일이었다.

:: 여러분이 말씀하시는 핵 동결 제안서에 대해서는, 여러분 스스로 일종의 오만함을 갖고 있지 않으신지 돌아보시라고 권하고 싶습니다. 그 오만함이란 완전히 초연한 위치에 서서 양 진영을 바라보고, 양쪽 모두 문제가 있다고 말하고 싶은 것이겠지요. 그러나 그것은 역사상 나타난 사실을 오판하시는 것입니다. 저 악의 제국이 가진 침략 충동을 간과하시는 것입니다. ::

미국 제40대 대통령 로널드 레이건이 미국 복음주의협회와의 면담에서 사용한 '악의 제국'이라는 표현은 곧바로 세상을 움직인 한마디가 되었다. 이때는 사실 냉전이 계속해서 치열해지다가 최고조에 이른 때는 아니었다. 냉전은 1950년대에 가장 심각했으며, 1960년대에는 이미 '해빙'의 조짐이 보였다.

소련의 흐루쇼프는 스탈린 체제를 비판하고 서방국가들과도 공존할 용의가 있다는 입장을 보였고, 미국은 베트남 전쟁에 말려들었다가 진절머리가 난 나머지 무력으로 공산주의에 맞선다는 '트루먼 독트린'을 완화할 생각을 가졌다.

부통령 시절 이미 소련을 방문해1959 흐루쇼프와 회담을 가졌던 (미국과 소련의 정상급 인물이 한자리에 앉기는 포츠담 회담 이래 14년 만이었다) 닉슨은 대통령이 된 후 베트남 전쟁을 끝내고, 중국과 소련을 방문하여1971 동·서 '데탕트' 무드를 본격화했다. 유럽에서도 원래 냉전에 가장 충실했던 국가인 서독의 빌리 브란트가 '동방정책'을 내세워 동독과의 관계 개선을 모색함으로써 전 세계적 데탕트에 힘을 보탰다. 그러나 1980년대에는 다시 분위기가 험악해졌다.

1980년대에 '신냉전'의 칼바람이 몰아친 이유는 몇 가지가 있다. 우선 1970년대 초의 중국-소련 분쟁 이래 김이 빠진 듯했던 공산주의의 '팽창' 내지 '침략'이 1970년대 말부터 재개되었다. 라오스는 1975년, 캄보디아는 1979년에 공산화되었다. 자유세계의 입장에서 볼 때 동남아시아는 세계 전략상 차지하는 의미가 그리 크지 않았기에 넘어갈 수도 있었다.

그러나 친미적이던 이란 정권이 1979년에 소련에 좀더 우호적인 이슬람 근본주의 정권으로 바뀌고, 아프가니스탄 역시 소련의 후원을 받은 카르말이 쿠데타로 정권을 장악하자 '이러다가는 큰일 나겠다'는 인식이 워싱턴, 런던, 도쿄 등을 뒤덮었다.

특히 이란과 아프가니스탄은 자본주의 세계를 유지하는 견인차인 페르시아만의 유전 지대와 밀접했기에 미국이 긴장하지 않을 수 없었던 것이다. 또한 1980년대 초에 소련은 극동지역에 해군기지를 신설하고 훈련을 실시하는 등 중동뿐 아니라 극동으로도 진출하려는 듯한 태도를 보였다. 더욱이 1983년 소련에 의한 대한항공 여객기 격추, 같은 해 북한이 남한 대통령 이하 정부 각료들을 암살하려 한 '아웅 산 묘지 테러' 등 충격적인 사건들이 계속해서 일어나면서 무르녹는 듯했던 동서 간의 분위기는 급속히 냉각되어 갔다.

여기에 소련을 비롯한 사회주의 국가들의 경제가 군사비 부담과 식량난으로 인해 점점 어려워진 데 비해 미국과 영국을 비롯한 서방국가들은 보기 드문 호황을 누린 점(앞서 데탕트 시대에는 반대로 서방 국가들의 경제 사정이 좋지 않았다), 1981년 폴란드에서 일어난 자유노조운동과 솔제니친·사하로프를 중심으로 한 소련 내부의 인권운동 등 사회주의권이 이념적으로 흔들리는 모습을 보인 점도 1980년대에 신냉전이 도래하는 원인으로 작용했다.

이런 상황에서 레이건과 같은 지도자가 미국의 대통령이 되었다. 윌슨이나 루스벨트, 케네디처럼 지적이며 진보적 가치를 존중하던 대통령에 비해 그는 좋게 말해서 소박하고, 나쁘게 말해서 투박했다. 그의 정치 이념은 매우 단순했으며 도덕관념과 잘 구별되지 않았는데, 그 도덕관념의 중심은 자유세계에 대한 종교적인 믿음과 '철의 장막 저편'에 대한 지독한 불신이었다.

그의 도덕주의적 외교 정책은 어떤 면에서는 전임자 카터의 인권 외교를 계승했다고 할 수 있다. 그러나 카터의 온건하고 보편적 인권을 중시하는 도덕주의가 아니라, 사회주의에 대해 공격적이고 기독교와 미국 중심주의를 앞세우는 도덕주의였다. 그리하여 그는 결국 공식적으로 '악의 제국'이라는 표현을 사용함으로써 신냉전 시대 전체를 한마디로 요약했고, 그 후에도 기회만 있으면 소련과 다른 사회주의 국가들을 비웃고 욕했다.

때마침 그의 파트너가 된 자유 진영 국가의 지도자들도 비슷한 성향을 지니고 있었다. 영국의 대처, 일본의 나카소네, 그리고 한국의 전두환. 모두가 철의 장막 저쪽을 겁내고 의심할 뿐 아니라, 적극적으로 저들을 압박하고 두들겨 부숴야 한다고 믿었다. 그리고 그 믿음은 경제 호황의 결실을 무위로 돌릴 만큼 적극적인 군비 증강('별들의 전쟁'으로 불리는 전략방위구상SDI도 포함되어 있었다)과 사회주의 진영에 맞서는 극우 독재 세력들에 대한 묻지도 따지지도 않는 지원(나중에는 악의 제국이 아니라 악의 축이라는 낙인을 얻은, 사담 후세인의 이라크도 포함되어 있었다) 등으로 실천되었다.

프로이트의 수제자였으면서도 그의 정신분석학에서 가장 먼저 독립한 카를 융은 '그림자'라는 개념을 소개했다.

우리는 항상 마음속에 감추고 싶고, 인정하고 싶지 않은 어둠을 갖고 있다. 그리고 그것을 다른 누군가에게 뒤집어씌우고 대신 그를 비난하고 공격함으로써 스스로의 양심을 만족시킨다. 우리 스스로의 어둠을 없애지 않는 한 '사악한 적'은 사라지지 않는다. 냉전이란 그런 것이었다. 물론 사회주의 체제는 자유주의-자본주의 체제와 다르다. 또 스탈린이나 마오쩌둥이 인권을 짓밟으며 폭압정치를 한 것도, 김일성이나 폴 포트가 학살과 테러를 저지른 것도 모두 사실이다.

그러나 시행착오는 인류의 속성이 아닐까. 인권의 억압과 죄 없는 사람들의 고통, 이는 어느 사회에나 존재하는 어둠이 아닐까. 먼저 스스로의 어둠부터 몰아내야 했을 것을, 상대방을 '철의 장막' 너머에 도사리고 있는 무시무시한 도깨비로 여기지 말고 대화하고 타협해야 했을 것을. 냉전은 결국 자유 진영의 승리로 끝났다.

그러나 그 때문에 인류는 얼마나 많은 고난을 겪고, 얼마나 많은 가능성을 잃어버렸던가. 냉전의 산물 중에는 오늘날 우리에게 많은 혜택을 주는 것들도 있다. 우주개발, 유전공학, 인터넷 등등. 하지만 그런 것들이 우리 쪽의 힘만 키우기 위해서가 아니라, 상대를 쓰러뜨리기 위해서가 아니라, 인류 공통의 행복을 위해 개발되고 발전되었다면? 미국과 소련, 동독과 프랑스가 손을 잡고 서로의 지식과 지혜를 나누며 발전에 힘썼다면 세상은 더 살 만한 곳이 되지 않았을까.

여자는 태어나지 않고 만들어진다

시몬 보부아르, 1949

이 책에서 이제껏 42명이 남긴 44개의 한마디를 다루었는데, '세상의 절반'인 여성이 남긴 한마디는 이제야 겨우 등장했다. 슬프게도, 현대사에서조차 여성이 차지하는 비중이 적었다는 뜻이다. 여성이 낸 목소리가 남성에 비해 그만큼 낮았다는 것이다.

그러나 그만큼이라도 여성의 목소리가 들리기 시작한 시대가 다름 아닌 현대이며, 그것은 현대를 앞선 시대들과 구분하는 또 하나의 뚜렷한 특징이 된다.

시몬 보부아르1908-1986가 여성에 대해 목소리를 높인 최초의 여성은 아니다. 메리 울스턴크래프트1759-1797는 보부아르의 『제2의 성』1949보다 대략 150년 전에 『여성 권리의 옹호』1792를 써서 '최초의 여성주의자'로 역사에 이름을 남겼다. 그 후에도 소저너 트루스1797-1883, 빅토리아 우드헐1838-1927, 에멀라인 팽크허스트1858-1928, 엠마 골드만1869-1940, 추진1875-1907 등 여성주의자와 여성운동가들이 끊임없이 출현해 19세기와 20세기 초 여성의 지위 향상에 기여했다. 여성운동사를 전체적으로 볼 때, 보부아르보다는 인권운동의 일환으로 여성운동을 적극 추진했던 엘리너 루스벨트1884-1962나 피임의 권리를 확보해 여성을 어머니의 '운명'에서 보다 자유롭게 해준 마거릿 생어1879-1966가 더 큰 기여를 했다고 보는 경우가 많다.

하지만 이런 선구자들의 활동은 대체로 노동운동이나 노예해방운동 등 사회운동의 한 과제로 여성운동을 추진하는 일이나, 여성참정권 쟁취운동 등에 제한되어 있었다. 말하자면, 모든 사람이 자유와 평등을 누려야 하며, 인종이나 종교, 지능이나 소득수준에 따라 차별을 받지 않아야 한다. 그렇다면 남자와 여자라는 차이 또한 차별의 근거가 되지 않아야 하지 않겠는가? 즉 선구적인 여성운동가들은 법률과 제도에 있어서 자신들을 '여자'로 보지 말 것을 요구했다. 그리고 모든 여자들도 여자가 아닌 '인간'으로 대접받기를 바랐다. 여성과 남성은 다르지만 그것은 사생활에서나 그럴 뿐, 투표를 하고 재산을 소유하며 직업을 선택하는 등의 공적인 사회생활에서는 여성도 남성도 없이 똑같은 인간으로 여겨져야 한다는 것이었다.

그것은 분명 정론正論처럼 들렸다. 그리고 그들의 노력으로 오스트레일리아1902, 네덜란드1917, 영국1918, 미국1920, 프랑스1946 등 세계 각국이 차례차례 여성에게 참정권을 부여했으며, 재산권이나 친권 등에서 여성에게 불리했던 조항도 차차 개선되어갔다. 그러나 이것은 결코 끝이 아니라 시작일 뿐이라고, 보부아르는 『제2의 성』에서 외쳤던 것이다.

"여자는 태어나지 않고 만들어진다." 무슨 뜻일까? '여자'란 사실 태어날 때부터 '여자'인 것이 아니라, 교육과 문화에 의해 '여자'가 된다는 것이다. 물론 여자는 남자와 다르다. XY 염색체가 아닌 XX 염색체를 지녔고, 겉보기에도 신체적으로 다른 점이 뚜렷하다. 그러나 보부아르는 그런 생물학적 차이는 흔히 '여성의 본성'이라고 불리는 상냥함, 섬세함, 온화함, 예민한 감수성, 소극적 인생관 등의 원인이 아니라고 주장했다. 그런 성향은 남성 지배적인 사회에 의해 조작되고 세뇌된 '가짜 본성'이라는 것이다. 철학자로서 보부아르가 내놓은 이런 주장은 곧바로 인류학자인 마거릿 미드1901-1978에 의해 뒷받침되었다. 그녀는 『여성과 남성』1949에서, 여러 원시 부족들을 방문 조사한 결과 서구에서 당연히 남성의 역할 또는 여성의 역할로 여겨지는 것들이 그런 부족들에서는 한결같지 않았다고 밝혔다. '여자'란 서구 문화의 독특한 산물이다!

여성이 인위적으로 상냥함, 온화함, 섬세함 등의 '본성'을 갖게 되었다면 그 이유는 무엇일까? 그래야만 남성이 손쉽게 여성을 지배할 수 있기 때문이다. 이제 선구자들의 투쟁에 힘입어 여성에게도 참정권이 주어졌고, 여러 사회생활에서 제도적인 불이익을 받지 않게 되었다. 그런데 여성들이 투표를 하는데도 여전히 선거에서는 대부분 남성 정치인이 뽑히며, 직장에서도 고위직은 남성이 독점하고 있다. 또 전에는 여성이 집에 틀어박혀 밥하고 빨래하고 아기를 돌보도록 강요당했는데, 이제는 밖에서 일하는데도 돌아오면 또 허겁지겁 가사를 돌봐야 한다. '해방'된 덕분에 두 배로 힘들어진 것이다.

왜 이렇게 되었을까? 그것은 여성은 합리적인 사고력이 부족하고, 딱딱한 공무보다는 화초를 가꾸거나 집을 예쁘게 꾸미는 등의 감성적인 활동에 더 뛰어나다는 관념 때문이다. 여성들조차 그런 관념을 자연스럽게 받아들인다. 그리고 "여자라면 일보다는 사랑이지" "공연히 힘들게 일할 것 없어. 적당한 사람 만나서 시집가면 그만이야" "외교니 경제니 하는 건 잘 몰라. 그런 일은 남자들에게 맡겨두자고" 등등의 생각을 자연스레 한다. 여성은 조작된 '여성성' 안에서 노예가 되어, 어렵게 쟁취한 자유와 권리를 제대로 누리지 못하고 있는 것이다. 결국 진정한 '여성해방'은 남성 중심적 문화와 조작된 여성성을 무너뜨려야만 이룰 수 있다.

보부아르의 한마디는 좀더 근본적인 시각에서 여성해방 문제를 다루었다는 점에서 획기적이었고, 크나큰 영향을 미쳤다. 그중에서 그녀의 이론을 가장 잘 응용하고 확대 발전시킨 사람이 베티 프리던1921-2006이었다. 심리학자였던 그녀는 『여성의 신비』1963에서,

이른바 '여성의 신비'란 남성들이 만들어낸 거짓이며, 그 신비에 속은 여성들은 '좋은 남편 만나 좋은 집에서 아들딸 낳고 오순도순 사는 것'만을 인생의 목적인 듯 여기고 살아간다는 점을 분석해냈다. 베티 프리던의 이론은 1960년대와 1970년대 초에 걸쳐 미국에서 여성운동이 격렬하게 몰아치는 계기가 되었다.

남성과 여성의 차이는 곧 구원이다

뤼스 이리가레이, 1977

그러나 시간이 지나면서 여성주의자들 사이에서 정반대의 주장도 나오게 되었다. 벨기에 출신의 철학자이자 심리학자인 뤼스 이리가레이1932- 는 『하나가 아닌 성』1977에서 이렇게 말했다.

:: 남성과 여성의 차이는 아마도 우리 시대의 구원이 될 수 있을 것이다. 그것을 충분히 고려한다면 말이다. ::

보부아르나 프리던이 '남성이 조작한 가짜'라고 여긴 '여성성'을 이리가레이는 여성의 신체적 특성에서 비롯된 '진짜'라고 본다. 다만 '남성성'이 '여성성'보다 우월하다고 여기는 데 문제가 있다는 것이다. 이리가레이는 '여자란 불완전한 남자'라고 정의했던 아리스토텔레스의 삐뚤어진 시각이 수천 년 동안 이어져왔고, 자신이 공부한 정신분석학의 창시자인 프로이트 역시 예외가 아니라고 본다. 프로이트에 따르면, 여성은 영원히 남성을 선망하며 스스로는 불완전한 남성이라는 콤플렉스에서 벗어나지 못한다. 하지만 이리가레이는 남성성과 여성성은 독립적인 것으로 우열 관계가 없고, 남성성이 여성성보다 우월하다고 여기는 것은 서양 문화가 동양 문화보다 우월하다고 여기는 것과 마찬가지로 편견이며 억지라고 말한다. 여성은 분명 남성보다 덜 합리적이고, 더 감성적이다. 그런데 합리성이 감성보다 우월할 까닭이 무엇인가? 여성은 업무를 기계적이고 절도 있게 해내기 힘들다. 반면 종합적이고 유연하게 해내는 데는 남성보다 낫다! 프리던은 남성이 만들어놓은 사회제도의 틀에 여성이 억지로 끼어들려고 하는 것은 잘못이며, 남성은 남성, 여성은 여성으로서 서로 다른 생각과 행동의 틀에 따라 움직일 때 남성도 여성도 '해방'된다고 보았다. 이런 '문화적 여성주의'는 포스트모더니즘의 한 줄기로 자리 잡았고, 여성학과 여성운동의 맥락을 더욱 풍부하고 다양하게 했다.

최근의 생물학 연구에서는 마거릿 미드나 보부아르가 생각했던 것보다 생물학적 차이에 따른 남성과 여성의 차이가 많은 것으로 나타났다. 이것은 이리가레이의 이론을 뒷받침하는 셈이겠지만, 한편으로 그녀가 남성과 여성의 차이를 너무 과장했으며 개인차를 인정하지 않았다는 지적도 나온다. 여성과 남성이 정말 그렇게까지 다르다면 어떻게 하나로 어우러져서 더불어 잘 사는 사회를 만들어나갈 수 있겠느냐는 비판인 것이다.

1940년대 말까지 오직 한길인 줄로만 알았던 여성해방의 길, 그것은 보부아르의 한마디에 이르러 여러 갈래로 갈라졌고, 지금은 '여성주의'라는 한 단어로 묶을 수 없을 만큼 복잡하게 나누어져버렸다. 하나의 정책이나 법률이 어떤 여성주의자들에게는 환영을 받는 반면, 다른 여성주의자들에게는 무관심의, 또다른 여성주의자들에게는 맹렬한 비판의 대상이 되기도 한다.

이처럼 남녀평등 또는 여성해방의 길이 복잡한 까닭은 여자와 남자는 같으면서도 다르고, 똑같은 인간이면서도 서로에 대해 영원히 알지 못하는 존재이기 때문이다. 서로 다른 피부나 종교의 소유자들도 처음에는 상대방을 이해하지 못하지만, 서로에 대해 배우고 익히다보면 차이는 좁혀지고, 없어진다. 하지만 남성과 여성의 생물학적 차이는 없앨 수 없다. 그러다보니 어떻게 보면 무리하게 그 차이를 무시하는 것이 여성을 위하는 일 같고, 다르게 보면 반대로 그 차이를 확실히 드러내는 쪽이 여성주의적인 일 같기도 하다. 다만 한 가지 분명한 사실은, 여성과 남성은 서로를 필요로 한다는 것, 남녀가 화합하지 않으면 문명도 과학도 인권도 무의미해진다는 것이다. 어느 한쪽이 계속해서 불만을 가질 수밖에 없는 상황이라면 화합은 불가능할 것이다.

[1950-1959]

냉전과 열전의 10년

1950

- 매카시의 휠링 연설로 '매카시즘' 개시
- 한국 전쟁 발발
- 영국, 노동당 재집권
- 인도, 신헌법 공포, 인도공화국 수립

1951

- 트루먼, 맥아더 해임
- 미국-일본, 강화조약 및 미·일 안전보장조약 조인 (샌프란시스코 조약)
- 소련, 원폭 실험 선언
- 유고슬라비아의 티토, 소련을 비난하고 자주화 개시
- 이집트, 영국-이집트 조약 폐기 통고, 수에즈에서 영국군과 충돌

1952

- 한국, 국회가 경찰 포위 속에 발췌개헌안 통과
- 미국, 수폭 실험 성공
- 미국, 매카시선풍 재개
- 영국, 몬테페로섬에서 원폭 실험 실시
- 동서베를린 간 경계선 봉쇄

1953

- 한국, 독도 영유권 주장 성명 발표
- 한국 전쟁 휴전협정 조인
- 왓슨-크릭이 DNA의 2중 나선 구조를 발표
- 스탈린 사망, 흐루시초프가 서기장 취임

1954

- 한국, 독도에 영토 표지를 설치하고 민간 수비대를 파견
- 미국, 공산당 통제법 제정
- 네루-저우언라이 회담, 평화 5원칙 확인
- 브라질, 발가스 대통령 자살

1955

- 핵전쟁에 반대하는 '러셀 · 아인슈타인 선언' 발표
- 서독, 동독 승인 국가와 단교한다는 할슈타인 원칙 발표
- 반둥에서 아시아 · 아프리카 회의를 개최, '비동맹' 탄생
- 아르헨티나, 페론 대통령 망명

1956

- 일본, 미국과 국교 회복
- 이집트와 영국-프랑스 사이에 수에즈 위기 발발
- 소련, 코민포름 해산
- 헝가리, 너지가 바르샤바조약기구 탈퇴 선언하자 소련군이 개입해 카다르정권을 세움

1957

- 미국, 대륙간탄도탄 아틀라스 실험 발사에 성공
- 미국, 최초의 지하 핵실험 실시
- 바딘, 쿠퍼, 슈리퍼가 초전도 이론 발표
- 소련, 대륙간탄도탄 실험 성공
- 소련, 스푸투니크 1호 발사
- 사하로프가 노벨평화상 수상
- 필리핀, 막사이사이 사고사
- 과테말라, 카스티요 대통령 암살

1958

- 한국, 정부가 보안법 개정안 국회 제출(보안법 파동)
- 북한, 천리마운동 시작
- 미국, 미항공우주국(NASA) 설립
- 프랑스, 국민투표에서 헌법개정안 승인, 5공화국 발족
- 이집트, 시리아와 아랍연합공화국 조직
- 베네수엘라, 히메네스 대통령이 정변으로 도미니카에 망명

1959

- 미국, 영국, 소련과 제네바에서 핵실험 정지 회담
- 워싱턴에서 세계 21개국이 남극대륙의 평화적 이용에 관한 남극조약 체결
- 중국, 인도와 최초의 국경분쟁
- 싱가포르, 제1회 총선 실시해 자치독립국 선언
- 프랑스, 드골이 알제리 민족자결정책 발표
- 소련, 흐루시초프가 방미하여 아이젠하워와 정상 회담
- 쿠바, 카스트로가 수상에 취임

전쟁에서 승리를 대신할 것은 없다

더글러스 맥아더, 1951

냉전이라고 해서 언제 어디서나 차가운 대치 상황만 연출하고 있었던 것은 아니다. '국지전'이라는 이름으로, 세계의 '주변부'에서 수많은 사람들의 목숨을 앗아가는 치열한 열전으로 불거지기도 했다. 그중 하나가 바로 한국 전쟁이었다.

전쟁의 원인은 분단이었다. 조선시대까지 '온전히 하나로 통합된 나라'(이것은 1945년 8월 10일, 한반도를 38선을 기준으로 미국과 소련이 분할 점령한다는 결정을 내렸던 미군 장교들이 내뱉은 말이기도 했다. '이렇게 온전히 하나로 통합된 나라를 어떻게 둘로 나눈단 말인가?')였던 한국은 제2차세계대전을 수습하는 과정에서 얼떨결에 분단되었고, 38선은 곧바로 세계를 자유 진영과 공산 진영으로 나누는 거대한 분단선이 되고 말았다. 이것이 부당하며 부자연스럽다는 생각을 한 사람이 김구

뿐만은 아니었다. 이승만도, 그리고 김일성도 그렇게 생각하고 있었다.

여기에 잘 드러나지 않고 있던 또 하나의 분단이 있었다. 바로 자유 진영의 중심인 미국에서 발생한, 군사주의와 문민주의의 분단이었다. 미국은 본래 전쟁(독립 전쟁)으로 수립된 나라이고 전쟁(인디언 전쟁, 미국-스페인 전쟁, 미국-멕시코 전쟁)으로 확장을 거듭했지만, 무력은 어디까지나 문민 권력의 통제를 받아야 한다는 원칙을 강조해온 국가이기도 했다. 그것은 곧잘 고립주의로 귀결되어, 전 세계가 유럽 제국주의자들의 무대가 되던 시절에도 미국만큼은 국력에 비해 해외 식민지 개척의 발걸음이 더디도록 만들었다. 반대로 전쟁의 필요성이 불거지고 군인들의 목소리가 커지면, 군사개입주의와 미국적 제국주의가 표면에 나섰다.

1950년대로 접어들던 당시, 미국은 두 차례의 세계대전을 치르며 평상시보다 군사주의가 팽배한 모습이었다. 그것은 군대의 전체 규모, 국방 예산의 크기, 그리고 아이젠하워, 맥아더, 니미츠, 패튼 같은 여러 전쟁 영웅들의 명성 등에서 뚜렷했다. 하지만 이제 전쟁은 질렸고, 평화와 번영의 시대를 맞이하여 탈바꿈을 해야 한다는 목소리가 급속도로 커져갔다. 그에 따라 당장 군대 규모와 국방 예산이 대폭 축소되었다. 대외 전략의 큰 그림 역시 달라질 수밖에 없었다. 냉전이라는 새로운 현실을 앞에 두고 미국이 당장 아무 일도 없었던 것처럼 고립주의로 돌아갈 수는 없다. 하지만 미국의 힘은 일본과 서유럽을 중심으로 영역을 단단히 지키는 쪽으로 쓰여야지, 소련이나 새로 공산화된 중국, 동유럽 등을 공격적으로 밀어붙이는 데 쓰여서는 안 될 것이다. 이런 생각을 반영한 것이 바로 1950년 1월 12일, 애치슨 국무 장관이 발표한 '애치슨 라인'이었다. 그는 극동에서 미국의 방어선은 알류샨열도와 일본열도, 오키나와, 필리핀을 잇는 선이라고 밝혔다. 한국은 제외한 것이다! 애치슨이 이후 "한국을 포기한다는 뜻은 아니다"라고 덧붙였고, 이 방어선 밖의 우방국도 공격을 받으면 유엔 안보리 상정을 거쳐 지원하겠다고 했으나, 미국이 극동에서 일본에 비해 한국의 중요성을 낮게 보았음은 분명했다.

한편 세계대전을 세계 혁명의 절호의 기회라고 여겼던 소련과 중국은 군사주의의 고삐를 늦추지 않았다. 미국이 잠시 절대 우위를 가졌던 핵전력조차 단시간에 따라잡았다. 그리고 미국이 주춤하고 있는 사이에 이 분단의 틈을 파고들어, '사회주의의 영토를 넓혀야 한다'(스탈린, 마오쩌둥) '민족 통일을 이루어야 한다'(김일성)는 데 의견을 같이했다.

북한군은 전력, 전술, 기세에서 남한군을 압도했다. 유엔이, 미국이 개입하지 않았더라면 전쟁은 일찌감치 끝나고 말았을 것이다. 그러나 한반도에서 손을 떼었나 싶었던 미국은 김일성과 스탈린의 예상과 달리 빠르게 대응했다. 그래도 유엔 안보리에는 거부권을 가진 소련이 앉아 있다. 거기서 외국의 개입이 차단되지 않을까? 하지만 역시 의외였다. 안보리 회의에 소련이 참석하지 않았던 것이다. 덕분에 북한의 침략을 부정하며 이를 격퇴시키기 위해 무력을 동원한다는 유엔 안보리 결의안 82, 83, 84호가 무사히 통과될 수 있었다. 소련이 왜 그랬는지는 아직도 불분명하지만, 이로써 한국 전쟁은 일방적인 단기전으로 끝나지 않게 된다.

유엔군 총사령관을 맡은 더글러스 맥아더1880-1964. 제2차 세계대전의 영웅이었던 그는 대담무쌍한 인천 상륙작전을 통해 전세를 역전시키고, 계속해서 북한군을 몰아붙여 통일 일보 직전의 상황에까지 이르렀다. 하지만 그는 좀 지나쳤다. 군인으로서의 입장과 가치관만을 고집하며 전략적, 외교적 시각을 무시했던 것이다. 워싱턴의 트루먼 대통령 입장에서는 북한군을 38선 북쪽으로 쫓아내는 데 그치지 않고 김일성 정권을 쓰러뜨리려는 맥아더의 북진 결정도 그다지 미덥지 않았다. 그래도 "이대로 진격을 멈추면 저들은 전열을 재정비해 다시 공격해올 것이다. 이 기회에 적을 아예 없애버려야 한다"는 맥아더의 주장을 받아들여 북진을 승인했다. 그러나 맥아더가 마오쩌둥의 인내심을 자극하다 못해 마침내 중국의 개입을 불러오고, 그러고는 다시 "원자폭탄을 퍼부어서 중국까지 없애버리자"고 나오자 트루먼의 인내심도 한계에 달했다. 1951년 4월 11일, 트루먼은 맥아더를 해임했다. 맥아더가 워싱턴의 지침을 여러 차례 무시하고 전쟁을 독단적으로 수행했다는 것이 가장 중요한 이유였지만, 한편으로는 세계대전에 이어 한국 전쟁을 통해서도 영웅으로 부각, 미국 대중들 사이에서 인기몰이를 하며 '미국의 카이사르'로 불리던 맥아더가 정치적으로 부담스러웠던 까닭도 있었다. 옛날 로마의 카이사르도 해외 원정의 승리로 얻은 인기를 바탕으로 정권을 잡고는 결국 공화국을 무너뜨리고 로마제국의 시대를 열지 않았던가. 맥아더의 해임은 미국 전통의 '문민 우위의 원칙'을 재확인한 것이었다.

해임된 맥아더는 미국으로 소환되어 의회 청문회장에 섰다. 어째서 상부의 지침을 어기고 전쟁 확대를 꿈꿨느냐는 질문에 그는 이렇게 대답했다. "전쟁에서 승리를 대신할 것은 없습니다." 이것은 귀가 번쩍 뜨일 만큼 멋진 한마디는 아니다. 얼마 후 말한 "노병은 죽지 않습니다. 다만 사라질 뿐입니다"에 비하면 그리 알려져 있는 편도 아니다. 맥아더만이 아니라, 수많은 동서고금의 군 지휘관들이 곧잘 입에 담았을 만한 말이기도 하다. 그러나 그 말이 맥아더의 입에서 나왔다는 사실, 그리고 냉전이 막 시작된 당시에 나왔다는 사실이 중요하다. "전쟁에서 승리를 대신할 것은 없다." 즉 이기기 위해서는 수단과 방법을 가리지 말아야 한다, 인권이니 국제평화니 하는 것들은 나중에 생각하고 우선은 이기고 보자는 이 발언은 냉전에 임하는 자유 진영 쪽 군사주의의 상징이 되었다. 그리고 냉전 시대를 지나 레이건이나 부시가 사회주의 진영과는 무관하지만 미국에 거슬리는 외국 세력들(그라나다든, 이라크든)을 공격할 때 참고하는 교훈이 되기도 했다. 무엇보다도 이 말은, 그때까지 미국사에서 팽팽하게 맞서고 있던 문민주의-고립주의와 군사주의-개입주의 사이의 균형이 마침내 깨지고, 20세기 중반 이후 미국이 강력한 군사주의를 추구하는 국가가 되는 단초로서의 한마디였다는 점에서 큰 의미가 있다.

군산복합체의 힘을 차단해야 한다

드와이트 아이젠하워, 1961

맥아더는 군사주의에 맞선 문민주의의 벽을 넘지 못했다. 트루먼의 해임 조치는 일각에서 '영웅의 등에 칼을 꽂는 비겁한 행위'로 인식되며 격렬한 트루먼 탄핵 시위와 맥아더 지지 시위로 이어지기도 했다. 하지만 청문회장에서 "미국을 다시 세계대전으로 끌고 들어가려 했는가?"라는 질문에, "이기기 위해서는 뭐든지 해야 한다. 적을 완전히 없애기 전까지는 안심할 수 없다"는 변명밖에 할 수 없었던 맥아더에게 미국 국민 다수는 실망했다. 그에 따라 문민주의와 고립주의의 역풍이 거세게 불어닥쳤고, 그 역풍에 휩쓸린 노병은 허무하게 사라져버렸다. 그러나 그로부터 10년 후, 문민주의는 뜻밖의 인물의 한마디를 통해 뜻밖의 패배를 선언한다.

:: 우리는 그들이 승인받지 않은 힘을 얻는 일을, 그들이 원하든 원치 않든 군산복합체가 힘을 손아귀에 넣는 일을 차단해야 합니다. 이 위험천만한 힘, 잘못된 권력이 탄생할 가능성은 지금도 존재하고 앞으로도 존재할 것입니다. ::

아이젠하워1890-1969도 제2차 세계대전에서 연합군 최고사령관이 되어 나치를 무릎 꿇린 미국의 전쟁 영웅이었다. 다만 맥아더나 패튼, 영국의 몽고메리 등이 오만하고 자기중심적이었던 반면, 그는 대인 관계가 원만했으며, 늘 온화하고 소탈한 모습을 보여주었다. 그래서 맥아더를 '미국의 카이사르'라 불렀던 미국인들이 아이젠하워는 '아이크'라고, 마치 친척 아저씨를 부르듯 친근하게 불렀다. 이런 친화력을 바탕으로 그는 전쟁이 끝나고 노병들이 하나둘 사라지는 가운데 정치에 입문했으며, 마침내 제34대 대통령이 되어 맥아더가 소원했던 백악관 입성의 꿈을 이룬다1952. 아이젠하워가 한때 맥아더의 부관으로서 그의 심부름을 하는 입장이었고 보면 묘한 일이다.

전쟁으로 얻은 명성을 바탕으로 대통령이 되었으나, 아이젠하워는 군사주의와는 전혀 다른 쪽을 지향했다. 한국 전쟁을 끝내겠다는 공약을 내세웠고, 취임하자마자 이를 실천했다. 1956년에는 이집트의 나세르가 수에즈운하를 국유화하겠다고 선언했고, 이에 반발한 영국과 프랑스가 무력을 동원하는 '수에즈 위기'가 일어났다. 여기서 영국과 프랑스에 미국이 동조하고 나세르가 소련을 끌어들일 경우 또 하나의 한국 전쟁 또는 세계대전이 일어날 수도 있었으나, 아이젠하워는 동맹국들을 설득해서 위기가 더 큰 위기로 번지지 않도록 했다. 1958년에도 이집트와 시리아가 '아랍연합공화국'을 수립한다고 선언하여 앞뒤로 적과 맞서는 격이 된 이스라엘의 분위기가 심상치 않아졌지만, 그의 중재 덕분에 전쟁이 일어나지 않고 무마되었다. 정치적으로는 보수에 가까웠고 자유 진영이 공산 진영보다 우월하다고 믿어 의심치 않았지만, 냉전은 어디까지나 냉전으로 끝나야 한다는 게 그의 신념이었다.

그러나 재선까지 해서 8년의 임기를 마치고 민주당의 케네디에게 백악관을 넘겨주고 떠나는 자리에서, 아이젠하워는 "군산복합체를 경계하라!"는 강력한 경고를 보냈다. 군산복합체란 무엇인가? 세계대전을 거치며 군사 무기는 현기증이 날 만큼 빠르게 발전했다. 기관총에서 탱크, 장갑차, 프로펠러 비행기와 제트전투기, 잠수함, 항공모함, 미사일, 그리고 원자폭탄과 그보다 더 위력적인 수소폭탄까지……. 이제 전쟁은 용감한 병사들의 활약으로 승패가 갈리는 것이 아니라, 누가 더 우수한 무기를 더 적절하게 사용하느냐의 문제가 되어 있었다. 무기가 그만큼 중요해지고, 또 많은 돈과 기술을 투자해야 하는 것이 되다보니 무기를 만드는 산업이 국가의 핵심 산업으로 떠오르게 되었다. 또 미국에 이어 소련1951과 영국1952도 핵을 보유하기 시작했고, 1957년에는 소련이 대륙간탄도탄과 그 기술을 응용해 최초의 인공위성(스푸트니크 1호)까지 만들어내자 미국도 군비 증강에 더욱 박차를 가할 수밖에 없었다. 상황이 이렇게 되자 무기 개발과 생산을 담당하는 군수산업체들과 군대 사이에 묘한 밀착 관계가 형성되었다. 군대는 사회가 전쟁에 대해 계속 관심을 쏟게 만듦으로써 입지를 강화한다. 그러면 자연스레 군수산업체의 매출이 증가한다. 더 구체적으로는 이렇게까지 된다. 군수산업체가 새로운 미사일을 만들어 군대에 납품했다고 하자. 그러면 군대는 그것을 실전에서 사용해보고 싶을 것이다. 군수산업체 역시 군대가 그 미사일을 소비해주어야 더 많이 생산할 수 있고, 새로운 제품을 개발할 근거도 마련할 수 있다. 따라서 군대는 굳이 필요하지도 않은 전쟁을 부추기고, 전쟁을 통해 군대와 산업체가 이익을 본다. 아이젠하워는 이런 유착 구조를 '군산복합체'라 불렀다. 군산복합체가 '승인받지 않은 권력'을 손아귀에 쥐게 되면, 굳이 필요하지 않은 전쟁이 자꾸 일어나게 되고 불필요한 인명과 재산이 손실된다. 그에 따라 세계를 잿더미로 만들지 모르는 대규모 핵전쟁이 일어날 가능성도 높아지게 된다. 또한 평상시에도 사회가 늘 전쟁 분위기에 짓눌려 자유와 인권이 억압되고, 국민이 원하지 않는데도 국가의 중요한 외교·국방 문제가 군산복합체의 뜻대로 움직이므로 민주주의도 훼손된다! 그래서 아이젠하워는 군산복합체를 경계하라고 그토록 힘주어 경고했던 것이다.

그러나 이번에는 죽은 맥아더가 웃을 차례였다. "전쟁에서 승리를 대신할 것은 없다!" 아이젠하워를 이은 케네디는 진보와 인권을 강조했지만, 실질적으로는 쿠바를 무력 침공하고 베트남 전쟁에도 발을 들여놓았다. 이후 동서 간에는 때로는 긴장이 높아졌다가 때로는 풀어졌다가 했지만 '군산복합체'의 영향력은 결코 약화되지 않았으며, 미국은 1960년대부터 2000년까지 거의 매년 끊임없이 무력 분쟁에 참여한다. 현대 미국은 명실공히 '군사주의 국가'가 된 것이다.

물론 현대 미국이 군사주의적이라 해도 파시즘 체제처럼 "모든 것을 민족의 이름으로"라거나 "살아서 포로의 치욕을 당하지 마라"는 식은 아니다. 미국은 역사상 가장 넓은 지역에 군대를 파견해놓은 국가이지만, 그에 걸맞은 대규모 병력이나 국가총동원 체제를 갖추고 있지는 않다. 그리고 문민주의와 고립주의, 자유주의의 전통은 아직도 생생하며, 그에 따라 반전운동가와 반군사주의 사상가들 다수가 미국에서 배출되고 있다.

아이젠하워가 군산복합체를 두려워한 이유 가운데 하나는 그것이 미국 경제에 악영향을 미치기 때문이었다. 원래 전쟁이란 엄청난 돈을 필요로 하지만, 파괴만 할 뿐 생산하는 것은 없는 사업이다. 침략한 나라에서 황금이나 석유를 빼앗거나 그곳 국민을 노예로 삼는다면 모르지만, 현대에는 있을 수 없는 일이 아닌가? 그렇다면 군수산업이 계속 발전하는 한 미국은 만성적인 재정 적자에 시달리게 될 수밖에 없다. 이러한 그의 우려는 결국 현실이 되었다. 미국이 수십 년간 눈덩이처럼 불어나는 재정 적자를 안고도 세계에서 가장 풍요로운 나라로 남을 수 있었던 것은 자국 통화인 달러가 기축통화가 되었기 때문에, 그리고 무력과 외교력을 써서 국제 석유 가격과 곡물 가격을 비정상적으로 낮게 유지할 수 있었기 때문이다. 하지만 그런 어정쩡한 풍요는 당장이라도 깨질지 모른다는 불길한 조짐이 몇 번이나 있었고, 21세기에 들어서는 그 조짐이 점점 더 크고 분명하게 나타나고 있다. 경제 위기를 경고하는 이 불길한 조짐이, 미국이 수십 년간 유지해온 군사주의를 포기하고 다시 한 번 문민주의-고립주의로 돌아서는 계기가 될 것인가? 아직은 모른다. 노병은 죽지 않는다. 사라지더라도, 터미네이터처럼 다시 돌아온다I'll be back!.

매카시즘은 소매를 걷어붙인 아메리카니즘이다

조지프 매카시, 1952

:: 냉전이 가장 본격적으로 진행되었던 1950년대는 정신적 · 문화적으로도 냉전 특유의 논리와 분위기가 사회를 휩쓸던 시기였다. 자유 진영에서 그런 경향은 '매카시즘'으로 한껏 살벌해졌다. ::

"국무부에 공산주의자들이 침투해 있습니다!"

"그 숫자가 57명이나 됩니다!"

"놀라셨다고요? 그게 전부가 아닙니다! 57명은 정식 공산당원의 숫자고, 아직 당원은 아니지만 공산주의를 믿고 따르는 국무부 직원은 모두 205명에 달합니다!"

1950년 2월, 미국 웨스트버지니아 주 휠링에서 조지프 매카시 1908-1957는 이렇게 부르짖어 청중들을 놀라게 했는데, 그의 말은 곧바로 매스컴을 타고 미국 전역으로, 다시 전 세계로 퍼져 나갔다. 자유 진영의 중심 국가 미국, 그 미국의 대외 정책을 결정하는 국무부에 공산주의자들이 포진해 있다? 충격적인 메시지였다. 게다가 매카시는 언론에다 그 명단까지 들이밀었다. 이후 1950년대 후반까지 미국은 정부, 정당만이 아니라 대학·노조·기업 등 사회의 모든 영역에 '그러고 보니 저 녀석도 혹시?' '말하는 걸 들어보면 빨갱이 아냐?' 하는 의심과 논란이 독버섯처럼 번져 온통 흉흉한 분위기가 조성되었다.

그러면 매카시가 고발한 대로 공산주의자들이 있었을까? 어떻게 보면 그랬다. 왜냐하면 미국은 '자유국가'였으니까. 이미 1900년대에 유진 데브스는 공산주의자임을 공공연히 내세우며 노동운동을 했다. 소련은 바로 몇 년 전까지 추축국과 싸우는 연합군의 동지였다. 사회주의 서적을 읽고 공산주의자가 되었다고 해서, 또 그런 사람들 중 일부가 공무원이 되고 국무부에 들어갔다고 해서 별로 놀랄 까닭은 없었다. 그러나 냉전이라는 시각으로 볼 때는 그것은 보통이 아닌, 국가의 존망이 걸린 위태로운 상황을 의미할 수도 있었던 것이다.

사실 매카시가 충격 발언을 하기 몇 년 전인 1940년대 말부터 미국 정부는 내부의 사회주의자들에 대해 경계심을 갖고 색출 작업을 벌이고 있었다. 특히 1949년에 미국의 반대 공작에도 불구하고 중국이 공산화된 일은 미국 정부에 충격을 주었고, 그것이 '우리 편에서 일부 공산주의자들이 역공작을 펼쳤기 때문'이라는 의심을 불러일으키면서 몇몇 인물들에 대한 공식 조사가 진행되었다. 국무부 차관보로서 대통령의 외교 정책 수립에 중요한 역할을 했던 앨저 히스와 재무부 차관보 해리 화이트 등이 수사 대상이 되었고, 전기 기술자였던 로젠버그 부부는 원자폭탄 제조 기술을 소련에 팔아넘겼다는 혐의로 체포되었다. 그리하여 매카시가 충격 발언을 하던 1950년 2월에는 옥석이 대충 가려지고 상황이 끝나기 직전인 상태였다. 그러나 매카시 때문에 사건은 불필요하게 확대되었고,

사회 각계각층에 '빨갱이 공포증'이 휘몰아치게 된다. 결국 매카시의 주장처럼 공산주의자 공무원이 있었고, 그들 중에는 일부 간첩 행위를 한 사람도 있었다. 하지만 그런 행위가 미국에 큰 불이익을 주었다고는 할 수 없으며, 공산주의 성향의 공무원들 대부분은 단지 공산주의에 사상적으로 동조했을 뿐 국가 반역 행위를 저지르지는 않았다는 것이 오늘날의 평가다. 그럼에도 매카시즘은 '공산주의를 가진 것 자체'를 범죄로 봄으로써 사상의 자유를 없애버렸고, '공산주의자라는 혐의가 있으면 뚜렷한 범법 행위가 없어도 불이익을 받게' 되도록 하여 인권과 법치주의를 크게 제약했다. 그리고 사회 전체를 서로 믿지 못하고, 개인적으로 싫은 사람을 '빨갱이'로 몰아 괴롭힐 수 있는 '악마의 놀이터'로 만들어놓았다.

매카시즘은 한국 전쟁 덕분에 물을 만났다. 국지전일망정 공산주의자들과 직접 싸우는 상황이 되다보니 국내의 '빨갱이'들에게 저절로 경계심이 들지 않을 수 없었다. 게다가 민주당 정부를 공격할 호재로 여긴 공화당이 매카시즘을 은근히 부추기기도 했다. 그래서 1952년에 공화당이 선거에서 이기고, 아이젠하워가 공약대로 한국 전쟁을 끝내는 작업에 들어가자 매카시즘도 한물가는가 싶었다. 그러나 그것을 두고 볼 매카시가 아니었다. 그는 한 연설에서 "매카시즘은 소매를 걷어붙인 아메리카니즘이다!"라고 외치며, 민주당과 국무부만이 아니라 새로 집권한 공화당 안에도 "빨갱이들이 우글우글하다" "한국 전쟁이 잘 풀리지 않는 것은 군대 내에도 빨갱이가 있기 때문이다"라는 등의 주장을 쏟아놓았다. 특히 제2

차 세계대전의 영웅 중 한 명이자 트루먼 정부에서 국무 장관을 지내며 서유럽 부흥을 위해 '마셜 플랜'을 추진했던 조지 마셜과 미국 '원자폭탄의 아버지' 로버트 오펜하이머까지 공산주의자로 몰아붙였다. 이렇게 되자 매카시를 돕던 공화당 고위층에서도 생각이 달라질 수밖에 없었다. 특히 아이젠하워는 의회에서 매카시의 뒷조사를 하도록 조치했고, 그 결과 그가 여러 가지 비리에 연루되어 있음이 드러났다. 이를 폭로하는 '매카시 청문회'가 1954년 4월부터 6월까지 TV로 생중계되자, 일반 대중에 대한 매카시의 영향력은 눈 녹듯 사라져버렸다. 실의에 빠진 매카시는 술로 세월을 보내다 3년 후 세상을 떠났다.

많은 사람들이 매카시즘을 냉전의 산물이자, 미국 역사의 어두웠던 한 부분으로 받아들인다. 그런데 매카시는 왜 매카시즘을 "소매를 걷어붙인 아메리카니즘"이라고 했을까? 그것은 매카시즘의 또다른 면을 나타내준다. 아메리카, 미국이란 나라는 어떤 나라였던가. 괜히 고상한 체하며 뭔지 모를 소리만 늘어놓는 귀족이나 지식인 엘리트가 아니라, 소박하게 생각하고 소박하게 살아가는 보통 사람들이 주인인 나라가 아니었던가. 그런데 언제부턴가 명문대를 나왔다는 공무원들이며, 흰 가운을 빼입은 박사들이며, 번쩍번쩍 훈장을 매단 장군들이 주무르는 나라가 되다니! 그런 인간들은 "현대 사회는 너무 복잡해서 전문가들에게 맡겨야 한다"며 상대성 이론이 어쩌고, 케인스주의가 어쩌고, 프로이트가 어쩌고 하며 저희들 마음대로 한다! 더욱이 교회는 제대로 다니지도 않는 모양이고, 성경 말씀 대신 마르크스의 책을 읽고 있다니! 이것은 뭔가 잘못되어도 크게 잘못되었다. 이런 불편함, 빠르게 바뀌는 현대 사회에서 보통 사람이 느끼는 현기증, 세계대전을 전후해 점점 더 강력해지는 연방 정부와 관료주의에 대한 두려움, 예전에 알던 상식이 더이상 상식이 되지 않는 사회에서 느끼는 소외감 등이 매카시즘의 원동력이었다. 오늘날에도 미국에서 가장 보수적인 태도를 보이는 계층은 중부 지역의, 학력 수준이 비교적 낮고 신앙심이 깊으며 삶을 단순하게 살아가는 서민들 사이에서 찾아볼 수 있다.

반란에는 그만한 이유가 있다

마오쩌둥, 1966

냉전이라는 틀 안에서, 개인의 상식을 뛰어넘는 현대화와 낭만적 열정을 무시하는 합리화에 저항한 정치운동은 '철의 장막' 너머에도 있었다. 소련에서 벌어진 즈다노프의 '색깔론'이 바로 그런 예였다. 소련 최고의 마르크스주의 이론가라는 명성으로 스탈린의 정책 고문이 된 안드레이 즈다노프1896-1948는 1946년부터 반동적·반사회주의적·반애국적 인사들이 문화 예술계를 비롯한 사회 각계에 해독을 끼치고 있다며 통렬한 비판을 가했는데, 그의 가혹한 비판 때문에 20세기 러시아를 대표하는 작곡가 쇼스타코비치와 프로코피예프, 노벨 문학상에 빛나는 소설가 파스테르나크 등이 희생되었다. 하지만 그보다 훨씬 처절하고, 훨씬 어마어마한 '부패사상의 정화' 운동이 1960년대 말 중국에서 벌어졌다.

1949년 이래 8억 중국인들 위에 황제처럼 군림해온 마오쩌둥은 갈수록 불안을 느끼고 있었다. 소위 '홍'紅과 '전'專 사이에서 '전'의 우세가 날로 더해갔기 때문이다. '홍'이란 혁명과 민족주의의 열의에 불타 온갖 고난을 견디며 중화인민공화국을 이룩한 공산당원들을 말하며, '전'이란 혁명 이후 세대로서 비교적 안정적인 환경에서 고등교육을 받고 전문 기술을 익힌 '테크노크라트'를 가리켰다. 보통 사람들의 나라였던 미국이 매카시의 시대에 전문직 엘리트들의 사회로 변해갔듯, 중국 역시 혁명 후 20년이 지나며 '홍'의 목소리는 갈수록 잦아들고 있었다. 그런데 '홍'은 바로 마오쩌둥의 권력 기반이었으므로, 그가 불안하게 여기는 것은 당연했다. 더구나 얼마 전 중국의 빠른 공업화를 위해 야심적으로 추진했던 '대약진운동'이 실패로 돌아간 이후, 비교적 합리적인 정치가였던 류사오치에게 자신이 겸임하고 있던 여러 직함을 넘겨주는 일도 있었다.

마침내 1966년, 마오쩌둥은 「인민일보」에 실은 글을 통해, "사회 곳곳에 혁명의 적들이 숨어 있다. 이들을 찾아내 처단해야 한다!"고 선언했다. '문화 대혁명'의 시작이었다. 이 글을 보고 일제히 행동을 개시한 것은 10대 청소년들인 '홍위병'이었다. 마오쩌둥

사상을 신의 말씀처럼 받들고, 마오쩌둥과 혁명을 위한다는 명분으로 무슨 짓이든 할 준비가 되어 있던 홍위병들은 마오쩌둥에게 충성스럽지 않은 공무원, 당 간부, 지식인, 그리고 학교 교사와 마을의 노인 등 평소 눈에 거슬렸던 '꼰대'들을 모조리 주자파, 즉 자본주의자로 몰아붙였다. 그러고는 그들을 비난하는 대자보를 붙이고, 공개 비판을 하고, 심지어 '저는 주자파입니다' '저는 월스트리트의 간첩입니다' 등이 적힌 팻말을 들고 거리를 돌아다니게 하는 등 온갖 모욕을 다 주었다. 모욕에 그치지 않고 폭행과 살해로 이어지는 경우도 많았다. 사람뿐 아니라 문화재도 수모를 겪었다. 어느새 '오래된 것은 뭐든지 나쁜 것'이라는 신념에 젖어버린 홍위병들은 집집마다 수색해서 오래된 책이나 골동품이 나오면 마구 끌어내 깨트리고 불살랐다.

홍위병의 난동으로 온 중국이 혼란에 빠지자 당황한 당 고위 간부들은 마오쩌둥에게 사태를 진정시켜줄 것을 요청했다. 그러나 그는 자신이 홍위병을 직접 조종하고 있다는 점을 밝히지는 않으면서도, '조반유리'造反有理라는 말로 답변을 대신했다. 반란에는 그만한 이유가 있다! 결국 홍위병들은 더욱 기가 살아서 중국 전역을 거침없이 휘저었으며, 그 사이에 마오쩌둥은 유능한 테크노크라트들에게 "자만심을 버리고 인민에게서 배워라!"라며 '하방'下放을 강요했다. 20세기판 귀양이라고 할 수 있는 하방은 먼 시골에 가서 강제로 막노동을 하며 '인민을 배우는' 일이었다. 원자물리학을 연구하던 대학교수, 국가의 조세 정책을 짜던 공무원이 하루아침에

벼를 베고 똥거름을 나르는 처지가 되었다. 많은 사람이 무리한 노동과 우울증을 이기지 못해 죽어갔다. 한때 마오쩌둥을 대신하리라 여겨졌던 류사오치도 주자파의 누명을 쓰고 괴롭게 죽어갔고, 나중에 중국 개혁 개방의 주역이 될 덩샤오핑도 하방을 하며 간신히 목숨을 이어가고 있었다. '문화 대혁명'과 홍위병 난동은 마오쩌둥이 이만하면 절대 권력의 기반을 완전히 다졌다고 여긴 1970년 무렵이 되어서야 일단락된다.

매카시즘이나 문화 대혁명이나 '장막' 너머에 무시무시한 악의 세력이 있다는 설정을 배경으로 소박함이 복잡함에게, 낭만주의가 합리주의에게, 디오니소스가 아폴론에게 반기를 든 운동이었다. 그런 점에서 이는 허무주의와 비슷하며, 나아가 파시즘과도 닮은 점이 있었다. 파시즘에 맞서 함께 싸웠던 자유 진영과 공산 진영이 이제는 그것과 비슷한 모습이 되어 스스로를 괴롭히게 된 것은 히틀러의 저주였을까? 하지만 우리는 주의해야 한다. 어느 시대에나 세상이 자신을 내버려두고 너무 빠르게 변한다고, 자신의 생각과 말이 통하지 않는 세상이 되었다고 여겨질 때 초조감과 분노에 사로잡힌 나머지 '소매를 걷어붙이는' 사람들이 있게 마련이고, 그런 사람들의 '야만적 민주주의'를 '그만한 이유가 있다'고 부추기는 정치인 역시 언제나 있게 마련이니까.

[1960-1969]

아, 반역의 세월이여

d'interaire
lez

1960

- 한국, 4·19혁명, 이승만 하야
- 미국, 케네디 대통령 당선
- 유엔의 '식민지 해방 선언'으로 마다가스카르, 콩고 등 17개국 독립
- 프랑스, 사하라사막에서 제1회 원폭 실험
- 서방측 20개국이 파리에서 경제협력개발기구(OECD) 설립 조약
- 이라크, 사우디, 이란, 쿠웨이트, 베네수엘라가 바그다드에서 OPEC 결성
- 베트남, 고딘디엠의 독재와 미국에 대항하는 남베트남민족 해방전선(베트콩) 결성
- 쿠바, 인민대회에서 중국과 국교수립 및 대만과 단교, 미국과 국교 및 군사조약 파기 결의(아바나 선언)

1961

- 한국, 5·16
- 미국, 앨라배마에서 인종차별 반대 폭동
- 케네디-흐루시초프, 빈에서 정상 회담
- 독일, 베를린장벽 설치
- 소련, 가가린이 보스토크 1호로 최초의 유인 인공위성 비행
- 소련, 사하로프가 흐루시초프의 대기중 핵폭탄 실험에 반대하며 핵무기 감축, 공산주의-자본주의의 체제의 수렴을 주장
- 유고 베오그라드에서 아시아, 중동, 아프리카, 중남미 26개국이 참가하여 제1회 비동맹 수뇌국 회담 개최하고 베오그라드 선언 발표
- 이스라엘, 예루살렘에서 유대인 학살 책임자 아이히만을 재판
- 콩고, 루뭄바 초대 수상 암살
- 남아공, 영연방에서 탈퇴하여 남아공 수립, 철저한 인종분리 정책 천명

1962

- 한국, 박정희가 대통령 권한대행 취임
- 한국, 한일회담에서 일본이 무상 3억 달러, 차관 3억 달러 제공키로 하고 재산청구권 문제 타결
- 쿠바 미사일 사태, 세계대전 위기 직전까지
- 레이철 카슨의 『침묵의 봄』

1963

- 한국, 첫 노동 수출로 광부 1진 123명이 서독에 진출
- 미국, 케네디 암살
- 베트남, 고딘디엠이 군부 쿠데타로 암살
- 말레이연방에 싱가폴, 영령 북보르네오 등을 추가해 말레이시아연방 수립
- 에티오피아 아디스아바바에서 아프리카 정상 회의 개최해 아프리카통일기구 결성

1964

- 한국, 베트남에 파병 개시
- 중국, 제1차 원폭 실험 성공
- 영국, 비틀스 등장
- 베트남, 통킹만 사건
- 마틴 루서 킹, "우리는 형제처럼 공존해야 한다"고 흑백통합을 호소

- 미국, 북부 베트남에 대한 폭격 개시
- 미국 워싱턴에서 대대적인 베트남 반전평화행진
- 맬컴 엑스 암살
- 싱가포르, 말레이시아에서 분리 독립

- 인간 달 착륙
- 프랑스, 국민투표에서 드골이 패배하고 사임
- 베트남, 호치민 사망
- 아라파트가 팔레스타인 해방기구(PLO) 의장이 됨
- 리비아, 카다피 대령이 쿠데타로 혁명평의회 설치하고 의장 취임

- 중국, 최초의 수폭 실험 성공
- 체 게바라가 볼리비아에서 사망

1965 1966 1967 1968 1969

- 중국, 문화대혁명 시작
- 인도, 샤스트리 총리가 급사하여 인디라 간디가 수상직 계승

- 푸에블로호 납북 사건
- 마틴 루서 킹 암살
- 로버트 케네디 암살
- 미국, 리처드 닉슨 대통령 당선
- 프랑스, 남태평양에서 수폭 실험
- 체코, '프라하의 봄' 8개월 만에 소련군의 진주로 종막

우리는 갈림길에서 있다

레이철 카슨, 1962

"새소리가 들리지 않는다……."

1952년 현직에서 은퇴한 뒤 저술 활동에 전념하다 이제 막 초로에(사실 그녀의 삶은 몇 년 남아 있지 않았다) 접어든 해양생물학자, 레이철 카슨1907-1964은 어느 날 뭔가 이상하다는 것을 느꼈다. 그녀가 사랑하고 휴식을 취하곤 했던 자연, 그 속에서 부자연스러움이 느껴졌던 것이다. 여전히 정겨운 나무들, 여전히 시원스런 강이었지만, 뭔가 빠져 있었다. 봄이 왔음을 알리는, 지겨운 겨울이 끝나고 생명의 기적이 다시 시작되었음을 노래하는 새소리가 들리지 않았다.

:: 갈수록 많은 미국 땅에서, 더이상 봄은 돌아오는 철새들로 시작을 고하지 않는다. 한때는 아름다운 새소리로 가득 찼던 땅, 이른 아침,

이제는 단지 이상야릇한 침묵이 지배한다. ::

링컨은 해리엇 스토의 『톰 아저씨의 오두막』1852이 흑인 노예의 비참한 삶을 절절히 고발하고, 나아가 남북 전쟁에서 북군의 승리를 가져온 위대한 책이라고 말했다고 한다. 카슨의 『침묵의 봄』1962도 그런 평가를 받아 마땅하다. 그 한 권의 책은 침묵으로 고통을 호소하는(비명이 아니라!) 자연의 비참함을 폭로했으며, 환경주의자들과 개발주의자들 사이에 치열한 전쟁을 불러왔다.

카슨의 조사에 따르면, 미국의 자연에서 새들이 사라진 이유는 DDT 때문이었다. 강력한 살충 효과가 있고 제조하기도 쉬웠던 DDT는 제2차 세계대전 이후 미국에서 대단한 인기를 끌었다. 농작물에 피해를 주는 해충을 없애고 말라리아를 옮기는 모기를 퇴치하는 데 주로 쓰였으며, 사람 몸에 기생하는 이나 벼룩을 없애는 데도 쓰였다. 한국 전쟁 당시, 전쟁고아들을 돌보던 미군 캠프 또는 포로수용소에서는 벌거벗은 사람들을 줄지어 세워놓고 하얀 DDT 가루를 마구 뿌리는 일이 흔했다. 당시에는 몰랐지만 DDT는 사실 곤충뿐 아니라 사람에게도 유해했는데도.

『침묵의 봄』에 대한 첫 반응은 부정적인 쪽이 많았다. 특히 DDT와 그 밖의 살충제를 만드는 화학 업체들이 맹렬한 비난을 퍼부었다. 미국 농무부에서도 불쾌한 반응을 보였다. DDT의 사용은 농무부가 앞장서서 권장하던 일이었던 것이다. 그러나 1963년에 진행된 TV 토론을 계기로 카슨은 우세를 점했다. 맥아더나 매카시가

TV 앞에서 명성에 걸맞은 태도를 보이지 못하고 대중의 실망을 샀던 반면, 카슨은 침착하고 조리 있는 설명으로 대중의 의식을 바꿔놓았다. 무엇보다 그녀는 언어에 능했고(생물학자가 되기 전에는 영문학을 전공했다. 그리고 이미 여러 권의 책을 쓴 경험이 있었다), 과학자였다! 카슨에게 깊은 인상을 받은 사람 중에는 케네디 대통령도 있었다. 그는 살충제 사용 문제를 다룰 특별 위원회를 설치하라고 정책자문위원회에 주문했고, 그 특별 위원회는 카슨의 주장이 옳다고 보고했다. 이에 따라 DDT 사용이 금지되었다.

그러나 카슨의 적대자들이 입을 다문 것은 아니었다. 오히려 더욱 집요하게 그녀를 공격했고, 헛소문까지 꾸며냈다. 가령 'DDT 사용을 금지함으로써 아프리카 오지 등 말라리아가 창궐하는 지역이 속수무책의 상황에 처했다' '카슨은 수많은 제3세계 사람들을 죽인 거나 다름없다' 등등의 비난이 쏟아졌다. 카슨은, 『침묵의 봄』에서 DDT를 절대 사용하지 말자고 하지는 않았으며 단지 좀더 적절히, 지금보다 적게 쓰자고 했을 뿐이라고 변명했지만 소용이 없었다. 그녀가 1964년에 암으로 죽자, DDT를 금지했기 때문에 살아남은 모기에 물려서 말라리아에 걸려 죽었다는 괴소문까지 나돌았다.

:: 지금 우리는 갈림길에 서 있다. 하지만 로버트 프로스트의 친숙한 시에서처럼 어느 쪽을 택해도 좋은 상황은 아니다. 우리가 오랫동안 걸어온 길은 쉬워 보이는 길, 빠르게 내달릴 수 있는 고속도로였다.

그러나 그 끝은 재앙으로 이어져 있다. ::

카슨의 경고는 그 '갈림길'을 비로소 확실히 지적했다는 점에서 의미가 컸다. 그 후로 40여 년, 환경문제는 세계 각국의 정부 정책에서부터 교육, 문화, 생활 습관에 이르기까지 모든 분야에서 고려되고, 주목받고 있다. 그러나 인류는 화석연료를 펑펑 쓰면서 빠르게 내달려온 고속도로에서 아직 확실하게 벗어나지 못하고 있다. 이제 와서 유턴을 할 수는 없고…… 갈림길은 보이지 않는다. 아니면 보려고 하지 않는 걸까? 벌써 지나쳐버린 걸까?

나무를 심는 것은 평화를 심는 것이다

왕가리 마타이, 2004

시몬 보부아르가 최초의 여성운동가가 아니었던 것처럼, 레이철 카슨이 처음으로 환경문제를 제기한 것은 아니었다. 이미 19세기 후반부터 에머슨, 소로 등 자연을 벗하며 사는 삶을 예찬했던 사람들은 계속적인 도시화와 산업화를 경계했다. 영국의 작가 D. H. 로렌스처럼 현대 문명이 '동물로서의 인간'이 가진 야생적 생명력을 망치고 있다면서 "자연으로 돌아가라!"고 외친 사람도 많았다. 이런 흐름은 나름의 '갈림길'을 거쳐 대체로 두 가지 줄기로 이어졌는데, 하나는 자연 '보존'conservation을, 다른 하나는 자연 '보전'preservation을 우선시했다. '보존'은 루스벨트 대통령이나 존 록펠러 2세처럼 정치적으로 '우파'에 속하는 사람들이 주로 선택한 방법이었다. 우리가 쓸 수 있는 자원에는 한계가 있을지도 모르고(이 점은 1970년대 이후에나 상식이 되었다. 20세기 초만 해도 지구에는 인간이 쓸 자원이 거의 무한정 있다는 생각이 지배적이었다), 낭비란 결코 미덕일 수 없다. 따라서 자원을 좀더 아껴 쓰고 효율적으로 사용하자는 것이 '보존주의자'들의 입장이었다. 삼림 보호 구역을 지정해서 삼림 자원을 보존하고 함부로 나무를 베지 못하도록 하는 등의 노력이 보존주의의 일환으로 이루어졌다.

한편 데이비드 브라우어나 존 뮤어 같은 이상주의적 지식인들은 '보전'을 주장했는데, 자연은 그 자체로 아름답고 신성하기 때문에 되도록 사람이 손대지 않고 두는 게 바람직하다는 입장이었다. 이는 국립공원을 지정해서 그곳에는 사람이 일절 거주하지 않도록 함으로써 '자연 그대로'의 환경을 보전하는 식의 정책에 연결되었다. 레이철 카슨은 보다 적극적인 입장, 즉 단순히 울타리를 둘러치고 '여기는 건드리지 말자'고 하는 것이 아니라 '환경을 해치는 이런저런 것을 쓰지 말자'는 입장이지만, 대체로는 보전주의 쪽에 서 있다고 할 수 있다. 그녀와 『침묵의 봄』의 중요성은 그런 논의가 일부 지식인이나 정책 결정자들 사이에서만 맴돌지 않고 일반 대중이 자연의 소중함을, 그리고 인간이 자연에 가한 고통을 가슴으로 느끼고 환경에 대해 고민하게 하는 계기를 마련했다는 데 있다.

그러나 이런 '보전'도 뜻밖의 문제점을 가지고 있었다. DDT 사용을 전면 금지하는 바람에 아프리카 같은 곳에서 말라리아가 수그러들지 않게 되었다는 지적도 사실관계가 틀린 것은 아니었다. 또한 국립공원을 지정하고 '여기는 사람이 들어가지 마라'라고 하는 취지는 좋았지만, 그곳에서 수백 년 동안 살아오며 자연에 거의 피해를 주지 않고 더불어 지내던 인디언들조차 집을 빼앗기고 낯선 땅으로 내몰리는 일이 생겨났다. 아무튼 인디언도 '인간'이었으니까! 그리고 1970년대를 거치며 미국과 유럽 선진국들이 환경오염 문제를 점점 심각하게 여기면서 탄소 배출권 협정을 맺고, 농약을 과다하게 사용하는 나라의 농산물 수입을 금지하는 등 국제적인 수준에서 환경 보전 정책을 취했을 때도 반발이 일어났다. 지금 지구환경이 오염된 것은 대부분 미국과 유럽이 그동안의 경제성장 과정에서 저질러놓은 일이다(그들 중 핵보유국들이 바다, 사막, 지하에서 실시한 핵실험도 엄청난 환경오염을 가져왔다). 그런데 이제 와서 오염을 규제한답시고 막 가난을 딛고 경제를 발전시키려는 개발도상국의 앞길을 막다니? 자연 보전을 위해 개발을 자제하면 아무래도 인간이 손해를 감수해야 한다. 그런데 그 손해가 힘없고 죄 없는 사람들에게 돌아간다는 것이 문제였다.

심지어는 이렇게 주장하는 사람들도 있었다. 지구가 이렇게 된 것은 힘이 있든 없든 모두 인간의 책임이므로, 인간이 아예 없어져야 지구가 산다고. 그렇게까지 극단적이지는 않더라도 삼림 개발을 추진하거나, 멸종 위기에 처한 고래를 잡거나, 모피코트를 입거나 했다는 이유로 '사악한 인간'으로 매도하며 공공연히 모욕하거나 심지어 테러를 가하는 경우도 있었다. 개발과 환경 보전이라는 두 갈래 길이 복잡해지면서 양쪽 모두에서 과격한 주장들이 생겨났다. 이런 상황에서 나무를 자르는 것을 막느니보다, 나무를 잘라버린 땅에 다시 나무를 심는 것으로 '자연을 위한 싸움'에 나선 여성이 있었다. 그녀의 이름은 왕가리 마타이1940- , 케냐 사람이었다.

케냐타처럼 서구에서 유학하고 카슨처럼 박사 학위(수의학)를 받은 마타이는 케냐에서 보기 드문 엘리트 여성으로(여성 박사로는 케냐 최초였다), 안락한 미래를 보장받은 셈이었다. 그러나 그녀는 '나무의 어머니'가 되는 길을 선택했다. 처음 발상은 소박했다. 미국에서 공부하고 돌아와 보니 어릴 때 뛰놀던 숲이 발가벗겨져 있었다. 물론 개발 때문이었다. 그로 인해 마을의 아낙네들은 더 힘겨운 삶을 살고 있었다. 불을 때려면 땔감을 모아야 했고, 그것은 '여자의 일'이었는데, 가까운 숲이 사라지는 바람에 더 멀리까지 가서 나뭇가지를 모아 와야 했기 때문이다. 또한 숲과 함께 밭이 사라지면서 저소득층의 생활이 더 어려워지는 문제도 있었다. 가슴이 아팠던 마타이는 빈터에 나무를 심기로 했다. 그리고 그 일을 도와주는 사람들에게 약간의 보수를 주었다. 그녀의 집 뒷마당에 심은 아홉 그루의 나무가 그 출발이었는데, 나중에는 3천만 그루가 아프리카를 수놓게 된다. '그린벨트운동'의 시작이었다. 같은 이름의 한국 그린벨트는 단지 녹지 공간을 유지하기 위해 개발을 제한하는 보호주의적 의미이다.

마타이의 그린벨트 역시 보호주의를 기본으로 하지만(삼림 자원 확충, 표토의 보존), 개발에 밀려 없어진 숲을 되살리고 아프리카를 다시 자연이 약동하는 땅으로 만든다는 점에서 보전주의적이기도 했다. 더욱이 그것은 보전주의보다 두 걸음은 더 나아간 것이었다. 먼저 보전 대상인 땅에서 사람을 쫓아내는 것이 아니라, 되살린 숲을 오랫동안 환경친화적으로 살아온 사람들의 보금자리로 삼게 하였다. 그뿐 아니라 보통 개발은 일자리를 주고 보전은 깨끗한 환경을 준다고 하여 양자택일할 것을 요구하지만, 마타이는 정치인인 남편의 도움을 받으며 그린벨트운동을 일자리 창출 사업으로도 진행했다. 일자리가 없는 젊은이들에게 공사판에서 돌을 나르고 유해한 먼지와 가스를 마시며 일하게 하느니, 나무를 심으며 돈을 벌도록 하면 얼마나 좋겠는가? 이렇게 4박자를 두루 갖추고 있었기에 아홉 그루가 3천만 그루까지 성장할 수 있었던 것이다.

그리고 다시 두 걸음 더. 그것은 정치 민주화운동이기도 했다. 조모 케냐타가 남긴 독재 정치의 유산 때문에 1980년대까지도 케냐에서는 집권당 외에 다른 정당이 허용되지 않고, 아홉 사람 이상이 모이는 것을 금지하는 악법이 유지되고 있었다. 그런데 산과 숲에 나무를 심다보면 자연히 사람들이 많이 모이게 된다. 오가는 이야기 가운데 정치 이야기가 빠질 수 없다. 이런 점과, 정부에 정치자금을 상납하는 기업들이 이 '미친 여자'가 개발해야 할 땅에다 나무를 심고 있는 상황을 불편해하는 점 때문에, 아랍 모이 대통령은 마타이와 그린벨트운동을 탄압하기 시작했다. 마타이는 케냐의 자연이 살아나려면 먼저 민주화가 필요하다는 생각에서 민주화운동에 나섰다. 결국 그녀는 체포·투옥되었다가 풀려나고 얼마 후 다시 체포되기를 반복했고, 경찰에게 머리를 얻어맞아 병원에 실려 가기도 했다. 그럼에도 그녀는 머리에 붕대를 감은 몸으로 나무를 심었다. 그리고 마침내 나무뿌리가 단단한 바위를 부수듯, 독재정권이 물러나고 케냐는 민주국가가 되었다.

또 하나, 마타이는 "나무를 심는 것은 평화를 심는 것이다"라고 말했다. 무슨 뜻인가? 나무를 심는 동안 사람은 싸움을 멈춘다. 그리고 그 흐뭇하고 신성한 과정에 참여하면서 절로 평화를 마음에 새기게 된다. 자기가 땀 흘려 나무를 심은 땅을 전쟁터로 만들고 싶은 사람이 어디 있겠는가? 한편 많은 전쟁이 자원 부족 때문에 일어난다. 케냐와 여러 제3세계에서는 그것이 당면한 현실이었고, 현대 문명이 이렇게 급속도로 자원을 고갈시켜가면 결국 모든 인류의 현실이 될 것이다. 그러므로 나무를 심는다. 미래 세대를 위한 자원을 늘려간다. 그것은 곧 평화의 씨앗이다. 이러한 생각에 대한 공감의 표시로, 2004년에 마타이에게 노벨 평화상이 수여되었다.

마타이의 환경 투쟁, '총칼이 아닌 나무를 가지고 하는 싸움', 그것은 역사상 가장 위대한 환경운동은 아닐지 모른다. 그러나 그녀는 아프리카인이었고, 흑인이었고, 여성이었다. 현대사에서 가장 불이익을 받았던 사람의 손에서 환경문제에 대한 가장 포괄적인 대안이 제시되었다. 아직도 개발이냐, 환경이냐의 갈림길에서 인류는 머뭇거리고 있다. 여러 갈림길로 갈라진 환경운동의 조류는 서로 합치기 어려울 정도다. 그러나 자연을 파괴한 것이 인간이라면 회복하는 것도 인간의 몫이다. 따라서 가장 인간적인 노력이 필요하다. 최대한 많은 사람의 공감과 동참을 얻을 수 있는 운동이 필요하다. 환경을 보호하고 개선하기 위해 노력하면서 일자리 문제도 해결하자는 생각, 이것은 가장 최근 미국 대통령이 된 버락 오바마의 '그린 경제운동'에도 채택되어 있다.

우리는 형제처럼 살거나, 바보처럼 죽어야 한다

마틴 루서 킹, 1964

1963년. 링컨이 노예해방을 선언한 지[1862] 100년이 지난 시점, 수십만 명의 흑인들과 일부 백인들이 워싱턴에 모여들었다. 그들은 링컨의 거대한 대리석상이 세워져 있는 링컨기념관을 지나, 나라를 세운 워싱턴의 기념비를 거쳐, 새하얀 궁전처럼 보이는 국회의사당을 향해 행진하고 있었다. 그들 중에 노예는 한 사람도 없었지만, 가슴속에 울화와 응어리가 맺혀 있지 않은 사람 또한 한 사람도 없었다.

당시 남부의 대부분 지역에서 흑인은 선거권도 피선거권도 보장을 받지 못했다. 그들도 분명 세금을 꼬박꼬박 내고 세계대전과 한국 전쟁에 나가 피를 흘리기도 한 '국민'이었지만, '국민의' 정부에게 '국민에 의한' 의사를 내세울 수 없었던 것이다. 당연히 그런 정부가 흑인이라는 '국민을 위할' 리 없었다. 흑인들은 80퍼센트 이상이 극빈층이었고, 자유롭게 직업을 구하지도 못했다. 학교도 백인용과 흑인용이 따로 있었고, 버스나 극장, 식당, 심지어 화장실에서도 백인과 같은 자리에 앉을 수 없었다. 하다못해 법정에서 증언을 하기 전 손을 얹고 선서할 때 쓰는 『성서』도 백인용과 흑인용이 구별되어 있었다. 더러운 흑인의 손이 닿은 『성서』는 그 가치가 떨어진다고 생각했던 걸까?

그러고 보면 차라리 노예였을 때가 더 나았을지도 몰랐다. 사람대접을 받지 못하는 처지였지만, 주인이 시키는 대로만 하면 그만이었으니까. 그러나 이제는 스스로 돈벌이를 해야 하고, 자식을 키우고 교육시켜야 한다. 그리고 뭐니 뭐니 해도 일단 자유를 보장받았다. 그렇지만 실제로는 자유롭게 살 수 없다. 흑인으로 태어나고 싶어 태어난 것도 아닌데, 역사상 가장 자유를 사랑하는 국가의 국민이라면서, 너무하지 않은가. 어떤 자유든 그것을 구속당하는 것은 하나같이 괴로운 일이지만, 체념할 자유가 없는 인간만큼 괴로운 인간이 있을까.

당연히 흑인들의 권익을 위한 운동과 폭동이 잇달았다. 1955년에는 앨라배마에서 흑인 여성, 로자 파크스가 '백인에게 자리를 양보하지 않고 앉아서 가는 시위'를 한 것을 시작으로 버스에서의 흑백 분리 철폐 운동이 벌어졌고, 1960년에는 뉴올리언스에서 공립 학교의 흑백 분리가 철폐되어 루비 브리지스라는 흑인 소녀가 처음으로 백인만 다니던 학교에 입학했다. 이러한 변화에는 '당연히' 백인들의 항의와 탄압이 뒤따랐다. 로자 파크스와 루비 브리지스는 모두 살해 협박을 받았으며, 브리지스의 등굣길에는 토마토와 썩은 달걀이 날아들었다. 로자 파크스는 직장에서 해고된 뒤 아무데서도 받아주지 않아 멀리 이사해서 이름을 숨기고 살아야 했다. 1964년에는 미시시피 주에서 KKK단이 흑인인권운동가 세 사람을 붙잡아 무참하게 살해했다. 또 1965년에는 앨라배마에서 한 경찰관이 인권 시위를 하던 흑인 시위대에게 총을 쏘아 한 사람이(지미 리 잭슨) 사망하는 사건이 일어났다. 얼마 뒤 그의 죽음을 추도하고 주 의회에 항의하기 위해 벌어진 평화적 행진 또한 당국은 소방 호스와 경찰견을 동원해 무차별 진압했으며, 그 과정에서 또 한 사람이 숨졌다(백인 목사 제임스 리브).

이런 흑과 백의 격돌 사이에 바로 마틴 루서 킹1929-1968이 있었다. 그는 목사의 아들로 태어났고, 스스로도 목사가 되었다. 목사가 된 지 1년 만에 로자 파크스가 문을 연 버스 흑백 분리 철폐 운동에 뛰어들었고, 이로써 명성을 얻게 되었다. 그는, 신 앞에서는 모두가 평등하며 예수는 세상의 모든 사람을 위해 십자가에 달렸다는 기독교적 평등사상을 바탕으로 인종차별의 종식을 주장했다. 그리고 그 투쟁 방식은 간디에게서 빌려왔다. 즉 철저한 비폭력 노선을 통해 갈등의 증폭을 막고, '저들은 과격한 폭도들'이라고 이미지를 조작할 빌미를 주지 않으며, '적'(여기서는 미국의 백인들이다) 중에서 양심적인 사람들의 동조를 얻는다. 여기에 더해 인권, 평화 등 미국인 일반, 나아가 전 세계 사람들의 공감을 얻을 수 있는 보편적 가치를 내세움으로써 여론의 지지를 받는다.

그래서 그는 "늘 세수를 하고, 면도도 게을리 하지 마라" "욕설이나 은어를 섞어 쓰지 마라" "늘 미소를 띠고, 당당하면서도 점잖은 태도로 대하라" 등등, 백인들이 흔히 가지고 있던 '깜둥이들은 더럽고 천박하다'는 이미지를 불식시키는 행동을 하라고 지지자들에게 강조했다. 그리고 어떤 일이 있어도 폭동을 일으키거나 상점을 습격해서는 안 되며, 평화적인 시가행진이나 연좌 농성 등의 방법을 쓰도록 했다. 그런 평화 시위로서 가장 규모가 크고, 역사적인 의의도 컸던 것이 바로 1963년 8월의 워싱턴 대행진이었다. 그는 넉 달 전 앨라배마에서 벌어진 시위에 참여했다가 투옥되기도 했었다. 자신의 비폭력 투쟁 방식이 남부에서 기대만큼의 효과를 얻지 못하자, 그는 워싱턴에서 대대적인 시위를 벌여 이 문제를 전국적인 것으로, 나아가 세계적인 것으로 격상시키려 했다. 그러면 연방 정부에서도 나설 것이고, 여론의 압박 때문에 남부의 주 정부들도 계속 강경한 자세를 고수하지는 못하리라는 계산 때문이었다. 그리고 그의 계획은 성공했다. 특히 이 워싱턴 시위에서 그가 행한 연설은 현대사 10대 연설의 하나로 꼽힐 만큼 유명해진다.

:: 저에게는 꿈이 있습니다!

주지사가 무력 진압과 연방법 거부를 외치고 있는 앨라배마도 언젠가는 흑인 어린이들이 백인 어린이들과 손에 손을 잡고 형제자매처럼 살아가는 곳으로 바뀌리라는 꿈이 있습니다.

저에게는 꿈이 있습니다!

모든 골짜기는 메워지고, 언덕과 산은 낮아지며, 거친 땅은 평평해지고, 굽은 길은 곧바로 펴지는 꿈, 하나님의 영광이 드러나고 모든 살아 있는 것들이 그 영광을 함께 누리게 되는 꿈이 있습니다.

이것이 우리들의 희망입니다. 제가 남부로 돌아갈 때 지니고 갈 믿음입니다. 이 믿음으로 우리는 절망의 산을 무너뜨리고 희망의 기념비를 세울 것입니다. ……

뉴햄프셔의 고고한 산봉우리에서 자유가 울려 퍼지게 합시다.

뉴욕의 험준한 산맥에서도 자유가 울려 퍼지게 합시다.

펜실베이니아의 앨러게니산맥에서도 자유가 울려 퍼지게 합시다.

눈으로 뒤덮인 콜로라도의 로키산맥에서도 자유가 울려 퍼지게 합시다.

캘리포니아의 굽이치는 산자락에서도 자유가 울려 퍼지게 합시다.

……

이때에, 우리가 자유를 울려 퍼지게 할 그때에, 우리는 나아가 그것을 모든 마을과 모든 오두막에서 울리게 할 것입니다. 모든 나라와 모든 도시에서 울려 퍼지게 할 것입니다. 우리는 그날이 빨리 오게 할 수 있습니다. 모든 하나님의 자녀들이, 흑인과 백인이, 유대인과 이방인이, 개신교도와 가톨릭교도가, 서로 손을 잡고 한목소리로 옛 흑인영

가를 합창하는 날이! ::

워싱턴 시위 이후 연방 정부 차원에서 인종차별철폐 문제는 급물살을 탔으며, 1964년 7월에는 마침내 '인종차별철폐법'이 통과된다. 남부를 비롯한 주 정부에서 자치권을 근거로 흑인의 선거권을 인정하지 않는 관행을 금지한다는 것이 주된 내용이었다. 이는 1965년과 1968년의 추가 입법으로 뒷받침되었다. 인종차별철폐법이 통과되기 넉 달 전인 1964년 3월, 인종차별이 가장 심했던 곳 중 하나인 세인트루이스에서 마틴 루서 킹은 이런 말을 남겼다.

:: 우리는 형제처럼 더불어 사는 법을 배워야만 합니다. 그렇게 할 수 없다면, 우리는 바보처럼 죽어가게 될 것입니다. ::

미국은 자유의 이름으로 세워졌으며, 유럽을 비롯한 세계 각지에서 자유를 찾아 달려온 이민자들로 몸집을 불린 나라다. 미국을 살찌운 마지막 이민자들은 나치 독일이 동화시키지 못하고 토해낸 유대인들이었다. 대부분의 나라가 낡은 관습과 편견에 얽매여 프랑스 대혁명 후에도 실질적인 신분 차별을 유지해온 반면, 미국은 모든 문화권의 모든 인종이 하나의 가마솥에서 부글부글 끓으며 하나가 되는 관용의 사회를 지향해왔다. 그러나 흑인만큼은, 유럽과 아시아에서 이민의 물결이 밀려들기 전부터 이 땅에서 살아온 (자기 발로 온 게 아니라 끌려오고 팔려 온 것이었지만) 흑인만큼은 유대인이나 독일인이나 중국인이 받는 대우를 아직도 받지 못하고 있다. 마틴 루서 킹은, 백인이 억압하고 흑인이 반항하는 '바보 같은 싸움'을 그만 멈추고 기독교적 형제애를 발휘하여 같은 미국 국민으로서 사이좋게 살아가자고 부르짖은 것이다. 그렇게 하지 않는다면, 동생 아벨을 미워하여 끝내 죽이고 스스로도 죗값을 치른 『성서』의 카인처럼 되고 말 것이다.

마틴 루서 킹은 이 세인트루이스 연설이 있은 지 9개월 후에 노벨 평화상을 받았다. 흑인으로는 최초였다. 이제 명실공히 그는 세계적인 인권운동가가 된 것이다. 그러나 선거권 확보를 위한 민권운동이 1964년을 기해 어느 정도 성공했다고 본 그는 빈민운동과 베트남전 반대운동으로 보폭을 넓혔다. 왕가리 마타이의 환경운동이 민주화운동이면서 여성운동, 빈곤퇴치운동이기도 했던 것처럼, 그의 사회운동도 흑인인권운동의 연장이었다. 미국 빈민의 다수가 흑인이었고, 베트남전에 참여해 머나먼 외국에서 명분 없는 싸움을 하다 죽어가는 병사들의 다수 역시 흑인이었기 때문이다. 하지만 운동 범위의 확대는 그에 대한 적개심의 범위 또한 넓히는 결과를 가져왔고, 1968년 4월 4일, 그는 테네시 주 멤피스의 숙소에서 암살되고 만다. 본래는 제임스 얼 레이라는 과격한 우파의 단독 범행으로 알려졌으나, 최근에는 레이를 사주한 세력이 있다는 쪽의 주장이 점차 타당성을 얻고 있다. 그리고 그중에는 연방 정부가 개입되어 있었다는 주장도 있다. 마틴 루서 킹이 베트남전 반대를 위해 제2의 워싱턴 대행진을 계획하고 있음을 알고 그것을 막으려고 손을 썼다는 것이다. 사실 당시 미국 중앙정보국CIA은 그를 위험인물로 보고 있었으며, 사회주의자가 아닌가 하는 의심까지 품고 있었다. 끝내 카인은 아벨을 형제로서 끌어안지 못하고 말았다.

혁명은 유혈이다

맬컴 엑스, 1964

마틴 루서 킹이 "우리는 형제처럼 살아야 한다"고 외친 지 약 한 달 뒤, 미시간 주의 디트로이트에서 그와는 정반대되는 듯한 한마디가 마틴 루서 킹 못지않은 명성과 영향력을 지닌 흑인 지도자의 입에서 나왔다.

:: 러시아혁명을 봅시다. 그것은 무엇이 중심이었습니까? 땅입니다. 땅 없는 자와 땅 가진 자의 싸움이었습니다. 어떻게 목표를 달성했습니까? 유혈이었습니다. 유혈 없는 혁명은 있을 수가 없습니다. 그리고 여러분은 피 흘리기를 두려워합니다. 분명히 말합니다. 여러분은 피 흘리기를 두려워합니다.

백인들이 여러분을 한국에 보냈을 때, 여러분은 피를 흘렸습니다. 독일로 보냈을 때, 여러분은 피를 흘렸습니다. 남태평양으로 가서 일본인과 싸우라고 했을 때, 여러분은 피를 흘렸습니다. 여러분은 백인을 위해 피를 흘렸습니다. 그러나 여러분의 교회가 폭파되고 어린 흑인 소녀들이 학살될 때, 여러분은 아무런 피도 흘리려 하지 않았습니다. 여러분은 백인이 피를 흘리라고 할 때 흘렸으며, 백인이 깨물라고 할 때 깨물었습니다. 그리고 백인이 짖으라고 할 때 짖었습니다. 나도 이런 말을 하기 싫습니다.

그러나 그게 진실입니다. 한국에서 폭력을 사용하던 여러분이, 어째서 미시시피에서는 폭력을 쓰지 않습니까? 여러분의 교회가 폭파되고 여러분의 소녀들이 살해되는 미시시피와 앨라배마에서 비폭력을 유지하는 게 무슨 정의입니까? 히틀러나 도조 히데키와 싸웠던 여러분, 알지도 못하는 사람들과 싸웠던 여러분이 아닙니까? 미국에서의 폭력이 잘못이라면, 해외에서의 폭력도 잘못입니다. 흑인 여성과 흑인 어린이와 흑인 아기와 흑인 남성을 지키기 위해 폭력을 쓰는 것이 잘못이라면, 미국이 스스로를 지키려고 우리를 해외로 보내 폭력을 쓰게 하는 것도 잘못입니다.

미국이 스스로를 지키려고 우리를 해외로 보내고 우리에게 폭력을 쓰는 법을 가르치는 게 옳다면, 여러분과 내가 여기 이 나라에서 우리 인민을 지키기 위해 필요한 무슨 짓을 하든 옳은 것입니다.

그러므로 형제자매 여러분, 내가 이 여러 혁명들을 열거한 것은, 평화로운 혁명 따위는 있을 수 없음을 보여드리려 한 것입니다. 한쪽 뺨을 마저 돌려 대는 혁명이란 있을 수 없습니다. 비폭력 혁명이란 불가능합니다. ::

맬컴 엑스1925-1965 역시 목사의 아들이었다. 그러나 마틴 루서 킹에 비해 운이 더 나빴다. 흑인인권운동을 하던 아버지가 백인 과격파의 습격을 받아 살해된 것이다. 이때부터 맬컴은 불우한 환경에서 자라야 했으며, 흑인이라서 받는 설움에서 벗어나기 위해 머리를 금발로 물들이고 피부를 탈색해서 하얗게 해보려는 등 헛된 발버둥을 쳤다. 하지만 그 모든 것이 소용이 없자 절망 속에서 비행청소년이 되었고, 절도죄로 감옥에 갇혔다가 이슬람교에 귀의한다. 그리고 그동안 수치스러워했던 '자신의 피부색과 본질을 자랑스러워하자. 우리를 멸시하는 백인들을 멸시해주자'는 생각을 키우게 된다. 그리하여 본래 '리틀'이었던 성을 '엑스'X로 바꾼다. 미국적 성명 관습을 거부하고 아프리카의 조상을 계승한다. 하지만 본래 아프리카 조상들의 성이 쿤타였는지 무가베였는지 지금은 알 도리가 없으니, 불명확하다는 뜻의 엑스를 성으로 삼는다는 것이었다.

마틴 루서 킹의 이념이 기독교와 자유주의 중심이었다면, 맬컴 엑스의 이념은 이슬람교와 사회주의 중심이었다. 이 두 가지는 모두 소외된 세력의 이념이자 폭력을 긍정했다는 면에서 공통점이 있었다. 이슬람교의 경우 반드시 그렇다고 할 수는 없지만, 현대사에서는 세계적으로나 미국 내에서나 기독교에 의해 소외되었고, 그에 따라 '코란 아니면 칼'이라는 폭력 긍정의 교리가 강화되어 있었다.

1964년 4월, 디트로이트에서 '투표권이냐 총알이냐'라는 제목으로 한 연설에서 맬컴 엑스는 "혁명은 유혈이다"라고 부르짖는다. 그것은 마틴 루서 킹의 비폭력 노선을 표적으로 쏜 총알과도 같았다. 마틴 루서 킹의 민권운동이 성공할지도 모른다. 하지만 그것으로 얻는 게 무엇인가? 버스에 백인도 앉고 흑인도 앉고, 백인이 일을 본 양변기에 흑인도 엉덩이를 붙일 수 있다는 것 정도? 그 따위가 무슨 혁명인가? 맬컴 엑스는 시민권을 온전히 인정받고 공식적인 차별을 없애는 것보다 훨씬 중요하고 근본적인 것이 누가 땅을 소유하느냐, 즉 누가 그 사회의 경제적 기반을 차지하는가 하는 점이라고 보았다. 그리고 '모든 혁명이 그랬듯' 그것은 타협이 아닌 폭력으로만 쟁취할 수 있다고 주장했다.

그런데 폭력으로 승리를 거두려면 무턱 대고 덤벼서는 안 된다. 폭력을 써서 이길 만할 때 써야 한다. 원자폭탄처럼 압도적인 무기를 쓰든지, 적보다 우리 편의 숫자가 훨씬 많든지. 대부분의 혁명은 무기가 열세인 제3신분이나 프롤레타리아가 수적인 우세를 잘 이용해 성공한 것이었다. 그 반대의 경우는, 즉 소수의 엘리트가 압도적인 무기를 써서 다수를 제압한 경우는 쿠데타이거나 식민지 지배였다. 킹이나 맬컴 이전의 현대 대중혁명가들, 가령 간디와 그 이후의 만델라 같은 경우에는 약한 다수가 강한 소수를 물리치기 위해 혁명을 일으켰다. 간디는 영국의 식민 지배 세력을 쫓아내려고 했고, 만델라는 인종차별적 백인 정권의 지배를 종식시키려 했다. 그래서 그들은 최대한 다수파가 되는 노선, '적 가운데에서도 우리 편을 만들고, 국민과 세계 여론의 지지를 받는' 노선을 채택했다.

그런데 미국의 흑인은 약자이면서 소수였다! 그런 결정적인 불리함 속에서 마틴 루서 킹은 간디를 선택했고, 맬컴 엑스는 김구를 선택했다. 즉 무장투쟁을 통한 독립을!

이처럼 폭력주의를 제창한 맬컴이었지만, 구체적으로 테러를 지휘하거나 무장 병력을 양성하지는 않았다. 하긴 이 연설을 하고 채 1년도 안 되어 암살되었으므로, 구체적인 대안을 실천에 옮길 틈도 없었겠지만.

그런데 그 1년 미만의 시기에 그는 오히려 폭력주의를 포기하는 듯한 발언을 많이 남기기도 했다. 그래서 맬컴 사상의 중점은 폭력보다 분리주의에 있었다고 볼 수도 있다. 흑인들이 미국에서 동등한 대우를 받기 바라는 것은 꿈일 뿐이다. 그러니 단체로 이민을 떠나, 어디 아프리카 같은 곳에 작은 공화국을 건설하여 흑인끼리 살아가자는 것이다. 이 역시 "흑인들도 피부색만 다를 뿐 똑같은 미국인이며, 경건한 기독교인이다"라고 주장하며 '동화'를 모색했던 마틴 루서 킹과 정반대의 노선이다. 맬컴은 동화를 포기하고 '분리'를 택한 헤르츨과 시온주의자들의 발걸음을 따르기로 한 셈이다.

하지만 그 역시 현실적으로 어려움이 많은 선택이었다. 이미 아프리카든 어디든 국민국가들이 한 치의 땅도 빈 곳 없이 자리 잡고 있다. 또한 억지로 새로운 나라를 세운대도, 박해받던 유대인들이 '약속의 땅'에서 박해하는 입장에 서야 했듯, 또다른 모순과 갈등이 있게 될 터였다. 그래서 죽기 직전의 맬컴은 분리주의조차 포기하고 화합 노선을 모색하는 듯한 조짐을 보이기도 했다.

1960년대는 '반란의 시대'였다. 인종차별 반대운동과 환경운동, 여성운동이 모두 이 시기에 비로소 전국적·세계적 규모의 운동으로 힘을 떨쳤다. 그러나 환경운동이나 여성운동의 지도자들이 암살당하는 경우는 없었다. 마틴 루서 킹과 맬컴 엑스는 모두 40세 전후의 나이에 암살됨으로써, 그들이 수십 년을 더 살았다면 과연 인종차별 반대운동이 어떤 식으로 전개되었을지 큰 의문을 남겨주었다. 그리고 그것은 그만큼 다른 인종에 대한 혐오와 몰이해가 뿌리 깊고 심각했음을 보여준다.

결국 장기적으로 더 성공을 거둔 것은 마틴 루서 킹 쪽이었다. 흑인의 공민권은 점차적으로 향상되었고, 2008년에는 미국 최초의 흑인 대통령까지 탄생함으로써 그의 '꿈'이 비로소 현실화되는 듯한 모습이다. 하지만 여전히 많은 난관이 남아 있으며, 아직도 경제 권력은 백인의 손에 있다. 그래서 맬컴 엑스는 지금도 잊혀지지 않는다. 특히 백인의 세계에 동화하기 위해 '흑인다움'을 최대한 포기하자고 했던 킹과는 반대로 "검은 것은 아름답다"고 주장한 맬컴의 이념은 '블랙팬서' 같은 흑인 좌익 단체뿐 아니라 많은 흑인 시인, 소설가, 음악가들의 혼을 일깨웠으며, 오늘날까지 하나의 문화 조류로 전해지고 있다. '미국의 문화 조류'로. "꿈을 꾸자"고 말한 사람의 한마디는 반쯤 현실이 되었고, "꿈을 깨라"고 말한 사람의 한마디는 오늘도 새로운 꿈을 일궈간다.

불가능한 것을 요구하라

학생 시위대, 1968

1960년대는 '반란의 시대'였다지만, 그중에서도 1968년은 기록적인 한 해였다. 뉴욕, 파리, 런던, 로마, 베를린……. 서방세계의 거의 모든 대도시에서 시위가 일어났고, 최루탄이 날고 시위대와 경찰들이 바리케이드를 치고 숨바꼭질을 했다. 동부에서 서부까지 미국 전역에서 베트남전 반대 시위가 끊이지 않았으며, 런던의 미국 대사관은 반미 시위대에 포위되었다. 독일에서는 학생들과 진보파 신부들이 성당을 점거하고 찬송가 대신 혁명가를 불렀다. 스웨덴의 스톡홀름은 명령 수행을 거부하고 탈영한 미군 병사들의 피난처가 되었고, 미군과 군수물자의 중계지였던 일본에서는 학생들이 스크럼을 짜고 군함의 입항을 막았다. 프랑스 파리에서는 5월 한 달 내내 시위가 그치지 않았고, 시가지 전체가 전쟁터처럼 변했다.

서방세계에서만 그런 것은 아니었다. 폴란드에서, 체코에서, 유고슬라비아에서도 비슷한 일이 일어났다. 워싱턴에서는 방금 베트남에서 돌아온 미군 병사가 "베트남 이겨라!"라고 주먹을 흔들며 시위를 했고, 프라하에서는 소련의 간섭을 거부하자는 서명운동이 벌어졌다. 냉전 구도에서는 생각할 수 없었던 일들이 벌어지고 있었던 것이다. 사실 냉전이 문제가 아니었다. 동에서나 서에서나 체제 자체가 표적이 되고 있었다. 대학생들은 학사 일정과 학사 제도를 거부하고 스스로 수업 과목을 정해 강의를 들었으며, "정치인들은 죄다 도둑놈"이라면서 돼지를 대통령 후보로 내세웠다. 노동자들은 사장에, 흑인들은 백인에, 스페인과 그리스와 남미의 민중은 독재 정권에 대항하여 파업에 나섰다. 여성들은 미인 대회장 앞에서 시위를 벌이며 쓰레기통에 브래지어와 행주치마를 집어 던졌다. 정치든 경제든 문화든 이제까지 당연하게 여겨져온 모든 권위와 상식이 적대시되고 있었다.

왜 이런 반란이 일어났는가? 물론 전반적인 불만이 있었고 부분적인 억압이 존재했지만, 시위가 터져 나오는 계기가 된 사건으로는 이렇다 할 만한 것이 없었다. 바르샤바에서는 반체제적 성격의 연극 한 편이 검열되었다고 시위가 일어났고, 프라하에서는 대학 기숙사의 난방이 잘 안 된다는 항의가 시위의 출발점이었다. 낭테르에서는 여학생 기숙사에 남학생도 들어갈 수 있게 해달라는 요구가, 로마에서는 방학에도 기숙사에 남을 수 있게 해달라는 요청이 대규모 학생 시위로까지 이어졌다. 많은 경우 시위가 일어나고 이를 강제 진압하는 과정에서 부상자나 사망자가 발생하면, 그것이 더 큰 시위의 도화선이 되곤 했다(마틴 루서 킹의 암살도 그중에 포함되어 있었다). 세계는 바싹 마른 낙엽으로 덮인 산과 같았고, 누가 거기에 채 끄지 않은 담배꽁초를 버리기만 하면 곧바로 산불이 일어나는 식이었다.

당시 시위가 일어난 나라 중에는 말로만 민주주의를 하고 실질적으로는 전근대적인 독재 정치, 폭압 정치를 하는 나라도 있었다. 하지만 가장 민주주의가 발달했다는, 국민이 선거만 하면 정부를 바꿀 수 있고 언론의 자유도 최대한 보장되어 있는 미국, 영국, 프랑스 등에서도 최루가스에 하늘이 뿌옇게 될 정도로 격렬한 시위가 줄을 이었다. 왜 그랬을까? 왜 좀더 '정상적'이고, '평화적'인 방법으로 의사표시를 하려 들지 않았을까?

이 반역의 세월 동안 수많은 '한마디'가 쏟아져 나왔지만, 1968년 5월, 누군가가 파리의 대학 벽면에 휘갈긴 다음과 같은 낙서만큼 '68혁명'의 성격을 잘 드러내주는 한마디는 없다.

:: 불가능한 것을 요구하라. 그러나 리얼리스트가 되라. ::

이게 무슨 말인가? '불가능한 것'을 요구해서 뭘 어쩌자고? 여기서 '불가능한 것'이란 '별을 따 오는 것'이나 '죽은 사람을 다시 살리는 것'처럼 과학적으로 있을 수 없는 일을 의미하지는 않는다. '요구'를 받는 상대가 도저히 들어줄 수 없는 것을 말한다. 왜 이런 주장이 나오게 되었을까? 그것은 68혁명의 주역인 학생과 지식인들이 어째서 민주주의가 성립된 후에도, '국민의, 국민에 의한, 국민을 위한' 정부가 있는데도 빈부 격차가 심해지고, 여성과 동성애자의 권리가 보장되지 않으며, 흑인들과 제3세계 사람들이 고통을 겪고 있는지에 대해 이런 해답을 얻었기 때문이다.

"체제는 그런 것을 들어주지 않는다!"

체제를 장악하고 있는 '기득권자들'이 사악하기 때문에, 체제를 움직이는 원리가 비인간적이기 때문에, 체제는 동이든 서든 진정한 민주주의와 인권, 자유와 평등을 보장하지 않는다. 교육과 언론은 권력자와 자본가들의 입맛에 맞는 내용만 내세울 뿐이고, 천박하고 이기심만 부추기는 대중문화는 인류애와 정의감을 좀먹는다. 그리고 일부 깨어 있는 사람들이 정의를 요구하면, 경찰과 사법제도가 그들을 방해하고 억압한다.

그러므로 진정한 민주주의와 인권, 자유와 평등을 보장하라는 요구, 전쟁을 없애고 평화로운 세상을 만들자는 요구, 낡은 관행은 박물관으로 보내고 보다 자유롭고 서로를 배려하는 사회가 될 수 있게 하자는 요구 등은 모두가 '그들이 들어줄 수 없는, 불가능한 것'이다. 허울만 좋은 선거권이나 언론 자유를 믿고 있어서는 아무것도 되지 않는다!

그렇다면 다시, 어째서 그런 가치를 쟁취하기 위해 체제와 싸우지 않고 불가능하다고 생각하면서 '요구'하는 걸까? 과거의 혁명가들에게는 요구할 필요가 없었다. 마르크스는 "세계의 노동자여, 단결하라!"라고 외치면 그만이라고 생각했다. 절대다수인 데다 산업의 주춧돌인 노동자가 힘을 합치기만 하면 자본주의는 모래성처럼 무너질 거라고 여겼기 때문에. 레닌 역시 "모든 권력을 소비에트로!"라고 외칠 뿐이었다. 이미 절반의 국가권력을 장악한 소비에트에 나머지 반을 덧붙이면 뭐든 마음대로 할 수 있다고 생각했기 때문에. 그들은 곧 무너뜨리게 될 '적'에게 굳이 무슨 요구를 할 이유가 없었다.

그러나 과거의 혁명가들이 생각했던 것보다 체제는 강력하고 견고했다. 그리고 시민권과 언론 자유 보장, 복지 제도의 확충이라는 형태로 민중의 불만을 상당히 불식시키는 한편, 대중문화와 친체제적 언론, 교육을 통해 다수 민중의 경각심조차 없애버렸다. 게다가 세계대전과 대공황을 거치며 사상 최대의 힘을 갖게 된 관료제적 국민국가는 압도적인 무력과 정보력을 가지고 체제를 수호한다. 결국 이제 체제와 정면 대결을 벌여 무너뜨리기는 매우 어렵게 되어버렸다.

그래서 '요구'가 중요한 것이다. 들어줄 턱이 없는, 하지만 대의명분에 맞는 요구를 함으로써 '거짓된' 자유와 민주에 만족하고 있던 다수의 민중들에게 경종을 울린다. 그리하여 자신들이 그동안 기만당했음을, 정부와 법률은 결코 정의롭지 못하며 진정으로 국민을 위하지 않음을 깨닫게 한다. 또한 지금의 정부는 사실상 '국민에 의한' 정부도 '국민을 위한' 정부도 아니기 때문에, 진정한 권력은 대통령 관저나 국회의사당에 있지 않고 '거리에 있다'는 것을 느끼게 한다. 그렇게 '불가능한 것을 요구'하는 과정이 68혁명이었고, 그것은 마르쿠제의 말처럼 "타락한 정치 언어와 행동 습관을 깨트리기 위한" 목적을 갖고 있었다.

하지만 요구를 해도 들어줄 리가 없다는 사실을 미리 알고 있기 때문에 그 요구는 비타협적이고(상대를 신뢰할 수 있어야 타협을 하든 말든 할 게 아닌가?) 무조건적이며, 한편으로는 허무할 수밖에 없었다. 법적으로는 아무 의미도 없음을 알면서 진행한, 21세기 초 한국 모 인사에 대한 탄핵 서명운동처럼. 그런 만큼 '불가능한 것을 요구' 하는 일은 초심을 잃고 무책임한 방황이나 단순한 객기의 표출로 흐를 위험이 있었다. 그래서 저 위대한 낙서의 저자는 이렇게 덧붙였던 것이다. "그러나 리얼리스트가 되라."

68혁명은 불꽃처럼 순식간에 번졌다가 어느새 다시 잦아들었다. 레닌의 전위 정당도 없고, 마오쩌둥이나 간디 같은 카리스마를 지닌 지도자도 없으며, 사실상 대안이라는 것도 없었던(뭔가를 쟁취하기 위해서라기보다는 뭔가를 보여주기 위한 '혁명'이었으므로) 이 운동은 추진력을 빠르게 잃어버렸다. 그러면 결국 그것은 실패였는가? 현대 세계는 한순간 열병을 앓고는 털고 일어나 종전에 가던 길을 계속 걸어갔는가?

어떤 면에서는 분명 실패였다. 하지만 그것은 긍정적인 실패였다. 세계가 앓았던 열병은 '지혜열'이었기 때문이다. 젊은이들이 도전했던 권위와 체제는 쉽게 무너지지 않았지만, '68혁명의 충격'으로 스스로를 변화시켜 나갔다. 여성·흑인·노동자·동성애자의 권익이 점진적으로 보장되고, 젊은이의 욕망과 열정을 존중하는 풍토가 생겼다. 정부 체제에서부터 대학의 학사 과정까지 근본적이지는 않더라도 상당한 개혁과 변화를 겪었다. '불가능한 것'이 다소 미흡하나마 가능해진 것이다.

결국 민중의 '혁명 역량'을 일깨우지 못했다는 점에서 68혁명은 실패했다. 그러나 그 놀랄 만한 체험의 중심에 섰던 젊은이들은 그것을 평생 잊지 못했으며, 기성세대가 되어서도 그 정신과 감성을 이어나가려 했다. '68세대'라 불리는 이들 중에는 미국의 클린턴 대통령 부부와 영국의 블레어 총리, 프랑스의 조스팽 총리, 독일의 슈뢰더 총리 등 1990년대에 국가수반이 되면서 '제3의 길'식의 좌파 정책을 지향한 사람들도 있다.

68혁명과 68세대에 대한 비판도 없지 않다. 이러니저러니 해도, 삶의 여유가 있다보니(당시는 전후의 기록적인 호황기가 마지막을 향해 가던 시기였다. 그 덕에 대학생들은 '놀고먹어도' 취업할 수 있었다) 좀이 쑤셨던 젊은이들이 따분함을 풀려고 벌인 한바탕 광란이 아니었느냐는 것이다. 당장 눈에 보이는 성과 없이 흐지부지 끝난 점도 비판의 대상이다. 그러나 1968년에 세계를 뒤흔든 젊은이들의 외침, 그리고 그들이 흘린 피와 땀이 없었던들 불가능한 것을 일부나마 가능하게 할 수는 없었으리라. 비록 그들은 그러려던 것이 아니었지만.

그리고 삶은 계속된다

파드와 투칸, 1968

답답함에서 빚어진 반란도 있지만, 절망에서 터져 나온 반란도 있다. 그들의 요구 역시 상대방 입장에서는 들어주기 '불가능한 것'이지만, 그들은 리얼리스트가 될 수도 없다. 그러면 절망 때문에 모든 것을 포기할 테니까. 살아 있기 때문에 반항한다. 살아 있는 한 반항한다.

:: 감정은 끓어오르고 타오른다. 우리의 벅찬 마음이 우리의 길을 밝힌다.
한 무리가 또다른 무리를 따라 쓰러진다.
고귀한 죽음으로, 서로를 얼싸안으며 땅에 쓰러진다.
밤이 아무리 길어도
별들은 계속해서 떠오르리라.
그리고 삶은 계속된다.
그리고 삶은 계속된다. ::

팔레스타인의 여성 시인, 파드와 투칸1917-2003이 1968년 10월에 쓴 「광야에서 잃어버린 얼굴」의 한 토막이다. 투칸은 팔레스타인의 명문가 출신으로, 여성으로서는 드물게 영국에 유학해 대학 교육까지 받았다. 시인이던 오빠의 영향도 받아 주로 '미개한' 아랍 세계에서 여성으로서 받는 차별 등에 대한 불만을 시로 표현했던 그녀는, 1967년의 '6일 전쟁'에서 압승을 거두면서 아랍을 겁내지 않게 된 이스라엘이 고향인 나블루스를 포함한 팔레스타인의 여러 지역을 무력으로 점령한 이후로는 '민족 시인'으로서 저항적인 시를 쓰게 된다. 그녀는 평생 여덟 권의 시집을 냈으며, 나블루스에서

87세로 숨을 거뒀다. 당시 나블루스는 '알 아크사 인티파다'의 와중에 이스라엘 군대에 포위된 상태였다. 노벨 문학상은 타지 못했지만, 아랍인들과 제3세계 민중들에게 그녀는 긴 밤을 밝히다 사라진 하나의 별이었다.

그녀가 남긴 "그리고 삶은 계속된다"는 한마디는 그 담담하면서도 시적인 호소력에 힘입어 전 세계적으로 알려졌지만, 묘하게도 그것이 바로 '그녀의 한마디'가 알려진 것인지는 분명하지 않다. 그녀가 시집을 발표한 직후인 1968년 11월에 당시 세계에서 가장 인기 있는 록그룹이었던 비틀스가 〈오블라디 오블라다〉라는 곡을 발표했는데, 그 가사에 "오블라디 오블라다, 삶은 계속된다"라는 구절이 있었다. 비틀스가 투칸의 시를 인용한 것인지는 확실하지 않은데, '삶은 계속된다'는 뜻인 '오블라디 오블라다'는 나이지리아의 요루바족 말이라고 한다. '그리고 삶은 계속된다'는 표현은 이후로도 계속되어서, 1992년에는 이란의 압바스 키아로스타미 감독이 이 제목을 내건 영화를 만들어 국제무대에서 호평을 받았다. 또 1995년에는 미국의 흑인 힙합 가수인 투팍 샤쿠르가, 그리고 2002년에는 일본의 힙합 그룹 드래곤 애시가 같은 제목의 노래를 각각 발표했다. 2005년에는 애니메이션 〈건담〉 시리즈에 같은 제목의 삽입곡이 등장했고, 2006년에는 빈스 올랜도가 감독과 주연을 맡은 영화가 나왔다. 이 밖에도 이 한마디를 사용해서 만든 대중문화 작품은 한둘이 아닌데, 구체적인 배경은 각기 다를지라도 어느 것이나 절절한 실존적 고독과 고난이, 그럼에도 불구하고 자신의 길과 생활 방식을 계속 고집하는 의지가 묻어나 있다. 어쩌면 그것은 현대인이, 특히 불안하고 답답한 젊은 시절을 보내는 현대인이 누구나 한 번쯤 가슴으로 느끼는 한마디일지 모른다. 그래서 그만큼 널리 퍼지고, 지금도 퍼져나가는 것이 아닐까.

그러나 수많은 메아리 속에서도 무엇보다 절실했던 한마디는, "그래도 삶은 계속된다"는 외침은, 바로 파드와 투칸의 것이었다. 그녀에게 현실은 답답함이 아니라 절망이었기 때문이다. 다른 사람들은 말이 통하지 않는 어른들, 이해할 수 없는 관행들, 아무런 실질적 도움도 안 되는 투표권, 국민을 위한 지팡이라기보다 국민을 향한 몽둥이에 가까운 경찰 등에 대한 불만 때문에 "그래도 삶은 계속된다"는 독백을 남겼다. 하지만 투칸과 그녀의 민족에게 그런 불만은 사치에 가까웠다. 이스라엘 정착촌을 짓기 위해 팔레스타인의 아기가 울어대는 집을 불도저로 밀어버리는 곳, 영장도 없이 한밤중에 사람을 끌고 가 정신병에 걸릴 정도로 고문을 한 뒤 "이 사람이 아닌데, 잘못 데려왔군" 하고 사과 한마디 없이 풀어주는 곳, 어린애들이 글자를 배우기 전에 먼저 총 쏘는 법부터 배우게 되는 곳이 팔레스타인이었다. 팔레스타인에 유대인의 나라를 세운다는 밸푸어 선언이 나온 1917년에 태어나, 이스라엘의 강제 점령이 시작된 1967년에 저항 시인으로 인생의 좌표를 정하고, 2000년대 팔레스타인의 최대 민중 봉기인 알 아크사 인티파다의 아우성 속에서 숨져간 파드와 투칸. 그녀만이 "그래도 삶은 계속된다"는 말의 의미를 가장 간절하게, 그리고 가장 위대하게 담아낼 수 있었다. 승산은 없다. 적들은 막강하고, 또 잔인하다. 아랍의 소수민족일 뿐인 우리를 누가 도와주겠는가? 우리의 투쟁은 당장 아무런 실질적 성과도 내지 못하고 스러지리라. 68혁명의 주역들은 장차 선진 산업사회를 이끌어가는 엘리트가 되겠지만 인티파다의 주역들은 아무것도 하지 못하리라, 또다른 주역들을 낳는 것밖에. 그러나, 그러나 삶은 계속된다. 우리가 쓰러진 자리를 우리의 자식들이 다시 채운다. 짓밟힐지언정 민초의 끈질긴 생명력은 끊기지 않는다. 그리고 언젠가는, 언젠가는 해방의 날을 보리라…….

그런데 이 책에 열거된 다른 많은 한마디와 달리, 이런 정신과 의미가 깃든 한마디는 현대 특유의 것이 아니다. 머나먼 고대부터 핍박받는 민중이 있는 곳이면 어디서나 가슴을 울리던 한마디였다. 그런 점에서 투칸의 계속되는 삶, 그것은 20세기, 그리고 21세기가 되도록 여전히 '현대'를 허락받지 못한 세상이 있다는 것, 아직 국민국가와 자유주의와 민주주의가 상식이 되지 못한 채, 잔인한 힘의 지배를 받는 전근대적인 삶이 계속되고 있다는 것을 드러낸다. 그런 까닭에 그녀의 한마디는 1990년대나 2000년대의 힙합 가사가 아니라, 천 수백 년 전 후한 시대에 불렸다는 중국 민요 가사에서 더 어울리는 짝을 발견하게 되는 것이다.

:: 머리카락과 부추는
아무리 잘라도 다시 또 자라나네
수탉과 두목은

아무리 목을 베어도 다시 또 일어나라고 외치네
관리 놈들을 두려워하지 마라!
백성들은 오늘도 살아 있네
백성들은 오늘도 살아 있네 ::

인류에게는 위대한 도약

닐 암스트롱, 1969

'반란의 시대'는 또 하나의 반란으로 마무리되었다. 그러나 그것은 다른 반란과는 성격이 판이했다. 현대에 접어들면서 계속 좁아지고만 있던 '신의 영역', 1969년에는 그 영역 중 하나가 또 허물어졌다. 그리고 인류는 현대사에서 첫째 아니면 둘째가는 '쇼'를 TV 화면으로 지켜보았다.

'우주전'은 냉전의 가장 화려한 부분이었다. 누가 먼저 인공위성을 쏘아 올리느냐, 누가 먼저 인간을 달에 보내느냐 하는 경쟁은 1980년대의 신냉전을 거치며 대륙간탄도탄을 우주에서 방어하는 '별들의 전쟁'으로 이어졌다. 이 우주전의 서막은 동군이 먼저 열었다. 소련은 1957년 대륙간탄도탄 발사 실험에서 미국보다 한발 앞서 성공을 거뒀고, 곧바로 세계 최초의 인공위성인 스푸트니크 1호를 쏘아 올렸다. 2호에는 '라이카'라는 개도 탑승시켰다. 그 다음 해에 미국이 익스플로러 1호를 발사하자, 소련은 달 탐사선 루나 1호의 발사를 계획, 네 번의 시도 끝에 1959년 1월에 성공을 거두었다. 1961년 4월에는 소련의 유리 가가린이 보스토크 1호를 타고 지구 궤도를 한 바퀴 돎으로써 최초의 유인 우주 궤도 비행에 성공했고, 미국에서는 그해 5월 앨런 셰퍼드가 탄도 비행에, 1962년 2월에 존 글렌이 궤도 비행에 처음으로 성공했다.

우주개발 경쟁은 대륙간탄도탄 개발이라는 군사적 중요성이 무엇보다 앞섰다. 당시 겉으로 보기에는 미국과 소련이 호각으로 맞붙고 있는 것 같았지만, 지정학적으로 볼 때 소련이 훨씬 불리했다. 미국은 한국을 비롯해 세계 각지에 설치한 군사기지를 교두보로 소련을 빙 둘러싼 채 기회를 노리고 있었던 반면, 소련은 태평양과 대서양을 건너 멀리 떨어져 있는 미국을 직접 공격할 수가 없었다. 유일한 방법은 대륙간탄도탄에 핵탄두를 장착해서 쏘는 것이었다. 그래서 소련은 우주 항공 기술 개발에 혈안이 되었고, 미국 역시 다급히 로켓 기술 개발에 박차를 가했다. 그런데 일단 탄도미사일 기술이 정점에 오르고, 핵전쟁이 일어날 경우 공멸할 수밖에 없다는 점 때문에 적어도 당분간은 서로 자제하자는 분위기가 형성되면서 우주개발은 양국의 자존심을 건 경쟁으로 바뀌었다. 처음부터 계속 소련보다 한발 뒤지고 있던 미국은 인간을 달에 착륙시키는 일만은 앞서겠다고 단단히 결심했다. 그것은 1961년 5월, 케네디 대통령의 "1960년대가 끝나기 전에 인간을 달에 보낼 것이다"라는 선언으로 명확해졌다.

케네디는 1963년에 암살되었지만, 그의 선언은 살아남았다. 그리고 마침내 1969년 7월 20일(미국 동부 기준), 아폴로 11호의 착륙선인 독수리호가 닐 암스트롱과 에드윈 올드린을 태우고 달의 '고요의 바다'에 착륙했다. '아폴로 계획'이 본격화된 1967년부터 2년 반 만이었고, 그 사이에 3명의 우주 비행사가 희생되는 참사가 있기도 했다. 오후 10시 40분에 암스트롱의 왼발이 달 표면에 닿았다. "이것은 한 사람에게는 작은 발걸음이지만, 인류에게는 위대한 도약이다." 격동의 1960년대를 수놓은 '한마디'는 많고 많지만, 암스트롱이 달에 발을 디디며 남긴 이 한마디만큼 널리 알려진 말은 없다. 마틴 루서 킹의 연설이든 파리 대학 벽의 낙서든, 암스트롱의 한마디처럼 전 세계에 TV로 생중계되지는 않았기 때문이다. 암스트롱과 올드린은 이 '전인미답의 세계'에 21시간 37분간 머물면서(달 표면에서 활동한 시간은 2시간 남짓이었고, 대부분 탐사선에서 작업을 하고 휴식을 취했다) 흙과 암석 표본을 채취하고 탐사 장비를 설치했으며, 성조기를 꽂고 기념판을 설치하는 등의 행사를 하고 지구로 돌아왔다.

달 착륙과 암스트롱의 한마디에서 세 가지 의의를 찾을 수 있다.

첫째, 이로써 현대 과학의 '지배 체제'가 완전히 확고해졌다. 과학적 세계관은 이미 헉슬리와 윌버포스의 진화론 논쟁을 전후한 19세기 말부터 자리를 잡았고, 20세기 초에는 아인슈타인과 하이젠베르크 같은 '영웅들'이 4차원과 소립자 같은 '전인미답의 세계'

로 인류를 안내했다. 하지만 그런 세계는 대중적인 세계는 아니었다. 고대부터 밤하늘에 둥실 떠올라 어두운 세계를 은은히 비추며 온갖 신화와 전설, 동화의 대상이 되어온 달. 인간이 정말로 그 달에 가서 직접 발을 디디며 돌아다니다 온 것은 더이상 종교나 미신이 과학의 '대안'일 수 없음을 분명히 보여주는 사건이었다(그 뒤로 우리는 뭔가 '황당무계한' 이야기를 들으면 '사람이 달나라에 가는 세상에……'라는 말을 습관처럼 하게 된다). 그야말로 '위대한 도약'이었던 셈이다. 33만 킬로미터를 뛰어넘은 위대한 도약. 서양에서는 15세기 이후, 전 세계적으로는 원시시대부터 계속되어온 '지리상의 발견'이 하나의 대단원에 이르렀으며, '과학혁명'이 그 발견을 가능하게 했다.

둘째, 그 대발견의 과정은 TV로 전 세계에 중계되었고, 이로써 현대 과학은 '대중은 도저히 알 수 없는 전문가들의 세계'임과 동시에 '대중을 사로잡는 쇼이자 가십거리'가 되었다. 이후 우주왕복선 발사, 방사능 가속기 개발, 인간 게놈 프로젝트, 줄기세포 실험 등 현대 과학의 굵직굵직한 프로젝트들은 언론의 주목을 받으며 대중적 관심사로 떠올랐다. 그런 프로젝트의 원리에 대해서는(어쩌면 의의에 대해서도) 하나도 모르지만, 지적인 멋이 물씬 풍기는 과학자들이 TV에 나와 "인류는 또 하나의 벽을 넘었습니다!"라면서 뭔지 모를 도표를 짚어가며 설명하는 모습은 20세기 중반 이후 하나의 '트렌드'가 되었다. 그것은 과학이 종교를 대체한 시대를 사는 현대인에게 필요한 여흥이기도 했으며, 한편으로는 갈수록 많은 연구비를 필요로 하는 과학자들이 후원을 얻기 위해 흥미로운 것을 보여주며 일반인의 이목을 끌려는 현실적 요구를 반영한 것이기도 했다. 그래서 '가끔은' 성과를 조작해 유명해졌다가 나중에 그 사실이 드러나는 바람에 망신을 당하는 과학자들도 나타났다. 가끔은! 그러다보니 각종 음모론도 생겨났다. 달 착륙은 특히 음모론으로 유명한데, 할리우드 영화 팀이 미국의 사막에서 촬영한 영상을 틀었을 뿐이라는 식이다. 미국 항공우주국NASA에서 몇 차례나 반박했음에도 음모론은 수그러들지 않고 있는데, 이는 과학 프로젝트가 '대중적 쇼'로 연출되는 현실의 부작용이라 할 수 있다. TV 화면을 유심히 들여다본 수많은 사람 중에서는 "뭔가 이상해, 어떻게 진공상태에서 깃발이 펄럭일 수 있지?" 하는 의문을 가진 사람들도 나오게 마련이었고, 이따금 사실로 드러나는 과학 사기가 "그럼 혹시 저것도?"라는 의심을 부채질하는 것이다.

셋째, 그것은 국가적 프로젝트였다. 본래 나치 독일의 미사일 기술을 전후에 미국과 소련이 나눠 가지면서 시작된 우주개발은 내내 국력을 강화하고 과시하기 위한 목적에 지배되었다. 달 착륙만 해도 프로젝트 기획은 정치인(케네디)이 하고 실행은 군인(암스트롱)이 했으며, 그 과정에 힘을 보탠 과학자와 기술자들 또한 모두 국가공무원으로서 통제받고 있었다.

그것은 한편으로 이만한 프로젝트를 추진하려면 국가나 대기업이 정책적으로 후원하고 재정적으로 뒷받침해야만 한다는 뜻이었다. 더이상 벨이나 에디슨 같은 '골방의 발명꾼'이나 아인슈타인 같은 '천재 과학자'가 혼자 힘으로 '대박'을 터뜨릴 수는 없다는 것이다. 다른 한편으로는, 국가가 앞장서서 과학적 위업, '인류의 도약'을 성취한다는 점을 내세움으로써 국가가 국민에 대한 '이미지 권력'을 강화하는 의미도 있었다. 1960년대에는 많은 젊은이들이 거리로 뛰쳐나와 보도블록을 던지며 시위를 했다. 하지만 방에 온통 스푸트니크나 아폴로호의 사진을 붙여놓고 과학의 세계, 또는 국가공무원의 세계를 꿈꾸는 젊은이들도 있었다. 달 표면에 꽂힌 채 휘날리는 성조기를 보라! 국가가 아니면 어떻게 이런 꿈을 이룰 수 있었겠는가? '체제'가 뭔가 인류에게 유익하고 위대한 일을 하고 있다는 인식은 체제에 대한 불만을 무의식중에 순화시켰다. 사람이 달나라에 가든 화성에 가든, 빈민과 흑인과 여성과 제3세계인의 지위는 눈곱만큼도 향상되는 게 아니건만. 암스트롱과 올드린이 달 표면을 두 시간 산책하는 데 들인 비용이면 세계의 수많은 사람이 목숨을 이을 수 있었을 것이며, 그중에서는 제2의 마틴 루서 킹도, 아인슈타인도, 케네디도 나올 수 있었건만. 이런 대규모 프로젝트에 따라붙는 음모론은 어쩌면 그런 '국가주의'에 대한 무의식적 반발에 힘을 얻는지도 모른다.

우리 자신 속으로 떠난 놀라운 모험

프랜시스 콜린스, 2003

1990년대와 2000년대 초기는 19세기 말에 버금가는 '기술의 시대'였다. 야심적인 기술혁신과 그에 따른 미래를 낙관하는 미래학이 기술에 의한 유토피아, 곧 '테크노피아'의 장밋빛 비전을 유행시켰다. 그중에서도 가장 돋보이는 조류는 정보 기술IT, 나노 기술NT, 생명 기술BT이었다. 그리고 생명 기술 부문에서, 달 착륙을 실현시킨 아폴로 계획에 필적하는 대규모 과학 기술 프로젝트가 추진되었다. 바로 '인간 게놈 프로젝트'였다.

유전자gene와 염색체chromosome를 합친 용어인 '게놈'genome은 생물이 가진 유전정보의 총체를 말한다. 말하자면 게놈을 해독할 경우, 그 생물을 유전자 수준에서 '완전히 파악'할 수 있다. 인간 게놈 프로젝트는 인간의 게놈을 파악하여 '유전자 지도'를 작성하기 위해 1985년부터 논의에 들어가 1990년에 시작되었다. 2005년까지 30억 개에 이르는 인간의 염기를 모두 해독한다는 당초의 목표는 너무 낙관적이며, 무엇보다 엄청난 비용과 인원을 필요로 할 것이라 여겨졌다. 그러나 목표보다 오히려 2년이나 앞선 2003년 4월에 프로젝트가 완료되었다는 발표가 나왔다.

인간 게놈 프로젝트는 본래 미국 정부의 야심적인 사업으로 계획되었고, 미 연방 정부 보건부와 에너지부가 공동으로 출자해 보건부 산하에 인간게놈연구소를 설치하면서 시작되었다. 하지만 이것은 미국만의 프로젝트일 수 없으며 인류적 차원에서 연구되고 그 결과물 또한 공유되어야 한다는 여론의 압박이 컸기에, 영국·프랑스·독일·중국 등 14개국의 연구진이 합류하여 '국제 인간게놈 염기서열 컨소시엄'IGHSC을 만들고 다국적 연구 팀을 구성하게 되었다1988. 원래 DNA의 이중나선 구조를 규명하여 현대 생물학의 신기원을 이룩한 제임스 왓슨이 팀을 이끌었으나, 그가 제약 업체 등 민간 기업과 연결되어 있다는 의혹을 받게 되면서 대신 프랜시스 콜린스가 팀장을 맡는다1992. 한편 동료들과의 의견 충돌로 팀을 떠난 크레이그 벤터는 셀레라지노믹스라는 사기업을 창립하고는 독자적으로 인간 게놈 프로젝트를 추진한다1998. 그리고 2000년에 유전자 지도를 완성했다고 발표한다. 97퍼센트까지 해독이 완료된 초안이었다. 마지못해 셀레라지노믹스와 공동발표를 했던 IGHSC는 2003년 4월에 자체적으로 완성본을 발표하며 프로젝트의 성공적 종료를 선언했다.

:: 인간 게놈 프로젝트는 우리 자신 속으로 떠나는 놀라운 모험이었다. DNA가 우리를 어떻게 만들었는지, 그 설계도를 이해하는 것이었다. 모든 인류가 공통으로 가진 설계도를. ::

IGHSC 책임자 프랜시스 콜린스는 성과 발표 현장에서 이렇게 말했다. 그리고 이 프로젝트는 인간의 달 착륙과 맞먹는 위대한 프로젝트였다고 스스로 평가했다. 그의 말에는 이 프로젝트가 가진 복잡한 의의가, 어떻게 그 프로젝트를 만들었는지 이해할 수 있는 단서가 숨어 있다. 달 착륙이 '전인미답의 세계를 향한 위대한 도약'이었다면, 인간 게놈 프로젝트는 '우리 자신 속으로 떠나는 놀라운 모험'이었다. 콜린스의 말처럼 어느 쪽이나 역사적인 위업임에는 틀림이 없고, 한때는 꿈도 못 꾸던 비밀의 세계에 발을 들여놓았다는 점, 막대한 예산과 노력을 들여 추진한 거대한 프로젝트였다는 점도 같다. 그리고 달 착륙 때와 마찬가지로, 인간 게놈 프로젝트도 그 성과 발표 현장이 전 세계에 중계되며 언론의 폭발적인 관심을 받았다.

하지만 암스트롱과 올드린이 차가운 낯선 별에 발을 내려놓았던 반면, IGHSC와 셀레라가 탐구한 대상은 '우리 자신'이었다. 결과에 따라 인간의 생명과 생활을 크게 바꿔놓을 수 있었다. 그런 까닭에 미국만의 프로젝트로 독자적으로 추진되어서는 안 되었고, 마찬가지 이유에서 왓슨이 물러나고 벤터가 탈퇴하는 일이 일어났다. 인간의 생명에 관련된 프로젝트이니만큼 엄청난 상업적 가능성을 지니기 때문이다(달 착륙을 비롯한 우주개발이 돈은 많이 들면서 경제적으로 남는 것은 없는 사업이었던 것과 대조적으로). 그래서 민간 기업과의 연관성 의혹이 있는 왓슨이 팀장을 맡기 어려웠고, 반대로 벤터는 팀을 뛰쳐나가 민간 기업을 차리게 된 것이다. 지금 인간 게놈 프로젝트의 연구 결과는 인터넷에 공개되어 누구나 보고 쓸 수 있지만, 민간 기업인 셀레라 사 등의 연구 성과는 비공개이며 상업적으로 이용될 것으로 보인다. 한편 이 프로젝트에는 윤리 문제가 뒤따를 수 밖에 없다. '우리 자신'을 탐구하는 것이기 때문이다. 인간 게놈 프로젝트 수행 과정 자체는 윤리적인 의혹을 별로 일으키지 않았지만, 그 결과 인간을 유전자 차원에서 이해하고 그 유전자를 조작함으로써 '범죄를 일으킬 수 있는 유전 요인을 사전에 제거'하고 '지능이나 체능이 뛰어난 아이를 맞춤형으로 생산'하며, 나아가 '유전자를 조사해 열등한 사람을 민간 기업이나 공직에서 배제'하는 등의 일을 추진할 가능성이 문제가 되었다. 그래서 프로젝트가 완료되기 전인 1997년에 '인간 게놈과 인권에 대한 보편 선언'이 수립되어 "인간의 유전인자는 인류의 유산이다. 누구라도 유전적 특성을 근거로 인권, 기본적 자유, 인간의 존엄성을 침해하는 차별을 받지 않는다. …… 인간 복제는 인간 존엄성에 위배되므로 금지된다" 등의 생명 윤리 기준이 천명되기도 했다.

또한 유전자를 파악했다고 해서 그 인간을 완전히 이해한다고 볼 수 있느냐, 인간은 유전만큼 혹은 그 이상으로 환경의 영향을 받는 존재가 아닐까 하는 주장이 제기되면서 '본성nature이냐 양육nurture이냐'의 다소 해묵은 논쟁이 재연되기도 했다(인간 게놈 프로젝트의 결과 의외로 인간 유전자의 개수가 적다는 사실이 알려졌고, 따라서 유전자만으로 인간이 인간인 이유를 설명하기는 무리이며 단백질과 환경의 영향을 더 중시할 필요가 있다는 입장이 오히려 설득력을 얻었다).

이런 양상은 역시 주목받는 BT 분야 연구인 줄기세포 연구에서도 마찬가지다. 각국 정부는 국가적인 차원에서 사업을 지원한다.

성공할 경우 국가 위신도 위신이지만 막대한 산업 경쟁력을 갖게 되리라는 계산에서다. 그러나 인간의 생명을 다루는 연구이므로 윤리적으로 규제해야 한다, 성과를 한 개인이나 나라가 독점해서는 안 된다는 등의 비판과 간섭이 끊이지 않는다. 그리고 엄청난 명예와 경제성을 염두에 두지 않을 수 없는 과학자들이 무심無心히 연구에 임하지 못해 성과를 조작하거나, 혹은 조작했다는 의혹이 나오거나 하면 한 팀이던 과학자들이 얼마 후 뿔뿔이 흩어지기도 한다. BT 분야는 현대 인류의 과학·기술·정치·경제·윤리 문제가 얽히고설킨 분야이며, 지금 이 시간에도 계속 문제를 낳고 있는, 귀추가 주목되는 발전 분야다.

정치적 계산과 경제적 고려 등을 넘어서, 왜 인간은 굳이 머나먼 별나라에 가보고 싶어하는 것일까? 왜 보이지 않는 세계를 들여다보고 싶어할까? 그것은 미지에 대한 불안, 앎에 대한 끝없는 욕망 때문일 것이다. 그래서 망원경과 현미경을 만들고, 사막과 바다를 건너고, 우주가 처음에 어떻게 시작되었는지 따위의 문제를 짧은 일생을 바쳐 풀어보려는 것이리라. 그러나 알지 못하는 세계로 한 걸음 들어서는 순간, 우리 자신이 그 이전의 우리로서는 알지 못할 존재가 된다.

유명한 사람들의 **유명한 마지막 한마디**

한마디 속에 평생의 신념을 담아, 한마디 속에 시대의 사명을 담아 세상을 뒤흔들었던 사람들. 그들도 죽음 앞에서는 홀로, 하나의 인간으로서 운명을 받아들여야 했다. 마지막 순간, 그들이 세상에 남긴 한마디는 무엇이었을까?

[나는 멋진 인생을 살았어. 할 일을 다 했어.]

그러면 이제 내가 할 일은 끝났군. J. S. 밀, 1873. 이제는 가망이 없다는 말을 듣고.

나는 나의 노래를 불렀다네. 미하일 바쿠닌, 1876.

나는 멋진 인생을 살았다고 전해주게. 루트비히 비트겐슈타인, 1951.

아르헨티나여, 나를 위해 울지 말아요. 에바 페론, 1952.

나는 할 일을 다 했단다. 알베르트 아인슈타인, 1955. 임종을 지키는 수양딸에게.

나를 위해 건배해주게나. 파블로 피카소, 1973.

[죽는 것은 괴로워. 누구나 마찬가지겠지?]

어두워, 너무 어두워! 기 드 모파상, 1893.

이건 말도 안 돼! 지그문트 프로이트, 1939.

머리가 지독하게 아파! 프랭클린 루스벨트, 1945. 휠체어에 앉은 채 심장 발작을 일으키고.

샴페인을 좀더 마셔둘 걸 그랬군. J. M 케인스, 1946.

아, 고통스러워! 샤를 드골, 1970. 자택에서 쓰러져 의식을 잃기 직전.

생각보다 죽음이란 쉽지 않군. 베르너 하이젠베르크, 1976.

너무 아파. 의사를 불러! 마오쩌둥, 1976.

[허무해. 인생은 허무한 것 같아.]

슬픔은 영원히. 빈센트 반 고흐, 1890. 자살 직전 남긴 메모.

아무래도 상관없어. 레프 톨스토이, 1910.

모든 것은 환상이랍니다. 마타 하리, 1917. 처형장에서 참관인에게.

이제 난 싸우기에 지쳤어. 언젠가 이런 날이 올 줄 알았지. 해리 후디니, 1926.

늙어가는 나 자신을 더이상 못 견디겠어. 가브리엘레 단눈치오, 1938.

이젠 다 지긋지긋해. 윈스턴 처칠, 1965.

[죽기 직전에도, 까칠하게 굴어볼 테야.]

그만둬. 나가! 최후의 말 따위는 말을 충분히 못한 놈들이

나 하는 거야! 카를 마르크스, 1883. 마지막으로 남길 말을 묻자.

정반대요! 헨리크 입센, 1906. 병세가 나아지고 있다는 간호사의 말에 퉁명스럽게.

여기, 내 가슴을 쏴봐! 베니토 무솔리니, 1945. 자신을 체포한 빨치산 장교가 권총으로 즉결 처분을 하려 하자.

망설일 것 없어. 겁쟁이 같으니. 그냥 방아쇠를 당기라고. 체 게바라, 1967. 자신을 처형하려는 경찰을 보고.

[마지막에 찾게 되는 것은, 역시 종교일까?]

주여, 저를 여기 홀로 버려두지 마십시오. 표도르 도스토예프스키, 1881.

알레이쿰 에살람?(당신도 안녕하신가요?) 무스타파 케말, 1938. '에샬람 알레이쿰?'(안녕하세요?)이라는 인사에 대한 답례인데, 그가 자신을 데리러 온 죽음의 천사를 보고 그렇게 말했다고 여겨진다.

아아, 신이여! 모한다스 간디, 1948. 집회 장소에서 총탄을 맞고 숨져가며.

예수님, 당신을 사랑합니다. 테레사 수녀, 1997.

알라 이외에 신은 없고, 마호메트는 그의 예언자이다. 사담 후세인, 2006.

[사랑하는 사람아, 마지막은 당신과 함께…….]

아가야, 고맙다. 오토 폰 비스마르크, 1898. 병석에서 딸의 손을 잡고.

엘리자베스……. 프리드리히 니체, 1900. 누이동생을 부르며.

어머니, 제겐 당신밖에 없어요. 툴루즈 로트렉, 1901.

잘 있거라, 다시 만나자꾸나. 마크 트웨인, 1910. 병석에서 딸에게.

노(No). 그레이엄 벨, 1922. "나를 떠나지 말아요"라는 아내의 말에.

[이게 내 마지막 말이 될 줄은 나도 몰랐거든?]

안녕, 친구들! 나는 영광을 향해 떠나요! 이사도라 던컨, 1927. 이 말을 남기고 자동차를 타고 출발했는데, 스카프가 타이어에 감겨 목숨을 잃었다.

오늘 밤 〈주여 나를 축복하소서〉를 꼭 연주해줘요. 멋지게 연주해야 해요! 마틴 루서 킹, 1968. 이 말을 마치자마자 총에 맞았다.

예(Yeah). 존 레넌, 1980. 총에 맞은 후 병원에 실려 가는 도중, 존 레논이 맞느냐는 질문에.

맙소사, 대체 무슨 일이 벌어진 거죠? 다이애나 왕세자빈, 1997. 교통사고 직후.

[1970-1979]

멈춤과 새 출발

1970

- 한국, 전태일 분신
- 미국, 닉슨 독트린 발표
- 중국, 유엔에서 대만 대신 대표권 인정받음
- 일본, 적군파의 요도호 납치 사건
- 프랑스, 드골 사망
- 인도네시아, 수카르노 사망
- 이집트, 나세르 사망
- 나이지리아, 비아프라 내전
- 칠레, 아옌데 집권, 탈종속 노선 천명

1971

- 한국, 박정희가 제7대 대통령 당선
- 닉슨, 중국과 소련을 잇달아 방문, 동서 데탕트 천명
- 미국, 금-달러 무한 태환 중지
- 소련의 마르스호가 처음으로 화성에 착륙
- 제3차 인도-파키스탄 전쟁
- 파키스탄, 야히야 대통령 사임하고 부토 인민당 당수가 대통령 취임
- 동파키스탄 독립 선포, 방글라데시 성립
- 르완다, 투치족의 후투족 학살 시작

1972

- 한국, 통일주체국민회의에서 박정희를 제8대 대통령으로 선출
- 로마 클럽 보고서, 『성장의 한계』
- 뮌헨 올림픽, 검은 8월단 등이 이스라엘 선수 등 선수 살해
- 스리랑카, 실론에서 스리랑카로 국명 변경
- 이스라엘 텔아비브 로드 공항에서 일본 적군파의 무장 난동 사건

1973

- 한국, 평화통일 위한 7개항 외교정책 발표(6·23 선언)
- 한국, 김대중 납치 사건
- 미국, 베트남평화협정 발표
- 미국, 워터게이트 사건
- 제1차 오일 쇼크
- 라오스, 30년 내전 종결
- 이집트와 시리아, 이스라엘을 공격(욤 키푸르 전쟁)
- 칠레, 쿠데타로 아옌데 정권 붕괴, 피노체트 집권

1974

- 한국, 제2차 인혁당 사건
- 한국, 8·15 경축 기념식에서 문세광의 저격으로 육영수 사망
- 일본, 다나카 사임
- 그리스, 국민투표로 142년간의 왕정을 중지하고 공화국 헌법 승인
- 인도, 지하 핵실험 성공, 핵보유국 대열에 합류

- 한국, 장준하 의문사
- 미국의 바이킹 1호, 2호가 화성 착륙
- 대만, 장개석 사망
- 스페인, 프랑코 사망, 왕정복고되어 카를로스 국왕 즉위
- 핀란드 헬싱키에서 전 유럽 안보수뇌회의, 헬싱키 선언
- 남베트남이 무조건 항복하여 베트남 통일
- 캄보디아, 폴포트의 대학살 시작
- 인도네시아, 동티모르 내전 시작
- 사우디, 파이살 왕 피살
- 레바논, 내전 시작

1975

- 중국, 마오쩌둥 사망
- 영국, 경제위기로 IMF 지원받음
- 스웨덴, 사회민주당의 총선 패배, 1932년 이래 계속된 집권 종료
- 이스라엘, 엔테베 작전 성공

1976

- 일본, 적군파의 여객기 납치
- 프랑스, 최후의 단두대 처형 집행
- 소련, 브레즈네프를 국가원수로 선출
- 파키스탄, 군부 쿠데타로 지아 울 하크의 군부정권 수립

1977

- 한국, 통일주체국민회의에서 제9대 대통령으로 박정희 선출
- 영국, 노조가 인플레 억제 위한 임금 인상 상한선을 거부하며 총파업. 1979년 초까지 '불만의 겨울'
- 영국, 세계 최초로 시험관 아기 탄생
- 바티칸, 요한 바오로 2세 즉위

1978

- 한국, 12·12 쿠데타
- 미국, 중국과 수교
- 제2차 오일쇼크
- 영국, 대처 첫 여성 수상에 취임
- 크메르, 폴포트의 대학살 종식
- 이스라엘, 이집트와 캠프데이비드 평화협정
- 이란, 팔레비가 이집트로 탈출, 호메이니가 이슬람임시정부 수립 발표
- 우간다 민족해방전선이 이디 아민 축출

1979

성장의 한계가 온다

도넬라 메도즈, 1972

현대 초기까지는, 인류의 발전 가능성은 무한하며 세계는 인간 지혜의 진보와 함께 갈수록 풍요롭고 살기 좋은 곳이 되리라는 믿음이 확고했다. 마르크스조차도 단지 이윤율이 떨어질 뿐, 자본주의의 생산력 자체는 계속 증가하리라고 보았다. 다만 18세기 말에 맬서스1766-1834가 『인구론』1798에서 '인구 폭발'의 가능성을 제시했으나, 그것은 기우였다는 식의 견해가 곧 대세를 이루었다. 세계대전 이후에도 서구를 중심으로 한 기록적인 경제 호황과 과학 기술의 발전 덕분에 전체적으로 낙관적인 분위기가 유지되었고, 단지 '핵전쟁에 의한 인류 멸망' 가능성만이 한낮의 유령처럼 이따금 불안을 가져올 뿐이었다.

그러나 1960년대를 거치며 비관적인 관점이 점차 커져갔다. 우선 세계대전 후 잇달아 독립한 제3세계 신생국의 인구 증가율이 심상치 않았다. 가족계획 방법이 잘 보급되어 있지 않아서이기도 했지만, 경제성장을(주로 노동력을 동원하는) 이루고 이웃 나라와의 전쟁에서 유리해지려면 인구를 늘리는 것이 최선이라고 여긴 정부에서 의도적으로 출산을 장려한 까닭도 있었다. 세계 인구는 1800년 당시 10억 명, 1930년에는 20억 명이었는데 1960년에 30억 명이 되었다. 70년 만에 늘어났던 10억 명의 인구가 다시 한 번 느는 데는 고작 30년밖에 걸리지 않은 것이다. 또한 환경오염과 자원 고갈이 심각한 상태라는 인식이 『침묵의 봄』 이래 점점 짙어져갔다. 1968년에 각국의 전문가들이 모여 생물권 자원 보호에 대해 논의한 유엔 생물권회의에서 그런 비관적인 전망은 확고해졌고, 각국 정부 대표들이 대거 참여한 1972년의 스톡홀름 유엔 인간환경회의에서 환경문제는 중요한 국제정치 문제로 공식화되었다. 여기에다 마냥 호황일 것만 같던 경제까지 경고음을 내기 시작했다.

전후 경제의 놀라운 호황은 1944년의 브레턴우즈 협정을 기점으로 하는 '케인스주의와 달러 체제'의 번영을 동력으로 하고 있었다. 케인스주의는 국가가 시장에 적극적으로 개입하도록 하고, 소비를 권장해 경기가 활성화되게 했다. 또 세계대전을 계기로 자본주의 중심 국가의 바통을 영국에게서 넘겨받은 미국은 '금-달러 무한정 태환 정책'을 통해 국제무역을 활성화했다. 금-달러 무한정 태환이란 무엇인가? 원래 우리가 사용하는 화폐는 물건의 값을 정확히 표시하기 위해 만들어진 것이다. 가령, 물물교환 시대에 가

죽옷을 입고 싶은 사람은 돌도끼를 짊어지고 시장에 가서 돌도끼가 필요해 가죽을 팔러 온 사람과 맞바꾸었다. 하지만 이때 정확히 몇 장의 가죽과 몇 개의 돌도끼를 바꾸어야 계산이 맞는지 불확실했다. 또한 내가 원하는 가죽을 팔려는 사람이 내가 팔 수 있는 돌도끼를 필요로 할지, 매번 그렇게 마침 서로를 필요로 하는 사람이 만나게 될지 확신할 수 없었다. 여기서 돈, 곧 화폐의 필요성이 생겨났다. 가령 돌도끼 하나가 1만 원, 가죽 한 장이 2만 원이라고 정하면, 돌도끼 두 자루를 주고 가죽 한 장을 얻으면 누구도 손해를 보지 않았다.

그런데 시장의 규모가 커지고 이자니 주식이니 하는 것이 나타나 돈이 돈을 버는 시대가 되고 보면, '과연 이 돈이라는 것이 그만한 가치를 확실히 보장하는 것일까?' 하는 의문이 생기게 된다. 이를테면 지폐는 그 자체로는 아무 가치가 없는 종잇조각이지만, 해당국의 정부에서 그 가치를 보장해주기 때문에 돈으로 쓰인다. 그런 지폐는 이미 13세기 몽고제국 때부터 있었다. 그러나 국가가 망하거나 정부가 지나치게 많은 돈을 찍어내면 하루아침에 종잇조각으로 되돌아가버릴 수도 있다. 그러면 그 나라의 지폐를 잔뜩 보유하고 있던 사람은 한순간에 알거지가 될 수도 있는 일이 아닌가? 그런 까닭에 근대에 접어들어서도 한참 동안이나 금이나 은처럼 그 자체로 가치를 인정받을 수 있는 귀금속으로 화폐를 주조해 사용했다. 하지만 갈수록 경제 규모가 커지다보니 금속화폐는 곧 한계를 맞게 되었다. 그래서 미국이 '금-달러 무한정 태환'을 선언한 것이다. 미국이 발행한 달러를 가져오면, 언제든지 그에 상응하는 금으로 바꿔줄 수 있다는 것이다. 미국의 어마어마한 금 보유고와 거대하고 역동적인 경제력을 믿고 내세운 대담한 선언이었다. 말하자면 미국은 종이에 금을 찍어내는 셈이고, 달러 뭉치를 갖고 있으면 금덩이를 갖고 있는 것과 다를 바 없었다. 그러다보니 공산권을 제외한 모든 나라가 앞다투어 달러를 보유하려 했다. 이로써 달러는 단순한 미국의 화폐에서 세계의 '기축통화'로 발전했다.

그러나 전후 유럽을 부흥시키기 위한 마셜 플랜 추진, 한국 전쟁과 베트남 전쟁 참전, 미국을 우방으로 따르는 가난한 개발도상국에 대한 원조 등으로 엄청난 지출이 10여 년 계속되자, 마르지 않는 샘과 같던 미국의 금 보유고도 차차 바닥을 드러내기 시작했다. 그리하여 마침내 1971년, 미국의 닉슨 대통령은 '금-달러 무한정 태환을 중단한다'고 선언했다. 그럼에도 달러가 각국의 은행에 아직도 많이 쌓여 있고, 미국 경제가 가장 규모가 크고 가장 역동적이라는 사실에는 변함이 없었기에 달러는 그대로 기축통화의 지위를 지켜 오늘날까지 이어지고 있다. 하지만 근본적으로 국제무역에서 '달러로만 거래하면 절대 손해 볼 리가 없어' 하는 믿음은 영영 깨져버렸다. 그에 따라 당연히 국제무역은 위축되고, 세계 경기는 냉각되었다.

이런 총체적인 불안 속에서, 로마클럽의 보고서 『성장의 한계』가 세계의 이목을 집중시켰다.

:: 만약 세계의 인구 증가, 산업화, 공해 발생, 식량 생산, 자원 고갈이 지금의 추세로 이어진다면, 세계는 다음 백 년 사이의 어느 시점에 성장의 한계에 도달할 것이다. 가장 가능성 있는 결과는 인구와 산업 생산력이 갑자기 통제 불능의 감소세로 돌아서는 것이다. ::

1968년, 유럽 각국의 기업인, 외교관, 교수 등이 로마의 어느 빌라에서 모임을 가진 것을 계기로 만들어진 로마클럽은 도넬라와 데니스 메도즈 부부, 요르겐 란더스, 윌리엄 베렌스 등에게 용역을 주어 향후 세계경제와 환경, 인구에 대한 일관성 있으면서 과학적인 보고서를 작성하도록 했다. 이 중에서 선도적인 역할을 한 사람은 도넬라 메도즈1941-2001였는데, 미국의 환경학자이자 시스템공학자였던 그녀는 『성장의 한계』를 위해 '월드 3'이라는 컴퓨터 프로그램을 개발하고 그것을 사용해 보고서를 만드는 일을 총지휘했다.

『성장의 한계』는 인구 · 산업 · 공해 · 식량 · 자원이라는 다섯 가지 변수를 축으로 시뮬레이션을 통해 추세 분석을 하고, 그 결과 "이런 식으로의 성장은 결국 어느 시점에서 멈추고 말 것"이라는 '우울한' 결론을 내놓았다.

『성장의 한계』는 '후기 자본주의'의 각종 문제점을 하나로 꿰어서 설득력 있게 설명했다는 점에서 많은 주목을 받았고 사회에 큰 영향력을 미쳤다. 특히 환경 분야에서는 '개발이냐 환경이냐'의 딜레마에서 '지속 가능한 개발'이라는 개념을 해답으로 내놓는 근거가 되었다. 왕가리 마타이처럼 '개발과 환경을 동시에' 지향하는 것보다는 덜 매력적이며(양쪽 진영 모두에서) 절충주의라는 비판을 받을 소지가 있지만, 아직까지 환경 정책의 큰 원칙으로는 '지속 가능한 개발'이 가장 널리, 적극적으로 받아들여지고 있다.

경제 분야에서는 반대로 반발이 컸다. 특히 저자들이 변수를 자의적으로 설정했다는 비판이 제기되었는데, 가령 공해나 인구 증가는 기하급수적으로 진행된다고 보면서 문제점을 해결할 기술의 발전은 산술급수적으로 진행된다고 아무 근거 없이 설정했다는 것이다(저자들에게 1990년대의 호황을 가져온 정보 기술 혁명은 전혀 의외의 것이었다). 또한 『성장의 한계』에서는 경제성장 속도를 크게 늦추지 않는 한 석유 자원은 1992년이면 고갈된다고 예측했으나 맞지 않았고, 식량 생산 역시 1960년대 말부터 시작된 '녹색혁명', 즉 유전학이나 육종학에 힘입은 곡물 생산량의 기록적인 향상을 전혀 고려하지 못했다.

그러나 1970년대에는 『성장의 한계』의 주장을 뒷받침하는 분위기가 갈수록 짙어졌다. 1971년에는 제오르제스쿠 뢰겐이라는 루마니아 출신 경제학자가 『엔트로피 법칙과 경제 과정』이라는 책을 내놓았다. 그는 '닫힌 체계에서 질서는 갈수록 무질서로 변하며, 사용 가능하던 에너지는 갈수록 사용 불가능한 것이 된다'는 열역학의 엔트로피 개념을 경제학에 적용했다. 그의 기본적인 주장은 경제 '성장' 자체가 일종의 환상으로 환경을 희생해서 새로운 가치를 창출하는 것인데, 이때 손실되는 가치가 창출되는 가치보다 크다는 것이다. 1973년에는 제1차, 1979년에는 제2차 '오일쇼크'가 일어났다. 미국-이스라엘에 맞선 중동 국가들이 무력 충돌에서 계속 열세를 면치 못하자 대신 석유를 무기로 삼기로 한 데서 출발한 기록적인 석유 가격 인상은, 전 세계적으로 경제를 침체시키고 성장을 둔화시켰다. 또한 1975년에는 에드워드 윌슨이 『사회생물학』을 통해, 생물은 다윈 모델에서처럼 치열한 생존경쟁을 통해 살아남기보다는 공존을 위해 협력한다는 견해를 내놓았다. 저마다 개별 이익만을 앞세워 경쟁하다보면 파멸하고 만다는 것이다.

이런 가운데 『성장의 한계』의 주 저자인 도넬라 메도즈는 경제학 분야에서의 논의를 계속 발전시켜 '제로성장론'을 주창했다. 결국 인류는 자원 고갈과 인구 폭발 등을 극복하지 못해, 20세기 말이면 더이상 경제성장을 하지 못하고 제로성장을 되풀이하게 될 것이다. 그러나 그녀는 그것을 결코 '암울한 미래'라고 여기지 않았다. 오히려 그동안 성장에 사로잡혀 추스르지 못했던 경제의 질적인 면을 돌아보고, 소외와 불평등을 해소하며, 느리지만 좀더 인간적인 경제를 만들어갈 수 있게 된다는 것이다. 이런 취지에서 그녀는 『세계가 만약 1000명의 마을이라면』이라는 책을 남기기도 했는데, 인터넷을 떠돌며 이리저리 첨삭되고 일본에서 번역되는 과정에서 『세계가 100명의 마을이라면』으로 바뀌었다. 그 메시지는 세상은 불균등하다는 것, 그러나 서로 도와야 모두가 행복하게 오래 살 수 있다는 것이다.

작은 것이 아름답다

에른스트 슈마허, 1973

메도즈가 "느린 것이 아름답다"고 보았다면, 슈마허는 그 취지를 이어받으며 "작은 것이 아름답다"는 생각으로 담아냈다.

에른스트 슈마허1911-1977는 영국의 경제학자이자 통계학자로, 오랫동안 케인스와 함께 영국의 경제 정책 자문 역할을 했다. 그러나 그는 결국 대량 소비를 부추겨 대량 생산과 짝을 맞추게 하고, 그리하여 경제가 계속 빠르게 돌아가도록 한다는 케인스의 기본 개념을 정면으로 부정하게 된다.

슈마허가 보기에 현대의 자본주의 경제는 '더 빨리, 더 많이, 더 크게'라는 양적인 면에만 집착하고 있다. 그래서 국민총생산GNP과 국민총소득GNI이 증가하고 국제수지 흑자가 늘면 곧 경제가 번영한다고 생각한다. 그러나 그런 양적인 면이 질적인 면을 보장해주지는 않는다. 대체 인간은 왜 경제활동을 하는가? 기본적인 생존을 유지하고, 나아가 행복해지기 위해서다. 그런데 대량 생산-대량 소비를 지향하며 숨 가쁘게 돌아가는 현대 경제는 별로 필요하지도 않은 것을 소비하기 위해, 명품 가방이니, 100평짜리 저택이니, 고액 과외니 하는 것을 위해 몸도 마음도 지쳐가면서 학교에서나 직장에서나 쉴 새 없이 일하지 않으면 안 되는 세상을 만들어놓았다. 정작 행복해지기 위해 필요한 여유와 휴식, 취미 생활, 가족과의 단란한 시간, 맑은 물과 공기 등, 본래 거의 돈을 들이지 않아도 얻을 수 있었던 이런 것들은 이제 막대한 돈을 필요로 하거나, 아무리 돈을 들여도 얻을 수 없는 것이 되고 말았다. 슈마허가 보기에 현대 경제는 '인간을 위한 경제'가 아니었다. 그래서 그는 『작은 것이 아름답다』1973라는 책에서 이렇게 말했다.

:: 인간은 작다. 그러므로 작은 것이 아름답다. ::

그리하여 슈마허는 불필요한 욕망을 자극하기보다 소박하고 충실한 삶을 지향하는 문화, 거대 기업보다는 일반 대중과 소기업이 이끄는 산업, 대도시보다 지역의 생활공동체를 중심으로 돌아가는 경제 등을 대안으로 제시했다. 이러한 그의 사상은 불교의 가르침에 크게 힘입었고, 전통적이고 자족적인 경제체제를 복원하려 했던 간디의 사상과도 일맥상통했다. 슈마허의 한마디는 바야흐로 오일쇼크의 충격에서 헤어나지 못하고 있던 사람들에게 많은 공감을 얻었고, 제3세계 국가들에서는 반드시 서구의 발전 모델을 따라갈 필요는 없다는 생각을 갖는 실마리가 되었다. 그리고 시대를 넘어서, 대형 기업과 다수 노동자의 획일적인 생산보다는 창조적인 소수의 독특한 가치 창조를 중시하는 드러커나 토플러의 미래학, 경영학 등에도 영향을 주었다. 슈마허의 틀에서는 개인과 소수의 공동체가 생산의 중심이 되며, 획일적이지 않고 질적으로 독특한 생산을 추구하기 때문이다.

그러나 1980년대로 넘어가면서, 메도즈나 슈마허의 주장이 '헛된 종말론'이었다며 비아냥거리는 목소리가 생겨난다. 실제로 성장은 한계에 부딪히지 않았고, 1990년대는 다시 한 번 눈부신 호황을 기록했다. '작은 것'을 선호하는 슈마허의 경제모델도 이미 돌이킬 수 없을 만큼 늘어나 버린 세계 인구의 필요를 충족시키기에는 모자라지 않을까? 아니, '쓸모없는' 소비처럼 보여도 그것을 살아가는 목표로 삼고 욕망을 끌어내어 매일 살아갈 힘을 얻는 것이 '보통 사람'의 모습이 아닐까? 향료나 커피 따위를 얻기 위해 지리상의 발견을 이루었고, 국가적 자존심을 살리기 위해 인간은 달에 착륙했다. 그처럼 별 쓸모없는 욕망을 이루려는 노력 때문에 새로운 지식과 기술이 개발되고 인류 문명이 발전해온 게 아닐까?

일찍이 마르크스는, 자본주의가 일단 궤도에 오르면 모든 사람을 끝없는 욕망의 수렁에 빠트리게 된다고 보았다. 메도즈나 슈마허의 예측은 자본주의의 본질을, 아니 욕망하는 인간의 본질을 간과한 것일지 모른다. 하지만 21세기 초, 1970년대보다 발전된 기술을 가지고 있지만 그보다 더 크고 심각해진 위험을 안고 있기도 한 이 세계에서, 우리는 그들의 인간론이 '옳지' 못했을지 몰라도, 최소한 '옳은' 인간상을 제시했다고 보아야 하지 않을까.

정부는 문제를 해결하지 않고, 스스로 문제를 만든다

로널드 레이건, 1972

『성장의 한계』가 출간되어 세계적인 주목을 받은 때로부터 약 두 달 뒤인 1972년 12월, 당시 캘리포니아 주지사였던 로널드 레이건은 한 연설에서 이렇게 말했다.

:: 정부는 문제를 해결하지 않습니다. 스스로 문제를 만들 뿐입니다. ::

언제까지나 호황을 누릴 것 같던 자본주의 경제가 1970년대에 들어 맥을 못 추게 된 이유를 메도즈나 슈마허처럼 설명하는 경우도 있었지만, 다르게 설명하는 경우도 있었다. 케인스주의가 소비를 지나치게 촉진해서 성장의 한계를 재촉한 점이 문제라기보다, 정부가 시장에 개입하고 규제를 통해 자유를 제한한 점이 문제였다고.

19세기 말경의 자유방임적 자본주의는 애덤 스미스의 '보이지 않는 손'에 의해 운영되고 있었다. 수요와 공급이 만나는 지점에서 저절로 가격이 형성되고, 여기서 수요가 늘면 가격이 오르고 공급이 늘면 가격이 떨어지는 식으로 시장은 자연스레 조절된다. 사람은 누구나 합리적으로 자기 이익을 추구하므로, 시장에 맡겨두면 최대 다수가 만족할 수 있는 가장 합리적인 결과가 나오게 마련이다. 정부가 개입하여 가격을 조절하려 하거나 하면 오히려 시장이 왜곡되고 문제가 일어난다는 것이 스미스가 대표하는 고전 경제학의 신념이었다. 그러나 20세기 초에 미처 대량 소비를 할 수요가 형성되지 않은 상태에서 대량 생산이 이루어지고, 이것이 금융 부문에서의 지나친 '묻지마 투자' 열풍과 맞물리면서 시장은 자정 능력을 잃고 대공황에 빠지고 만다. 여기서 정부가 전처럼 팔짱만 끼고 있을 것이 아니라 적극적으로 나서서 시장에 개입해야 한다는 것이 케인스주의의 신념이었다.

하지만 이는 장기적으로 기업의 자율성을 규제로 얽어매고 노조의 힘을 키움으로써, 기업의 사정에 따라 감봉과 해고를 자유롭게 하지 못하도록 만들었다. 지나치게 비대해진 정부 조직과 공기업은 경제적 실적이 좋지 않은데도 국민의 세금을 빨아먹으며 오히려 몸집을 계속 키워갔으며, 사회보장제도는 열심히 일하기보다 실업 연금에 기대 적당히 살아가려는 사람들을 양산했다. 이런 문제점이 쌓이다보니 결국 경제성장률은 둔화되고 경기가 침체되며 기업들은 도산하기에 이르렀다. 실업자는 날로 늘어나고, 그들에게 사회보장을 해주려니 정부는 재정 적자에 허덕일 수밖에 없다. 이처럼 사회 전체가 효율성과 활력을 잃고 동맥경화에 걸린 환자처럼 되도록 만든 원인이 케인스주의라는 것이 그 반대파들의 주장이었다. 그리하여 정부 개입을 최소화하고 기업과 시장의 자율성을 보장하자는 이들을 흔히 '신자유주의자'라고 부른다.

신자유주의자들도 고전적 자유주의자들처럼 기본적으로 '보이지 않는 손'의 원리를 따른다. 하지만 대공황을 목격한 마당에 시장에 무조건 맡겨만 두라고는 하지 않는다. 또한 누구나 합리적인 선택을 한다고 주장하지도 않는다. 다만 가장 나은 선택을 할 수 있는 주체는 정부가 아닌 기업이다. 어떤 분야든 전문 지식이 많고 현장 경험이 풍부하며, 열의와 주인 의식이 강한 쪽이 가장 낫게 마련이다. 경제 분야에서는 그런 주체가 기업이 아니고 누구이겠는가?

그러므로 정부의 정책은 기업의 활동을 최대한 지원하고, 가급적 시장에 개입하지 않는 쪽이어야 한다. 이런 이념은 오스트리아 출신의 경제학자 프리드리히 하이에크가 마련해놓았다. 그러나 하이에크와 신자유주의는 케인스주의가 세력을 떨치는 동안 비주류에 머물러 있어야 했다. 신자유주의가 자본주의의 중심 원리로 떠오른 것은 자본주의의 중심인 미국에서 실험되고 '성공'을 거둔 뒤부터였다.

로널드 레이건은 30년 가까이 영화배우 생활을 했지만 대스타의 반열에는 들지 못했다. 그러나 리더십이 있고 조직 운영의 수완이 좋아서 영화배우협회의 대표를 맡았고, 그것을 계기로 정치에 입문했다. 본래는 민주당원이었고 프랭클린 루스벨트와 뉴딜 정책의 열렬한 지지자였으나, 제너럴일렉트릭 사의 후원을 받고부터 친기업적이고 작은 정부를 선호하는 입장으로 돌아섰다. 마침내 공화당으로 당적을 옮긴 레이건은 남부 출신이 아니면서 케네디와 존슨 행정부 시절 수립된 흑인 민권 관련 법률에 반대한 거의 유일한 정치인으로서 미국 보수주의자들의 주목을 받게 된다. 그는 이에 대해, 특별히 흑인을 싫어하지는 않지만 남부 주들의 제도를 연방 정부가 나서서 뜯어고치는 일은 자신이 믿는 작은 정부론과 지방 자치론에 어긋난다고 해명했다.

레이건은 1967년부터 1975년까지 캘리포니아 주지사를 지내며 어려웠던 주의 살림살이를 크게 개선했고, 그에 힘입어 미국 전역에 이름을 알린 정치인이 되었다. 1980년에 지미 카터를 꺾고 대통령이 된 뒤에는, 주지사 시절 분명히 했던 반反케인스주의적 경제를 실현하고자 대대적인 세금 감면을 시행했다. 또한 각종 복지 서비스와 교육 관련 예산을 삭감했으며 노조를 압박하고 기업에 대한 규제를 대거 철폐했다. 뚜렷한 신자유주의적 정책 노선이었다. 결과는 어땠을까? 그의 임기 중 미국의 GNP는 약 30퍼센트 증가했고, GNI는 15퍼센트 늘어났다. 1970년대에는 이와 비슷한 폭으로 내내 감소했음을 감안하면 놀라운 성과였다. 일자리도 2천만 개 이상 창출되었다. "정부가 기업의 부담을 덜어주고 개입을 최소화하면 경제는 잘 돌아간다"는 신자유주의의 강령이 멋지게 입증된 것처럼 보였다.

그러나 '레이거노믹스'의 이면에는 난처한 부분도 있었다. 레이건은 신자유주의자였을 뿐 아니라 '신보수주의자'이기도 했다. 신보수주의는 사회주의를 악으로 규정하고 '악의 제국'과 온 힘을 다해 싸우는 거의 광신적인 반공주의를 필수 요소로 했다. 그래서 앞서 말한 대로 레이건은 국방 예산을 사상 최대로 늘려가며 소련과의 군비경쟁에 박차를 가했다. 또 그는 비우호적인 외국 정권을 무력을 써서라도 해치운다는 '람보노믹스'를 추구했는데, 그에 따라 레바논 내전에 개입하고 그레나다를 침공했으며 리비아에 폭격을 가했다. 이러다보니 세금을 줄이면서 동시에 정부 예산을 늘리는 모순을 피할 수 없었고, 그에 따라 재정 적자가 눈덩이처럼 불어났다. 또한 무역 장벽을 낮추어 외국의 저렴한 상품들이(미국의 인건비를 생각하면 당연했다) 대거 수입되게 하는 바람에 무역 적자도 크게 늘었다. 이 '쌍둥이 적자'를 어떻게든 해결하기 위해 국채를 발행하고 외국 투자자가 미국 민간 기업을 사들일 수 있게 하자, 일본이 앞장서서 뉴욕의 록펠러센터를 매입하는 등1989 '미국을 사들이는' 일에 나섰다. 이로써 미국의 자존심은 큰 상처를 입었고, 한때 "일본이 미국에 이어 초강대국이 된다"는 말이 나돌기도 했다. 신자유주의자로서의 레이건은 이런 상황이 별로 불편하지 않았을지도 모른다. 자본은 최대한 자유롭게 세계를 돌아다녀야 하며, 가격만 맞으면 뭐든 자유롭게 사고팔 수 있어야 하니까. 하지만 국가적 자존심을 중시하는 신보수주의자로서는 유감이었을 것이다. 그리고 그의 신냉전·국방 강화 정책은 반대로 신자유주의와 잘 부합되지 않았다. "정부는 스스로 문제를 만들 뿐이다." 어떤 의미에서 레이건은 스스로 자신의 한마디를 입증해보인 셈이었다.

대안은 없다

마거릿 대처, 1984

레이건이 미국에서 케인스주의에 반대하며 신자유주의를 표방할 무렵, 대서양 건너 유럽에서도 그와 쌍벽을 이루는 신자유주의 지도자가 등장했다. 영국 최초의 여성 수상이자, 이스라엘의 골다 메이어를 제외한다면 근대 서양 최초의 여성 최고 통치자이기도 했던 마거릿 대처1926- 가 바로 그 주인공이다. 그녀는 글래드스턴에 이어 영국 역사상 두 번째로 장기 집권한 수상이 되기도 한다.

옥스퍼드 재학 시절부터 보수당원이 되어 정치 활동을 한 그녀는 34세에 국회의원이 되고, 45세에 장관이 되었다. 50세에는 보수당 당수가 되었는데, 역시 최초의 여성 당수였다. 그리고 1979년의 총선에서 노동당을 물리치고 집권하여 수상이 되었다. 대처가 제시한 메시지는 처음부터 분명했다. "경제를 살려야 한다." 경제 성장률, 실업률, 물가상승률 등 여러 수치상 당시 유럽에서 가장 형편없었던 영국 경제를 살리는 것이 자신과 보수당 정권의 사명이라는 것이었다. 그 목표를 위해 레이건처럼 세금 인하, 복지비를 비롯한 정부 예산 축소, 공기업 민영화 등을 추진했는데, 미국과 달리 영국 신자유주의의 최대 걸림돌은 노조였다. 영국은 세계에서 가장 먼저 노동운동이 일어난 나라이며, 광산 노조와 인쇄 노조의 비위를 거스르는 정부는 존립할 수 없다는 말이 공공연히 나도는 나라였다. 그리고 대처가 집권하기 직전까지 공공 부문에서 총파업이 일어나 '불만의 겨울'이 계속되고 있기도 했다. 물가 억제를 위해 임금 상한선을 설정한 데 대한 반발로 일어난 총파업이었고, 사실 노동당이 보수당에게 패배한 것도 이 총파업이 큰 이유였다.

대처는 잇단 법 개정으로 노조의 대규모 시위를 불법화하고, 거기에 항의해 시위를 벌이는 노조원들은 불법 시위를 벌였다는 명목으로 가차 없이 진압하고 구속했다. 그러자 1984년부터 광산 노조가 총파업에 들어가며 반격을 시작했고, 엎친 데 덮친 격으로 물가가 치솟고 실업자가 쏟아지는 등 경제 사정이 나빠지자 보수당 내에서도 정책 방향을 전환할 것을 요구해왔다. 그러나 대처는 단호하게 말했다.

:: 대안은 없습니다. 아무것도 바꾸지 않고 이대로 가겠습니다. ::

"대안은 없다"There is no alternative는 한마디는 이후 줄여서 'TINA'로 불리며, "신자유주의가 불편한가? 그러나 대안은 없다"는 의미로 풀이되곤 했다. 과연 '철의 여인'다운 집념과 뚝심을 보여주는 한마디였다. 그녀의 확고한 자세 앞에 노조의 기세도 점차 꺾였고, 노조 지도자들 일부의 비리가 드러나면서 전세는 완전히 정부 쪽으로 기울었다. 1986년경부터는 대형 노조의 파업이 자취를 감추었으며, 경제도 살아나기 시작했다. 특히 공기업 민영화의 성과가 매우 좋아서, 매년 적자만 내던 공기업들이 민영화된 후 곧바로 흑자로 돌아섰다. 이후 대처의 민영화 정책은 레이건의 감세 정책과 더불어 대표적인 신자유주의 처방으로서 여러 나라들의 귀감이 된다.

하지만 신자유주의 정책으로 국가 경제는 활기를 띠고 기업의 실적도 좋아졌지만, 다수의 서민과 빈민의 생활 조건은 별로 개선되지 않았다는 비판이 이어졌다. 그것은 사실 신자유주의를 둘러싸고 항상 논란이 벌어지는 쟁점이었다. 신자유주의자들은 성장이 둔화되면 경제가 침체에 빠지고, 그러면 결국 가난한 사람들이 가장 피해를 본다고 말한다. 따라서 일단 기업부터 살려야 하는데, 기업이 살아나면 투자와 일자리 창출을 통해 번영의 혜택이 마치 물방울이 뚝뚝 떨어지듯 아래쪽까지 미치게 된다고trickle-down 주장한다.

하지만 많은 경우 물방울은 짜증이 날 정도로 떨어지는 속도가 늦었다. 신자유주의가 세계화, 금융 자유화와 맞물리면서 사정이 좋아진 기업과 부자들이 국내 투자보다는 금융 투기에 골몰함으로써 돈이 위쪽에서만 돌고 아래로는 내려가지 않는 현상이 벌어지기도 했다. 그래서 케인스주의자들은, 신자유주의적 처방은 서민들의 주머니를 가볍게 하는데 이는 곧 유효수요를 줄어들게 함으로써 기업의 매출을 감소시키고 그 결과 오히려 성장이 둔화되고 경제가 어려워진다고 비판했다. 물론 메도즈나 슈마허처럼, 성장에 급급한 경제관 자체가 잘못이라고 보는 쪽도 있었다.

대처는 서민층에게 불공평한 부담을 주게 되는 인두세를 도입했다가 격렬한 반발에 부딪혀 결국 1990년에 사임한다. 그리고 그 에 앞서, 그녀 역시 레이건처럼 신자유주의자인 동시에 신보수주의자였기 때문에 저지른 '과오'도 있었다. 1982년의 포클랜드 전쟁은 아르헨티나 쪽에서 먼저 무력을 행사했기 때문에 어쩔 수 없었다 하더라도, 1986년에 리비아를 공격하려는 미국 폭격기들에게 영국 영공을 내준 것은 "대영제국이 이제 완전히 미국의 애완견이 되었다"는 비난을 면치 못하게 했다. 실제로 영국이 옛 식민지였던 미국의 외교 노선에 언제나 추종하는 모습을 보이기 시작한 것은 대처 때부터였다. 또한 대처는 국가의 주권을 중시하는 보수주의자의 입장에서 EU 가입을 거부했는데, 그것은 장기적으로 영국의 국익에 큰 해가 되고 말았다.

신자유주의는 많은 서민들과 제3세계 사람들의 생활환경을 비인간적인 것으로 만들었다는 비난을 받지만, 정작 그것을 현실 정치에서 추진한 쌍두마차, 레이건과 대처는 누구보다 인간적인 냄새를 많이 풍기는 정치인이었다. 그들의 소박한 신념이란, 사람은 일을 해야 먹고살 자격이 있고 어떤 거대한 제도나 복잡한 이념이 개인의 자유를 구속해서는 안 되는 것이었다. 그런 점에서 신자유주의는 매카시즘과 비슷한 정서 속에서 뿌리를 내렸다.

1970년대가 되면서 자본주의와 세계경제에 '이대로는 안 된다'는 목소리가 두드러졌다. 이 시기에 미국에는 메도즈와 레이건이 있었고, 영국에는 슈마허와 대처가 있었다. 이들은 모두 자신들이 추구하는 이념과 정책이 가장 '인간적'이라고 믿었다.

과연 배려하고 자제하는 도덕적 능력이 더 인간적인지, 욕망하고 쟁취하려는 야망이 더 인간적인지, 21세기에 사는 우리는 아직 확실한 해답을 얻지 못하고 있다.

[1980-1989]

위대한 보통 사람들

1980

- 한국, 5·18 광주 민주화운동
- 한국, 김대중 등 37명을 내란음모 혐의로 기소, 사형 선고
- 미국, 레이건 대통령 당선
- 존 레넌 암살
- 소련, 사하로프 부처 체포, 니주니노브고로드에 유배
- 모스크바 올림픽에 미국 등 자유진영 국가 대거 불참
- 유고, 티토 사망
- 이란-이라크 전쟁
- 엘살바도르, 로메로 추기경 암살

1981

- 한국, 전두환이 12대 대통령 당선
- 미국, 우주왕복선 콜롬비아호 발사
- 미국 IBM에서 세계 최초의 PC 출시
- 후천성면역결핍증(AIDS) 존재 확인
- 프랑스, 미테랑 대통령 당선
- 교황 요한 바오로 2세 피격
- 이집트 대통령 사다트 암살
- 호메이니의 『이슬람과 혁명』

1982

- 일본, 나카소네 야스히로가 수상에 선출
- 서독, 새 수상에 헬무트 콜 선출
- 소련, 브레즈네프 사망, 안드로포프가 서기장에 선출
- 이스라엘, 레바논 침공
- 이스라엘, 기독교 민병대와 함께 팔레스타인 난민촌에서 1천여 명을 학살

1983

- 미국, 레이건이 소련을 '악의 제국'으로 지칭
- 영국, 대처 보수당의 재집권
- 필리핀, 베니그노 아키노가 암살됨
- 스리랑카, 타밀 엘람 반군에 의한 내전 발발
- 무슬림 테러범이 베이루트 주둔 미군 사령부에 트럭으로 자살폭탄테러
- 수단, 샤리아 도입하며 이슬람 근본주의화
- 아르헨티나, 오랜 군정을 종식하고 민간인 대통령 알폰신 집권

1984

- 영국, 광산노조 파업, 대처가 "대안은 없다"고 발언

1985

- 남아공, 인종차별 철폐 요구하는 시위로 비상사태 선포
- 20세기 최대의 지진이 멕시코시티 강타, 2만 명 사망
- 콜롬비아의 네바도 델 루이스 화산 폭발, 아르메로 시 매몰, 2만5천 명 사망
- 브라질, 야당 후보 탄크레도 네베스가 대통령 당선, 21년간 군정 종식
- 우루과이, 상기네티가 대통령 취임, 12년간 군정 종식
- 페루, 가르시아가 대통령 취임, 40년 만에 평화적인 정권교체

1986

- 미국, 우주왕복선 챌린저호 폭발
- 중국, 등소평이 '흑묘백묘론' 제시
- 중국, 30년 만에 증시 개장
- 소련, 체르노빌 원전사고
- 필리핀, 민주화 시위로 마르코스 실각, 코라손 아키노 집권
- 아이티, 뒤발리에 정권 붕괴
- 오스트레일리아, 백호주의 포기

1987

- 한국, 6월 항쟁
- 한국, 제13대 대선, 노태우 당선
- 미국, 뉴욕증권시장의 주가가 대공황 이래 최대로 폭락 (검은 월요일)
- 레이건과 고르바초프, 중장거리 핵무기 제한조약 체결
- 팔레스타인, 인티파다 개시

1988

- 서울올림픽 개최
- 티벳의 라사에서 독립 촉구 시위 도중 유혈 폭동 사태
- 아프가니스탄에서 평화협정 조인, 소련군 철수 시작
- 아르메니아, 대지진으로 10만여 명 사망
- 파키스탄의 지아 울 하크 사망, 베나지르 부토가 집권
- 부룬디, 종족 분쟁으로 2만4천여 명 사망

1989

- 한국, 공산권 국가와는 처음으로 헝가리와 수교
- 한국, 문익환 방북
- 미국, 소련과 몰타 정상회담, '냉전종식' 선언
- 알래스카 근해에서 액슨 발데즈 사의 유조선 좌초, 사상 최악의 해양오염
- 미국, 에볼라 바이러스가 실험용 수입 원숭이에서 발견됨
- 중국, 천안문 사태
- 일본, 히로히토 사망, 아키히토 즉위
- 이란, 호메이니 사망
- 아르헨티나, 알폰신이 조기퇴임하고 메넴 집권

법이 필요하면, 이슬람이 있다

아야톨라 호메이니, 1981

1980년에 카터가 대선에서 레이건에게 패배하게 된 직접적인 원인은 1979년에 일어난 테헤란 주재 미국 대사관 직원들의 인질 억류 사건 때문이었다. 이 사건은 다시 그보다 몇 달 전에 일어난 이란혁명을 통해 이른바 '이슬람 근본주의' 체제가 수립되지 않았다면 일어나지 못했을 것이다. 미국적인 것을 가장 혐오하고 신자유주의와 세계화를 거부하게 될 이 흐름이 오히려 세계에 신자유주의의 씨를 뿌리는 역할을 맡았으니, 역사의 아이러니라고 할까.

이슬람 근본주의는 20세기 중반 이후 일부 이슬람 국가에서 나타난 '운동'이며, '운동'으로서의 그것은 크게 볼 때 종교적 근본주의의 한 형태라고 할 수 있다. 종교적 근본주의는 무엇인가? 한마디로 해당 종교의 '근본'으로 돌아가자는 것이다. 이슬람교든 불교든 기독교든 힌두교든, 모든 종교에는 근본이 되는 경전이나 신화 등이 있고 성직자와 신학자들이 그 근본을 해석하는 과정에서 교리를 만들어낸다. 그런데 시대가 변함에 따라 경전이 수립될 당시와는 사회상이 달라질 수밖에 없다. 따라서 그에 맞춰 교리를 바꿔 줄 필요가 있고, 그래야만 역사 속에서 오래 살아남는다. 가령 기독교의 『성서』에는 "남자는 머리를 길게 기르면 안 된다" "돼지고기를 먹어서는 안 된다"는 등의 내용이 있는데, 이것을 현대에 곧이곧대로 적용한다면 신자들을 모으기 어려울 것이다. 그래서 새로운 교리를 통해 그 구절을 문자 그대로 해석할 필요가 없다고 설명한다. 또한 『성서』에는 여성을 남성보다 열등한 존재로 여기거나, 동성애를 죄악으로 보는 듯한 구절이 있다. 한때는 이런 구절들을 근거로 여성운동이나 동성애운동을 탄압하기도 했었다. 하지만 이제 시대가 달라진 마당에 그런 해석을 고집하면 곤란해진다. 그래서 다른 방식의 해석(가령 일반적인 동성애가 아니라 강제적인 동성 성폭행을 단죄했다는 식의)이 나타나게 된다.

그러나 종교적 근본주의는 그런 식의 '편의적' 해석을 거부한다. 『성서』에 돼지고기를 먹지 말라고 쓰여 있으면 먹지 말아야 하고, 동성애를 하지 말라고 했으면 하지 말아야 한다고 주장한다. 시대 흐름에 영합해 지나치게 교리를 바꿔 나간다면 종교의 정체성 자체에 의문이 들 수도 있으므로, 어느 정도의 근본주의적 접근은 종교의 발전과 지속을 위해 필요할 것이다. 그런데 종교 내부에서만 근본주의를 적용하지 않고, 정치·사회·문화 영역에까지 손을 뻗치는 경우 문제가 된다. 그것은 전근대사회의 경우 종교가 정치나 문화 영역과 분리되지 않았고, 교회가 사회의 구석구석까지 통제했던 역사에서 기인하기도 한다. 근대 이후에도 종교가 근본주의를 내걸고 '종교 외적 영역'에 간섭한 경우 또한 적지 않은데, 헉슬리와 윌버포스의 논쟁에서 뚜렷이 나타났듯 진화론을 거부하면서 그것을 교과서에 싣지 못하게 막는 운동, 조이스의 『율리시스』 같은 '음란하고 타락한 책'을 불태워 버리고 "오직 『성서』만을 읽자!"고 주장한 반反문학운동, 『성서』(구약)에 "이스라엘 백성에게 레바논에서 이집트까지, 지중해에서 요르단까지의 땅을 주셨다고 씌어 있다"는 이유로 그 지역에서 아랍인들을 몰아내는 것은 신의 뜻을 엄숙히 받드는 일이라는 과격한 유대교도들의 '성지 회복론' 등이 여기에 해당한다.

하지만 근본주의자들이 '운동'에 그치지 않고 아예 정권을 장악하고 '신정 정치'를 실시함으로써 국민국가를 제정일치의 전근대 국가로 되돌려버린 것은 1979년의 이란혁명이 최초였다. 근세에는 종교개혁자 칼뱅이 스위스 제네바에서 신정 정치를 한 적이 있고, 영국의 청교도혁명 역시 종교적 근본주의자들이 정권을 장악한 경우라고 할 수 있다. 그러나 자유의 시대, 과학의 시대, 세속적 국민국가의 시대인 현대에 그런 체제가 보란 듯이 세워진 것은 놀랄 일이 아닐 수 없었다.

더욱이 이란은 이슬람권에서는 터키와 더불어 세속화, 서구화의 진도가 빠른 나라였다. 무하마드 리자 샤 팔레비 국왕은 2대에 걸쳐 이란의 근대화를 열심히 추진했다. 터키의 무스타파 케말이 그의 역할 모델이었다. 그래서 그는 터키의 예를 본받아 '경제·사회 개발 5개년 계획'을 진행하며 사회간접자본의 확충과 국민교육의 실시, 여성에게 참정권 부여, 농업의 집단화 등을 추진했다. 특히 농업 집단화는 소련의 예를 본뜬 것이었는데, 미국과 소련, 자본주의와 사회주의라는 두 근대화 모델을 동시에 실현한다는 야심 찬 계획이었다.

그러나 그 과정에서 케말이나 스탈린처럼 독재를, 더구나 형식적인 민주주의조차 부정하고 전근대적인 '왕'의 권위를 내세워 독재를 행했다. 또한 그의 농업 집단화는 자유와 여유를 빼앗긴 농민들의 원성, 지방마다의 관습적 체제가 무너진 데 대한 지방 엘리트들의 원성을 불러일으켰고, 지나치게 친서방적이고 세속적인 왕실은 근본주의자들의 분노를 가져왔다. 이런 반체제적인 분위기가 고조되자 팔레비는 비밀경찰과 친위대를 동원했는데, 그 과정에서 호메이니1900-1989의 아들이 살해되기도 했다. 그의 아버지 역시 선왕 리자 샤 팔레비에게 목숨을 잃은 호메이니에게 팔레비는 신앙의 적이자 개인적인 원수가 되었다. 시아파 고위 성직자로서 1930년대부터 엄격한 이슬람 근본주의를 주장해온 그는 1963년 반정부 활동 혐의로 투옥되었고, 풀려난 뒤에는 터키와 이라크를 거쳐 프랑스로 망명해 그곳에서 혁명을 지도했다. 그리하여 1978년, 반정부 시위에 못 이겨 팔레비가 퇴위하고 이집트로 망명하자 레닌처럼 당당하게 이란으로 돌아왔다. 그리고 1979년 4월, 국민투표를 거쳐 이슬람공화국을 수립하였다.

이슬람공화국 이란은 대통령을 정점으로 하는 민주국가의 틀을 갖추었으나, 고위 성직자 집단이 그 위에 있었다. 그중에서 호메이니는 사실상의 최고 통치자였고, 성직자가 일반인의 이해를 위해 『코란』을 해석하는 '파트와'가 곧 국가 정책과 행정 명령이 되었다.

:: 법이 필요하면, 이슬람이 이미 다 만들어두었다. 정부를 수립하고 나서 둘러앉아서 법을 만들 필요는 없다. ::

호메이니의 시와 수필, 연설문 등을 모아 엮어낸 『이슬람과 혁명』1981에서 그가 단호하게 밝힌 한마디다. 이 한마디는 이슬람 근본주의 국가의 원리를 분명하게 드러낸다. 현대 국가는 법치주의에 입각한 국민국가다. 즉 국민의 동의에 따라 수립된 정부가 국민의 권리와 의무를 판단해서 법률을 정하고, 그 법률에 따라 모든 사회생활이 규율된다. 그런데 이슬람 근본주의는 그런 법률도 국가도 부정하지 않지만, 그것을 모두 포괄하는 근본이 바로 이슬람교라는 것이다. 국가는 국민의 뜻에 따라 운영되어야 하지만, 국민도 인간이며 인간은 신에게 복종해야 한다. 그러므로 신의 뜻을 대행하는 성직자들이 국가도 국민도 지배할 수 있다.

그러면 그런 이슬람 국가는 국민에게 어떤 삶을 선물했을까? 근본주의답게, 이슬람 율법인 '샤리아'에 충실한 삶을 강요하였다. 여성은 교육과 직업 선택의 자유를 제한당했고, '부르카'라고 불리는 천으로 몸을 완전히 감싸고 나다녀야 했다. 이교도(기독교도, 유대교도 등)는 공평한 법적 대우를 받지 못했으며, 재산이나 형사처분 등에서 불이익을 피하려면 이슬람교로 개종해야만 했다. 방송에서는 군가와 이슬람교 관련 음악 말고는 어떤 음악도 내보낼 수 없었다. 팔레비 왕조에서 일했던 사람들과 새로운 체제에 저항하는 사람들은 제대로 된 법적 절차도 없이 체포·구금되었고, 심지어는 처형을 당하기도 했다. 1988년에는 호메이니가 참회하지 않는 모든 정치범들을 죽이라는 파트와fatwa를 내렸는데, 그 결과 목숨을 잃은 사람이 3만 명에 달했다고 한다.

이런 체제가 대외적으로 견제를 받기 시작한 것은 미국과 뚜렷한 대립 각을 세우고부터였다. 이슬람 국가가 정식으로 출범하기 직전에 벌어진 미 대사관 인질 사건은, 망명한 팔레비 왕이 신병 치료차 미국에 들르자 이란이 그를 추방하라고 요구했고 미국이 이를 거부하면서 촉발되었다. 호메이니는 이 과정에서 막후 지시를 내렸고, 이에 따라 소련 서기장 브레즈네프보다 호메이니를 더 반미적인 인물로 받아들인 미국은 사담 후세인의 이라크와 이란이 전쟁에 들어가자 이라크를 은근히 후원하며 이슬람 근본주의 정권을 무너뜨리려 했다. 석유 수출 대국이며 페르시아만에 접해 있는 나라가 최고의 반미 국가이자 소련에 우호적인 국가가 되었다는 점을 백악관으로서는 그대로 받아들이기 어려웠던 것이다.

한편 레닌이 사회주의 혁명을 수출하려 했듯, 호메이니도 이슬람혁명을 수출하려 하였다. 그래서 수단에 한때 근본주의 정권이

들어섰고1983, 알제리·레바논·소말리아·예멘·사우디아라비아 등에서도 혁명이 시도되었다. 무엇보다 1996년부터 아프가니스탄을 장악한 탈레반은 이란을 능가할 만큼 엄격한 이슬람 근본주의를 도입, 여성과 아동의 권리를 일절 부정하는 한편 중세 시대의 고문과 혹형을 부활시키고 불교 유적을 파괴하는 등 대외적으로 악명을 떨쳤다. 이들 나라는 대체로 미국과 맞서왔다는 점에서 반미 성향을 가진 서구의 지식인들과 제3세계 민중에게 인기를 끌기도 했지만, 호메이니가 죽기 얼마 전 살만 루슈디 살해를 지시하는 파트와를 남김으로써 그런 인기도 많이 희석된다.

인도 출신의 영국 작가인 루슈디는 1988년에 발표한 소설 『악마의 시』에 마호메트를 풍자하는 듯한 내용을 넣었는데, 호메이니는 이것을 용서할 수 없는 신성모독이라고 본 것이다. 이후 루슈디는 평생 숨어 다녀야 하는 신세가 되었고, 여러 국가에서 그를 성토하는 극렬 시위가 일어나 그 진압 과정에서 사망자가 발생하기도 했다. 호메이니가 1989년에 죽고 난 후 이란은 점차 엄격한 근본주의에서 탈피하여 '정상적인 국민국가'로 돌아가는 길을 조심스레 모색 중이다. 하지만 아직은 갈 길이 멀며, 2002년 조지 부시에 의해 이라크, 북한과 함께 '악의 축'으로 지목된 이후 미국과의 관계를 어떻게 가져갈지에 대해서도 고민이 끊이지 않고 있다.

이슬람은 평등이다

베나지르 부토, 1995

이슬람 근본주의의 과격성, '전근대적' 성격, 폭력에 대한 상대적인 선호 등을 보고 '이슬람교라는 종교는 본래 몹쓸 종교가 아닌가'라고 생각하는 사람이 적지 않다. 하지만 다른 종교에도 종교적 근본주의는 있다. 1990년대 초에 인도의 이슬람 사원을 공격하며 유혈 사태를 빚었던 쪽은 힌두교 근본주의자들이었고, 1990년대 말 유고슬라비아 내전에서 이슬람교도들을 집단 학살하고 여성들을 성폭행한 것은 기독교 근본주의자들이었다. 또한 이슬람 근본주의는 이슬람의 여러 모습 중 하나일 뿐이다. 보다 '현대적'이고 온건하며 인도주의적인 이슬람주의자들도 있다. 그중에는 이슬람 페미니스트도 포함된다.

:: 이슬람의 정신은 평등입니다. 그것은 성의 평등도 포함합니다. 세상의 어떤 종교도 그 경전과 가르침에 있어서 이슬람교만큼 여성의 역할을 존중하는 종교는 없습니다. 제가 여기에 서 있는 것, 큰 이슬람 국가에서 선거로 뽑힌 여성 수상으로서 이 자리에 나와 있다는 사실 자체가 이슬람교가 여성의 사회적 역할을 얼마나 존중하는지 증명합니다.

이슬람의 전통이 제게 힘을 주었고, 저를 더 강하게 했으며, 제게 용기를 심어주었습니다. 이 유산이 제 인생에서 어려운 고비마다 저를 지탱해주었습니다. 이슬람교는 불의를 금하고, 사람을 부당하게 대우하는 것을 금하고, 종족이나 여성에 대한 박해를 금하기 때문입니다. 이슬람은 불평등을 가장 사악한 불의로서 금지합니다. ::

이 말이 나온 곳은 중국의 베이징, 1995년도 세계여성대회 현장이었다. 세계의 여성 지도자들이 한자리에 모여 각국의 여성 실태를 살피는 한편, 여성의 지위 향상 방안을 모색한 이 대회는 여성운동사에서 의미가 큰 대회였다. 여기서 채택된 '베이징 여성 강령'은 여성이 비주류를 넘어서 주류가 될 수 있도록 각국 정부가 적극적인 정책을 취할 것을 권고하고 그 정책 방안을 제시하는 내용이었다.

위 인용문은 파키스탄을 대표해서 그 자리에 나온 여성의 연설문 중 일부인데, 그녀는 바로 베나지르 부토1953-2007였다. 당시 그녀는 1988년에 한 번 집권한 데 이어 1993년에 다시 집권에 성공해 파키스탄의 수상으로 재임하고 있었다.

제3세계에서는 인기가 높은 남성 정치인의 뒤를 이어 그 부인이나 딸이 권력을 잡는 경우가 가끔 있다. 스리랑카의 반다라나이케, 아르헨티나의 에바 페론, 필리핀의 코라손 아키노 등이 그렇고, 부토 역시 아버지 줄피카르 부토의 후광을 입었다. 군부 독재자 지아울하크의 쿠데타로 인해 실각하고 처형당한 아버지의 유지를 받들어 반정부 투쟁의 중심에 섰으며, 결국 집권까지 하게 된 것이다.

그러나 부토의 경우에는 그것이 전부가 아니었다. 그녀 스스로 말했듯 '큰 이슬람 국가에서 선거로 뽑힌 여성 수상'으로서는 사상 초유였기 때문이다. 여성이 밖에 나갈 때는 얼굴조차 보이지 않게 가려야 하는 문화권에서 여성 최고 통치자라니? 부토는 이 점을 염두에 두고, 기회가 있을 때마다 자신이 결코 이슬람의 정신에 어긋나는 일을 하지는 않을 것임을 천명했다. 그리고 "이슬람의 정신은 평등이다. 여성을 천대하는 것은 본래의 이슬람 정신에 맞지 않는다"는 점도 빼놓지 않았다.

사실 이슬람교는 세계 4대 종교 중 가장 늦게 성립되었고, 따라서 그만큼 여성에 대한 배려도 많았다. 이슬람 여성 억압의 상징처럼 되어 있는 부르카나 히잡, 니캅도 원래는 여성이 얼굴을 드러내고 돌아다니다 성폭행을 당하는 일이 생기지 않도록 하려는 배려에서 나온 것이다. 물론 현대의 기준에서는 더이상 배려라고 할 수 없겠지만. 부토의 관점은 종교적 근본주의와는 정반대되는 입장, 즉 시대 변화에 맞춰 전통이나 종교를 새롭게 해석하려는 입장과 결부된다. 그것은 힌두교의 본래 가르침으로 돌아가는 것이 새 시대의 인권이나 자유주의를 실현하는 게 된다고 여긴 간디의 관점을 계승한 것이라고도 할 수 있다.

다만 부토의 행동은 그녀의 한마디만큼 결연하지는 못했다. 반대파를 누르고 두 번 집권에 성공했으나 그 반대파가 완전히 굴복한 것은 아니었으며, 반대파에게 '여자 주제에' '이슬람교를 모욕한다'는 등의 빌미를 주지 않기 위해 오히려 반개혁적인 정책을 쓰기도 했다(가령 폐지되었던 여성의 니캅 착용 의무를 부활시켰다). 공약이었던 여성을 위한 여러 복지 제도도 실현하지 못했다. 그래도 결국 무리였던가 보다. 1996년에 파루크 레가리 대통령이 그녀를 불신임했고, 이를 대법원이 승인함으로써 부토는 다시 한 번 권좌에서 물러나야 했다. 그녀는 좌절하지 않고 망명지에서 야당 지도자로 활동했으며, 망명을 떠난 지 8년 만인 2007년 귀국해 민주화운동을 주도했다. 그리고 그해 총선에서 무샤라프의 여당을 꺾을 것이 유력시되었으나 12월에 유세 도중 암살당하고 만다. 부토를 총으로 쏘고 자폭한 암살범은 탈레반이 보낸 것으로 알려졌다. 결국 이슬람 근본주의와 그녀는 서로 양립할 수 없었던 것이다.

그러면 왜 20세기 중반을 넘어서 이슬람 근본주의가 성행하게 된 것일까? 이슬람의 특별한 '소외'를 원인으로 보기도 한다. 한때는 세계 문명의 중심지였지만 현대에는 주변부가 되었고, 이스라엘이 이슬람 세계의 한복판을 뚫고 들어와 있어도 마음대로 짓밟지도 못하며, 무엇보다 서구 세계는 날로 물질문명이 발달하고 국민소득이 늘고 생활이 편리해지는 마당에 이슬람 국가는 못사는 나라인 경우가 많았기 때문이다. 불만이 쌓이고 쌓여 결국 과격한 이념이 꽃필 수 있는 온상이 되었으리라는 것이다.

타당성이 높은 주장이다. 하지만 좀더 큰 틀에서 생각해볼 필요가 있다. 이슬람 근본주의 국가는 종교를 최상위에 두고 있지만 여하튼 민주주의 체제를 내부에 가지고 있다. 그전까지 있었던 것은 전근대적인 비민주적 독재 체제였다. 이슬람 근본주의가 발흥한

1980년대는 제3세계의 권위주의 정부들이 민주화운동으로 하나둘 쓰러지고(필리핀, 브라질, 아르헨티나, 우루과이, 페루, 아이티, 그리고 한국 등등), 또한 사회주의 진영에서도 개혁 개방과 '민주화'가 진행되던 시대였다(중국과 소련은 사회주의 개혁 체제로 이행했고, 체코와 루마니아에서는 독재 정권이 무너졌다). 미국과 서유럽은 상대적으로 조용했지만, 그쪽에서도 신보수주의가 새로운 시대정신이 되고 있었다. 말하자면 1980년대는 대중이 엘리트에게 주권자로서의 권리를 요구하던 시대였다.

사회주의 진영에서는 차우셰스쿠 같은 독재자나 '노멘클라투라' 등의 특권층이 혁명이란 미명 아래 민중을 폭압적으로 지배하는 것이 더이상 용인되지 않았고, 미국과 서유럽에서도 고학력 지식인들의 좌파적 성향에 대한 반작용으로 보수적인 시민 대중의 구미에 맞는 정치인과 정치 이념이 인기를 끌었다.

또한 독립과 국가 발전을 명목으로 독재를 해오던 제3세계 국가들의 경우, 자유주의의 세례를 받은 지 오래인 나라(한국 같은)에서는 민주화가 이루어졌다. 그리고 자유주의나 민주주의보다 종교가 일반 대중에게 더 호소력이 큰 나라에서는 근본주의 정권이 들어섰던 것이다. 그것은 앞선 반역의 시대, 1960년대의 저항과 비슷하면서도 다른 양상의 저항이었다. 학생과 지식인 중심의 급진적이고 대안이 따로 없는 반항, '불가능한 것을 요구하는' 반항이 아니라 사회의 중추를 이루고 있는 청장년-서민 대중이 '원칙과 상식에 맞는 체제'를 요구하는 것이었다. 그 원칙과 상식이 민주화든, 반공이든, 종교든 말이다. 1980년대에 들어 국민국가의 주인들은 자신이 명목상으로만 주인인 것은 아니라는 사실을 확인했다. 그리고 각자의 취향에 맞는 체제를 선택했다. 과연 그런 체제 사이의 갈등과 몰이해가 극복될 수 있을 것인지, 그리하여 더 큰 차원, 세계와 인류의 차원에서 혁신과 통합이 이루어질 수 있을 것인지는 오늘날 우리의 과제로 남아 있다.

검은 고양이든 흰 고양이든 쥐만 잘 잡으면 된다

덩샤오핑, 1986

'현실' 사회주의는 처음부터 슬프게 시작되었다. 무엇보다도 평등을 앞세우는 체제여야 했건만, 일인 독재와 엘리트의 지배를 필수 조건으로 삼을 수밖에 없었기 때문이다. 어떻게든 공상이 아닌 현실 세계에 사회주의 체제를 등장시켜야 한다는 집착에 쫓겨, 레닌이 처음으로 그런 '타협'을 했다. 그리고 그것을 스탈린이 강화했다. 흐루쇼프나 마오쩌둥 등이 그 체제를 좀 다르게 바꿔볼까 생각했지만, 결국 그게 그것이 되고 말았다.

현대 국민국가의 정부는 주인의 손에 목줄이 잡혀 있는 개와 같지만, 그 개는 번번이 목줄을 끊어버리고 주인을 물려고 대든다. 그것이 권력의 속성이기 때문이리라. 자유 진영에서도 그에 대한 불만을 민감하게 느낀 젊은이들이 1968년을 기해 일제히 거리로 나섰고, 더 절실하게 느꼈던 사람들은 흑인민권운동이나 여권운동을 벌였다. 그리고 대부분의 제3세계와 사회주의권에서는 아예 처음부터 목줄을 채우지 않았다. 한동안은 주인이면서도 오히려 개에게 물리는 그런 게 세상이려니 싶었다. 하지만 사회주의권의 경우 문제는 정치보다 경제 쪽에서 더 심각하게 나타났다.

마르크스가 그렇게 하라고 시킨 적은 없지만, 현실 사회주의는 초창기부터 공업을 농업에 앞세우고 중공업을 경공업에 앞세우는 불균등 발전 전략을 택했다. 레닌은 "공산주의란 소비에트에 모든 권력이 주어지고 전국 어디에나 전력이 공급되는 것이다"라고 말한 적이 있다. 이유는 두 가지였다. 마르크스의 설정과는 달리 국민 다수가 노동자가 아닌 농민이므로 노동자가 다수가 되는 사회로 개조하고, 혁명을 분쇄하려는 외국 세력에 맞서 군사력을 증강하기 위해서였다.

본래 군사력이란 침략해서 약탈하는 데 쓰지 않는 한 아무 생산성이 없는 것이다. 게다가 소련의 경우 미국과의 우주개발 경쟁까지 벌였으니, 민생을 향상시키는 데 쓸 예산을 굳이 필요하지 않은 부문에 마구 허비하는 셈이었다. 또 '혁명 수출 전략'에 따라 제3세계의 공산주의자들과 테러리스트들까지 지원해야 했으며, 특히 1980년대의 신냉전을 거치며 군사비 지출이 감당할 수 없는 수준까지 늘어나버렸다. 세계 최대의 경제 대국인 미국조차도 군사력

증강에 골몰한 나머지 과도한 재정 적자가 빚어질 정도였으니, 소련의 부담은 말할 것도 없었다. 더구나 경공업과 농업이 소외됨에 따라 일반 대중이 먹고 쓸 식품과 생활용품의 공급이 부진했고, 이윤 동기 없이 '혁명 정신'만을 강조하며 '생산 목표 달성'을 재촉하는 방식은 가뜩이나 부족한 생산량을 더 줄여놓았다.

그뿐 아니라 거대하고 복잡한 국민경제를 시장과 개인에게 맡기지 않고 모조리 정부에서 계획해 운영하려니, 아무리 열심히 해도 어긋나는 부분이 많을 수밖에 없었다. 이렇게 되자 1980년대 이후 소련과 중국은 서방세계와 군사적으로는 양보 없는 대결을 펼치면서도, 자체 식량 수급이 어려워서 식량 원조를 요청하지 않으면 안 되는 묘한 처지가 되고 말았다(서방세계는 무기가 아닌 식량으로 악의 제국의 목을 죌 수 있다고 생각해 이를 받아들였다). 특히 소련의 경우, 경제난에는 '제국주의'적 성격까지 있었다. 우크라이나 농민이 밀 농사를 지어 대러시아인들을 먹이고, 카자흐스탄 농민이 목화를 따서 대러시아인들을 입히는 꼴이었기 때문이다. 그것은 19세기 서구의 '계몽적' 제국주의조차 아닌 '고대적' 제국주의, 즉 힘으로 이민족을 지배하고 착취하는 방식을 닮은 것이었다.

이렇게 경제난 때문에 체제에 대한 서민 대중의 실망과 반감이 늘어가는 가운데, 정치 역시 치부를 드러냈다. 엘리트 지배 체제를 유지하는 한 필연적인 결과, 즉 구지배계급을 타도하고 평등 사회를 제창한 사람들이 어느새 신지배계급이 되어 일반 국민 위에 군림하는 결과가 나타났던 것이다. 이들 '노멘클라투라'는 소련의 경우 스탈린 시대 말기에 형성되어 이후 수십 년간 소련의 실질적 귀족 집단으로 행세했다. 취업·교육·주거·재산 운용·여가 등 모든 면에서 일반인들은 꿈도 꿀 수 없는 특권을 누렸으며, 그런 특권을 자신만 누리는 것이 아니라 자녀들에게도 물려주었다. 브레즈네프 시대에 이르면 소련 정부의 고위직은 소수의 명문가 출신끼리 나누어 차지하는 자리로 바뀌게 된다.

독재적인 레닌 체제가 스탈린 체제에서 폭압성을 띠고, 브레즈네프 시대에 들어 부패마저 추가되면서 소련에서는 아무도 자신이 '천국'에 살고 있다고 여기지 않게 되었다. 사하로프나 솔제니친 같은 소수의 지식인들이 탄압의 틈바구니에서 그런 체제에 저항했다. 하지만 그런 저항이 불씨가 되어 시베리아의 얼어붙은 땅을 녹이는 들불로 번질 조짐은 없어 보였다. 적어도 아직까지는. 그런 가운데 사회주의 진영의 또다른 거인인 중국에서는 전혀 다른 바람이 불고 있었다.

덩샤오핑은 레닌이나 마오쩌둥처럼 이상주의적 열정이 넘치는 사람이 결코 아니었다. 어린 시절부터 실용적이고 현실적인 태도가 몸에 배어 있었다고 한다. 그렇다고 스탈린처럼 냉혹하고 엄격하지도 않았다. 문화 대혁명 당시 '주자파'로 몰리고 마오쩌둥을 계승한 장칭 등 '4인방'의 탄압을 받으면서도 끝내 살아남아 중국의 최고 지도자가 된 덩샤오핑은 민생을 해결하지 못하는 사회주의는 사회주의일 수 없다고 생각했다. 아니 사회주의든 뭐든 그런 정권은 결국 성난 민중에게 떠밀려 무너질 수밖에 없다고 생각했다. 오랜 중국 역사에서 여실히 입증된 명제였다. “물은 배를 띄우기도 하지만, 가라앉히기도 한다.” 특히 본래 농업 대국이던 중국이 서방에 식량을 구걸해야 하는 처지가 된 현실을 그는 뼈아프게 받아들였다.

:: 검은 고양이든 흰 고양이든 쥐만 잘 잡으면 된다. ::

본래 자신의 고향인 쓰촨성의 속담인 이 한마디를, 덩샤오핑은 1979년에 중국 지도자로서는 처음으로 미국을 방문하고 돌아와 툭하면 입에 올렸다고 한다. 그것이 단지 말버릇이 아니라 국가 정책의 핵심 표어로 공식화된 것은 1986년, 「파이낸셜 타임스」와의 인터뷰에서였다. “시장 중심이면 자본주의인가? 계획경제면 사회주의인가? 그런 것이 아니다. 시장이니 계획이니 하는 것은 방법일 뿐이다. 무엇이든 사회주의를 위해 이용할 수 있다.” 덩샤오핑은 자신의 ‘흑묘백묘론’黑猫白猫論을 이렇게 부연 설명했다. 그의 설명처럼 덩샤오핑의 개혁 개방 노선은 결코 사회주의를 포기하는 것이 아니었다. 사회주의와 자본주의를 구분하는 핵심 기준은 생산수단이 누구의 소유냐 하는 것이다. 가령 토지나 공장이 사회(국가)의 소유라면 사회주의가 되고, 개인의 소유라면 자본주의가 된다. 생산수단의 사회적 소유를 유지하는 한 시장경제적 방법을 도입해도 사회주의가 자본주의로 바뀌는 것은 아니라는 게 그의 생각이었다. 물론 시장경제를 도입하거나 자본주의 국가들에게 사회를 개방하지 않아도 된다면 좋겠지만, 지금까지의 상태로 봐서 정통 사회주의 방식을 고집하면 민생이 무너지고 국가도 약해진다. 따라서 일단 자본주의와의 제휴를 통해 부국부민富國富民을 달성하고, 그 다음에 다시 사회주의의 정도正道를 간다. 노골적인 '묻지마 실용주의'처럼 들리는 흑묘백묘론 뒤에는 이런 논리가 숨어 있었다. 그렇다고는 해도 기존 현실 사회주의의 방식에서 크게 이탈한 것임은 분명했다. 중국이 그런 이탈을 할 수 있었던 것은 덩샤오핑이라는 실용주의적 지도자가 집권한 점, 중국 대대로 내려오는 유교적 민본民本 전통, 그리고 마오쩌둥과 4인방 시대를 거치며 개혁에 저항할 '노멘클라투라'가 많이 억제되었다는 점에 기인했다. 어느 것이나 브레즈네프의 소련에는 없었던 요인이었다.

1980년, 그는 '농업 생산 책임제'를 도입했다. 집단농장 체제에서 농업생산력이 떨어지는 것을 극복하기 위해 농민이 스스로 책임지고 생산하도록 하는 것이었다. 같은 해에 선전, 주하이, 샤먼, 산터우를 경제특구로 지정하여 자본주의적 방식을 보다 적극적으로 사용할 수 있는 구역으로 만들었다. 1984년에는 공장의 생산과정에 시장경제 방식을 일부 도입했으며, 다롄과 톈진을 비롯한 14개 항구도시를 해외에 개방하였다. 1986년에는 증권거래소를 설치했고, 1988년에는 하이난섬을 중국 최대의 경제특구로 지정하는 한편 발해 연안, 산둥반도와 랴오둥반도를 개방했다. 1990년대에 접어들어 개혁 개방이 더욱 가속화되면서 회사법과 대외무역법이 개정되어 기업이 국가의 통제에서 벗어나 자율적인 경영을 할 수 있게 되었고, 국제무역에서 자유무역주의 원칙이 도입되었다. 이 시기에 상하이 푸동 지구가 새로운 '중국식 자본주의'의 메카로 떠올랐다.

덩샤오핑은 민본의 입장에서 개혁 개방을 추진했지만, 서구식 민주주의까지 도입할 생각은 조금도 없었다. 그래서 개혁 개방의 당연한 결과인 민주주의에 대한 요구와 소수민족의 분리 독립 요구가 불거졌을 때, 가차 없이 이를 탄압했다. 1989년, 3천 명 이상의 사망자를 낸 '톈안먼 사건'이 그랬고, 티베트와 위구르의 독립 요구 시위에 대한 무력 진압도 그랬다. 영국의 홍콩 반환을 넉 달 반 정도 남겨놓은 1997년 2월, 그가 마지막으로 남긴 말 중에도 소수민족의 독립 움직임을 차단해야 한다는 내용이 있었다. 그리고 그는 이렇게도 말했다고 한다. "중국은 12억의 나라다. 중국이 사회주의 국가로 남아 있는 한, 전 세계의 최소한 오분의 일은 사회주의인 것이다." 철저한 실용주의자였고 중국을 절반쯤 자본주의 국가로 변모시켰지만, 결국 그도 사회주의자였다. 마오쩌둥, 저우언라이, 주더 등과 함께 대륙을 누비며, 일본군이나 장제스의 국민당군과 싸우면서 동방의 하늘에 붉게 빛나는 태양을 우러러보았던 혁명가.

중국의 개혁 개방은 덩샤오핑의 죽음에도 멈추지 않았다. 아니, 오히려 더 가속되었다. 2000년에는 어지간한 자본주의 국가에서도 외국에 개방하지 않는 사회간접자본 분야에 외국의 직접투자를 허용했고, 외국인 투자의 지분 규정도 폐지했다. 2001년에는 세계무역기구WTO에 가입했으며, 2008년에는 개인의 토지소유권은 계속해서 인정하지 않지만 이용권은 자유롭게 매매하거나 임대할 수 있도록 했다. 어찌 보면 덩샤오핑이 고수하려 했던 사회주의의 경계는 이미 대부분 넘어버렸거나 넘기 직전이며, 중국은 사회주의 국가라기보다 '비민주적인 자본주의 국가'로 바뀌고 있는 게 아닌가 싶다. 그에 따라 공산당에 대한 회의가 늘고 있으며, 끊이지 않는 소수민족의 독립운동에 개혁 개방 이후 심각해진 빈부 격차, 도농 격차에 따른 불만까지 겹쳐 중국의 미래에 어두운 그림자를 드리우고 있다.

결국 덩샤오핑은 무스타파 케말이나 박정희처럼 '개발 독재'를 했다고 볼 수 있는데, 박정희는 말년에 민주화 요구를 불식시키기 위해 민족주의와 애국심을 활용했다. 개인의 열망을 줄이고 사회 안정을 중시하는 분위기를 만들기 위해 유교 이념을 강조하기도 했다. 지금의 중국 역시 그런 모습을 보이고 있다.

오늘날 중국에서 공산당 정권이 유지될 수 있는 것은 독점하고 있는 무력과 부활시킨 유교, 그리고 "미국을 제치고 초강대국이 된다" "중화의 영광을 되살린다"는 민족주의의 힘에 의존하는 면이 크다. 다른 독재 체제나 현실 사회주의 국가와 달리, 민생을 살리기 위해 줄기차게 개혁을 해온 덕을 보고 있다고 할 수도 있을까.

오늘은
과거의 마지막 날이다

보리스 옐친, 1994

소련에는 덩샤오핑이 없었다. 그러나 고르바초프1931- 가 있었다. 그 역시 누구보다 서민 대중을 위한다는 체제에서 서민 대중이 고통받고 있는 현실을 안타까워했고, 이대로는 안 된다는 생각을 강하게 가졌다. 그래서 1985년에 집권한 뒤 얼마간의 탐색을 거쳐 1980년대 말부터 중국의 '개혁'을 본떠 '페레스트로이카'를, '개방'을 본떠 '글라스노스트'를 추진하기 시작했다. 또한 미국과의 무리한 군비경쟁이 세계 평화에 지속적인 위협이 되고 있을 뿐 아니라 소련 경제를 거덜 냈음을 바르게 보고, 미국에 군비축소를 제안했다. 그러면서 "우리가 먼저 독자적으로 군축을 실시하겠다"고 선언하고는 그것을 그대로 실천했다. 소련을 '악의 제국'으로, 그 사령탑은 마왕과 같은 존재로 여기던 레이건과 대처도 그런 태도를 보고는 생각을 어느 정도 고치게 되었다. 고르바초프 덕분에 당시 세계는 핵전쟁의 공포를 한결 덜 수 있었다.

그러나 그가 해외에서 '고르비'라는 애칭까지 얻으며 인기 만점의 세계 지도자로 떠오른 데 비해, 소련 국내의 페레스트로이카와 글라스노스트는 부진을 면치 못했다. 시장경제를 일부 도입한 결과 시장에서 오히려 물건이 더 드물어졌으며, 암시장이 활개를 쳤다. 게다가 1986년의 체르노빌 원전 사고, 1988년의 아르메니아

대지진 등 천재와 인재가 잇달았다. 덩샤오핑이 각 지방의 사정을 잘 아는 지방공무원들의 개혁 건의를 받아들이는 식으로 '상향식' 개혁을 추진한 반면, 고르바초프는 '하향식'으로 개혁을 무리하게 밀어붙였기 때문에 실패했다고 보기도 한다. 그러나 덩샤오핑의 경우에도 초기의 개혁 성과는 좋지 않았다. 수십 년 동안 유지해온 사회주의 계획경제에 칼을 대면서 부작용이 전혀 없거나 갑자기 놀라운 성과가 나기를 기대하기는 어려웠으리라.

고르바초프의 개혁 개방이 실패한 것은 주로 정치적인 이유 때문이었다. 즉 중국과 달리 소련은 보수적인 노멘클라투라의 힘이 막강했고, 경제는 자유화하면서도 정치의 민주화는 엄격히 차단했던 덩샤오핑과 달리 '고르비'는 정치 개혁을 동시에 추진했던 것이다. 언론과 집회의 자유를 얻은 언론사와 일반 대중은 더 많은 개혁과 민주주의를 요구했으며, 대러시아의 패권에 불만을 품고 있던 각 지방 공화국들은 실질적 자치권을 요구했다. 반면 보수파는 개혁 자체를 불쾌하게 받아들였다. 그들이 보기에 고르바초프는 자신들의 기득권을 위태롭게 할 뿐 아니라, 경제를 살리지도 못하면서 민중과 지방에 대한 통제를 어설프게 풀어 혼란만 초래했다. 또한 숙적 미국에게 자진해서 고개를 숙인 데다, '안마당'인 동유럽에서 철의 장막이 속속 무너지고 있는 상황을 무책임하게 방관하고 있었다.

고르바초프가 몰타에서 부시와 정상회담을 갖고 "냉전은 끝났다"고 선언한 1989년 12월을 전후해서 동유럽의 공산주의는 모래

성처럼 무너져내렸다. 제일 먼저 1989년 9월에 폴란드에서 공산당 정권이 무너졌고, 그해 10월에는 헝가리가 공산국가에서 탈피했다. 10월은 동독의 건국 40주년 기념일이 있는 달이었으나, 그 기념일에 동독 주민들은 반정부 시위를 벌였다. 시위가 점차 격화되자 동독 공산당 서기장 호네커는 고르바초프에게 소련군을 보내달라고 요청했지만, 고르바초프는 이를 거절했다. 궁지에 몰린 호네커는 결국 사임했고, 11월 9일에는 그가 "100년은 지속될 것"이라고 장담했던 베를린장벽이 무너졌다. 수많은 독일 젊은이들이 환호하며 망치로 장벽을 두들겨 부쉈다.

약 20년 전, 그들의 아버지 세대가 '68혁명' 당시 벌인 일과 방법은 비슷했지만, 방향은 전혀 다른 행동이었다. 그 후 약 1년 동안 통일 교섭과 조치가 이루어졌고, 마침내 1990년 10월 3일에 서독이 동독을 흡수하면서 독일은 통일되었다. 또 체코슬로바키아와 불가리아 역시 1989년에 이웃나라들의 뒤를 따랐으며, 악명 높은 독재자 차우셰스쿠가 버티고 있던 루마니아도 1990년 초에 경찰과 시민이 충돌한 끝에 천여 명의 사상자를 내고 공산국가 시대를 마감했다. 유고슬라비아도 1990년부터 1991년까지 다섯 개로 갈라지면서 차례차례 탈공산 체제가 되었는데, 그 과정에서 불거진 민족 감정과 종교 갈등은 참혹한 내전으로 이어졌다.

이런 와중에 고르바초프는 일당 독재 체제의 공산당 서기장에서 최초의 민선 대통령으로 탈바꿈했지만(1990년 3월), 그래도 자신은 공산주의자이며 소련에서 공산주의를 고수할 것이라고 다짐했다.

하지만 소련 공산주의의 끝은 멀리 있지 않았다. 그가 권력의 생리를 어설프게 이해했던 까닭에, 불만이 폭발한 엘리트와 대중이 양쪽에서 그를 짓누르게 된다. 시작은 엘리트 쪽에서 했다. 1991년 8월, 일부 보수 강경파가 쿠데타를 일으켜 그를 감금하고 정권을 빼앗은 것이다. 그러나 한번 자유의 맛을 본 대중은 옛 소련 체제로 돌아가려는 복고적 폭거를 용납하지 않았다. 모스크바 붉은 광장에서 탱크를 앞세운 군대와 성난 군중이 대치했다. 1990년의 선거로 러시아공화국 대통령이 된 보리스 옐친1931-2007이 시위를 이끌었다. 그는 전날 마신 술 때문에 비틀거리면서도 탱크 위로 올라갔다. 그리고 두 팔을 흔들며 "불법 쿠데타가 진압될 때까지 여기서 내려가지 않겠다!"고 외쳤다.

'다행히도'(누구의 다행인지는 몰라도) 1991년의 붉은 광장은 1989년의 톈안먼 광장을 재현하지 않았다. 군대는 발포 명령을 거부했으며, 시위대와 어깨동무를 하고 구호를 외쳤다. 쿠데타는 3일 만에 진압되었고, 감금에서 풀려난 고르바초프는 굳은 표정으로 89년 역사의 공산당을 해체한다고 선언했다.

1991년 12월, 옐친은 이미 1990년에 연방을 탈퇴한 발트 연안 3개국을 뺀 다른 공화국들의 대표와 회담을 갖고, 소비에트연방을 공식 해체했다. 러시아·우크라이나·벨로루시·카자흐스탄 등 11개 공화국은 각기 주권을 가진 독립국가가 되고, 다만 서로 중요 문제를 협의하는 협의체로서의 '독립국가연합'을 구성하기로 합의했다. 이로써 1917년 10월혁명을 통해 세계사에 등장했던 '사회주의 국가'의 역사는 75년 만에 사실상 끝났다. 아직 북한, 쿠바, 그리고 중국 등 몇몇 사회주의 국가가 남아 있지만, 레닌이 뼈대를 만들고 스탈린이 살을 붙인 공산당 일당 독재, 전체주의적 사회주의 국가는 지구상에서 소멸한 것이다.

그 소멸의 주역이었던 옐친은 러시아 대통령으로서 1994년 9월 베를린을 방문, 그곳에 주둔하고 있던 마지막 러시아군의 철수 행사에 참여했다. 그리고 이렇게 말했다. "오늘은 과거의 마지막 날이다!" 이보다 몇 년 전1990, 현실 사회주의가 확실한 파국으로 가는 모습을 지켜보며 일본계 미국 사상가 프랜시스 후쿠야마는 이렇게 말했다. "역사는 끝났다!"

고대 노예제에서 봉건제로, 봉건제에서 자유주의-자본주의로, 자본주의에서 사회주의로, 사회주의에서 공산주의로……. 마르크스의 역사철학을 받아들이지 않은 사람이라도, 자유주의와 자본주의의 여러 가지 문제점을 배경으로 사회주의가 수립되었음은 부정하지 않았다. 그러나 이제 사회주의는 돌이킬 수 없을 만큼 몰락했다! 처음 수립될 때부터 어딘가 어설펐고 끝도 어설프게 나버렸지만, 그래서 진정한 사회주의 국가는 아직 나타나지 않았다고 주장하는 사람들도 없지 않지만, 역사의 '적자'는 분명 자유주의-자본주의였다. 따라서 앞으로도 여러 세기가 오고 기술 문명과 문화 예술이 발달을 거듭하겠지만, 인류의 사회적 생활양식은 자유주의-자본주의의 틀을 벗어나지 않을 것이다. 그런 의미에서 과거는 사라졌고, 역사는 끝난 것이다!

냉전도 현실 사회주의도 역사의 일부가 되어버린 오늘날, 레닌이나 스탈린의 체제가 재현될 가망은 없다고 봐도 된다. 근근이 버티고 있는 중국, 북한, 쿠바도 가까운 장래에 어떻게 될지 모른다. 그러나 대처가 "대안은 없다"고 못 박은 세계화와 신자유주의에 대한 불만이 그치지 않는 한, 모든 것을 개인에게만 맡기는 것은 부당하며 사회 전체의 관점에서 풀어 나가야 한다고 믿는 사람들이 있는 한, 사회주의의 가능성은 존재한다. 19세기 말 유럽의 상공을 떠돌던 사회주의의 유령, 그것은 이제 대류권까지 올라가 온실가스와 함께 지구 위를 떠돌고 있다.

[1990-]

따로, 또 같이

ANOTHER
WORLD IS
POSSIBLE

1990

- 독일 통일
- 이라크가 쿠웨이트 점령

1991

- 남북한 유엔 동시가입
- 미국을 비롯한 다국적군이 이라크 공격, 걸프 전쟁
- 미국과 소련, 전략무기 감축협정(START) 체결
- 소련, 11개 공화국이 독립국가연합 창설에 서명, 연방 해체
- 유고, 슬로베니아와 크로아티아가 분리 선언, 내전 개시
- 인도, 타밀족 과격파에 의해 라지브 간디 수상 암살
- 소말리아, 내전 돌입

1992

- 미국, 로스엔젤레스 폭동, 58명 사망, 2383명 부상
- 미국, 북미자유협정(NAFTA) 타결 선언
- 유럽공동체 12개국이 '유럽경제통화동맹' 과 '유럽연합' 창설 조약 (마스트리히트 조약) 비준
- 유고슬라비아, 세르비아와 몬테네그로가 신유고 연방 수립, 유고연방 붕괴
- 브라질 리우데자네이루에서 국제연합 환경개발 회의, '환경과 개발에 관한 리우 선언'

1993

- 북한, NPT 탈퇴, '제1차 북핵 위기'
- 우루과이 라운드 협상 완결

1994

- 러시아, 체첸 침공, 그로즈니에서 게릴라전 전개
- 인도, 실험로켓으로 인공위성 발사 성공
- 국제적십자사에서 르완다 내전으로 사망자, 부상자 수십만에 난민 40만 발생했다고 발표
- 멕시코, 치아파스 지역에서 사파티스타스 봉기

1995

- 한국, 삼풍백화점 붕괴
- 미국, 오클라호마 연방청사 밖에서 트럭 폭발 테러
- 일본, 한신 대지진. 사망 5500, 부상 4만, 이재민 30만, 1000억 달러 이상 피해
- 프랑스, 무루로아 섬에서 핵실험 재개. 그린피스 등이 프랑스제품 불매 운동 등 전개
- 이탈리아, 베르사체 피살
- 이스라엘, 라빈 총리가 유대인 과격파에게 암살
- 보스니아-헤르체고비나, 데이튼 평화협정으로 내전 종식

1996

- 대만, 리덩후이가 최초의 총통 직접선거에서 당선
- 영국, 아일랜드 공화국군이 런던 브리태니아호텔에 폭탄 테러, 100여 명 부상
- 러시아, 체첸반군과의 평화협정 체결로 20개월 내전 종식, 러시아군 완전 철수

1997

- 한국, 제15대 대통령에 김대중 당선
- 중국, 홍콩 반환받음
- 중국, 신장 위구르 자치구에서 대규모 유혈폭동
- 영국 에든버러 모슬린 연구소에서 복제양 돌리 공개
- 영국, 토니 블레어의 노동당이 사상 최대 의석으로 18년 만에 정권 교체
- 프랑스, 좌파연합이 우파연합을 누르고 총선에서 압승
- 이란, 사상 최초의 여성부통령 탄생
- 르완다, 후투족의 투치 대량학살

1998

- 한국, 현대그룹 정주영 명예회장이 소떼를 몰고 방북
- 북한, 탄도 미사일 대포동 1호를 일본 동북부 공해상에 시험 발사
- 30년 만에 북아일랜드 분쟁 마감하는 평화협정
- 독일, 총선에서 슈뢰더의 사민당-녹색당 연정출범
- 러시아, 모라토리엄 선언
- 유고, 코소보 사태 정리
- 인도, 지하 핵실험, 핵무기 보유 공식 선언
- 오사마 빈 라덴, '모든 무슬림은 미국인을 죽여라' 라는 파트와 발표

1999

- 동티모르, 인도네시아에서 독립
- 터키 쿠르드 반군 지도자 오잘란이 케냐에서 터키 특공대에 체포

2000

- 김대중과 김정일, 평양에서 6·15 정상회담
- 미국, 버몬트주에서 미국 최초의 동성부부 탄생
- 미국, 인간게놈 프로젝트와 셀레라 제노믹스가 게놈 지도 초안 발표

2001

- 미국 뉴욕과 워싱턴에 9·11 테러
- 미국, 어드밴스드셀 테크놀로지사에서 인간배아복제 발표

2002

- 북한의 고농축우라늄 핵개발 의혹으로 '제2차 북핵위기' 시작
- 브라질의 포토 알레그레에서 제2차 세계사회포럼 개최

2003

- 미국, 이라크 전쟁
- 이라크, 사담 후세인 축출 및 체포
- 리비아, 카다피가 대량살상무기 개발 포기 발표

2004

- 한국, 칠레와 자유무역협정(FTA) 발효

2006

- 사담 후세인 처형

2007

- 한국, 미국과 자유무역 협정(FTA) 타결
- 미국, 서브프라임 모기지 사태, 이후 세계 금융위기로 발전

2008

- 한국, '광우병 수입소' 문제로 대규모 촛불집회
- 인도 뭄바이에서 일련의 무장 난동
- 미국, 버락 오바마 대통령 당선

미국인을 죽이는 것은 무슬림의 의무다

빈 라덴, 1998

1991년, 쿠웨이트를 무력으로 점령한 이라크에 맞서 미국을 비롯한 34개국의 다국적군이 '사막의 방패 작전'과 '사막의 폭풍 작전'으로 이어지는 걸프 전쟁을 벌였다. 이 전쟁은 크게 세 가지 면에서 현대사에 중대한 의미가 있었다. 첫째, 그것은 '냉전 이후' 국제 질서의 대략적인 스케치를 보여줌과 동시에, 냉전의 종식이 결코 인류 평화와 안정의 시작을 의미하지 않을 것임을 예고했다. 우선 세계를 둘로 나눈 거대한 대결 구도에서 각자 맡은 위치가 요구되며 개별적 분쟁은 억제되던 구도가 깨졌다. 지역의 강국들이 고개를 들고는 이라크는 중동에서, 중국은 동북아시아에서라는 식으로 지역 패권을 노렸으며, 해묵은 대립도 다시 격화되었다. 인도와 파키스탄이 핵무기를 포함해 군비경쟁을 벌이고, 유고 · 소말리아 ·

르완다 등에서는 내전이 벌어졌으며, 동티모르나 체첸, 위구르 등은 분리 독립을 외치며 투쟁에 들어갔다. 이런 냉전 이전, 제국주의 시대와 흡사한 개별 분쟁 시대에 유일한 초강대국이 된 미국이 '세계의 경찰' 역할을 맡았다. 인도주의와 민주주의, 자유주의 등 인류의 '보편적 가치'를 앞세우고, 미국이 단독으로 나서지 않고 되도록 유엔을 전면에 내세우며 여러 동맹국, 우방국들과 어깨를 나란히 한다는 원칙이 있었지만 기본적으로는 미국의 단독 개입이 이어졌으며, 분쟁 지역이 미국의 이익에 중요한지 아닌지에 따라 개입 여부나 정도가 결정되었다. 중동 지역은 세계 석유의 주 공급원이기 때문에 이곳에서 일어난 분쟁은 미국과 다른 선진 자본주의 국가에게는 결정적인 이익이 걸린 일이었다.

둘째, 그것은 '종교 전쟁'의 색채를 띠지 않을 수 없었다. 잘못은 주권국가인 쿠웨이트를 침략한 이라크에 있으며 인도주의와 국제법에 입각해 그것을 응징할 뿐이지 종교와는 무관하다는 해명이 거듭되었으나, 특히 이슬람교도의 눈에는 기독교 국가들이 떼를 지어 이슬람 국가를 공격한다는 인상을 줄 수밖에 없었다. 그런 감정을 더 부추기고자 이라크의 사담 후세인은 전쟁 도중 전쟁 당사자가 아닌 이스라엘에 스커드 미사일을 날리기도 했다.

셋째, 미국이 적어도 군사적으로는 누구도 넘볼 수 없는 나라임을 확증해주었다. 이라크는 당시 세계 3위의 군사 대국으로 평가되고 있었으며, 사막이라는 기후 및 지형 조건, 이웃 아랍 국가들과의 관계 등을 고려할 때 전쟁은 쉽게 끝나지 않을 것이라고, 최소한

1년 이상 가리라고 대부분 예상했다. 그러나 전쟁은 1991년 1월 17일부터 2월 28일까지 한 달 보름가량 소요되었을 뿐이며, 이라크는 공중에서나 지상에서나 완벽히 패배했다. 이라크군은 20만 명 이상 전사한 반면 미군 사망자는 378명이었고, 그나마 미군 스스로 일으킨 오폭으로 인한 사고사가 대부분이었다.

이런 걸프전의 메시지를 이슬람권에서는 어떻게 받아들였을까. 미국이 밉고 기독교도들이 밉다. 그러나 어떻게 해야 할지 모르겠다. 아랍 국가 중에서 제일 강한 편인 이라크도 저 모양이 되었는데……. 미국을 내버려둘 수도 없고, 그렇다고 전면전을 벌일 수도 없는 바에야 결론은 하나였다. 암살, 납치, 폭탄 테러 등은 이제까지의 현대사에도 헤아릴 수 없이 많았다. 아니 현대 이전의 역사에도 널려 있었다. 하지만 이전의 테러가 소수의 과격한 개인이나 단체가 벌이는 '범죄' 수준이었던 데 비해, 이제는 '전쟁'의 성격을 띠게 되었다. '미국을 대상으로 무슬림 과격파가 벌이는 테러'는 1990년대에 들어 점점 잦아지고 살벌해졌다. 1993년에는 뉴욕의 세계무역센터에서 폭발물이 터졌다. 1995년에는 사우디아라비아의 리야드에서 미군을 대상으로 차량 폭탄 테러가, 1996년에는 사우디아라비아 다란의 미군 주거용 건물에서 자살 폭탄 테러가 벌어졌다. 1998년에는 케냐와 탄자니아의 미국 대사관이 공격을 당했다. 2000년에는 예멘의 아덴항에 정박 중이던 미국 구축함 콜호가 소형 보트를 이용한 자살 폭탄 테러 공격을 받았다. 이런 일련의 테러로 모두 306명이 죽고 만여 명이 부상을 입었다.

그러나 2001년 9월 11일에는 그 모든 테러를 애들 장난처럼 만들어버리는 사건이 일어났다. 아랍 테러리스트들이 납치한 여객기들이 워싱턴의 국방부 건물과 뉴욕의 세계무역센터에 충돌한 것이다. 뉴욕의 상징이던 세계무역센터는 1993년에 당한 테러 이후 9년 만의 충격에 견디지 못하고 산산이 부서지며 무너져내렸다. 아마도 TV를 통해 전 세계에 중계된 것으로는, 1969년의 달 착륙, 1990년의 베를린장벽 붕괴와 함께 현대사의 3대 사건으로 기록될 듯하다. 사망자 수만 약 3천 명에 이를 정도로 끔찍한 사건이었다.

이런 테러를 추진한 조직은 하나가 아니었고, 그중 가장 두드러진 조직인 알카에다조차 체계가 뚜렷한 조직이 아니어서 테러 '프로젝트' 때마다 모여서 일하고 일을 끝내면 흩어지는 개인들의 집합에 가까웠다. 그런데 이들의 행동에는 테러리즘을 정당화하고 반미를 부추기는 종교 지도자들의 한마디가 강력한 영향을 미치며 일정한 통일성을 부여하고 있었다. 그중에서 가장 대표적인 한마디는 1998년 2월 23일, 오사마 빈 라덴1957- 이 다른 네 명의 종교 지도자들과 함께 발표한 파트와였다.

:: 우리는 다음과 같은 파트와를 모든 무슬림에게 발한다.
모든 미국인들과 그 동맹국 국민을, 군인과 민간인을 가리지 않고 살해하라. 이것은 모든 무슬림의 의무다. 모든 무슬림은 어느 나라의 국민이든 기회가 있을 때마다 이를 시도해야 하며, 그리하여 예루살렘의 알 아크사 사원을 해방하고 이슬람의 땅에서 타락한 군대를 몰아내야 한다. 그들을 철저히 무찔러, 더이상 무슬림을 위협하지 못하도록 만들어야 한다. 이는 다음과 같은 전능하신 알라의 말씀에 따르는 것이다. "남녀노소를 가리지 않고 너희와 싸우는 이교도들에게, 너희도 남녀노소를 가리지 말고 싸우라." "더이상 분쟁과 압제가 없어질 때까지 싸우라. 그리고 정의와 참된 신앙이 그곳에서 안식하게 하라."

또한 전능하신 알라는 이렇게 말씀하셨다. "어찌하여 너희는 하느님을 위해 싸우지 않느냐? 또한 저 약한 자들, 학대받고 억압받는 아녀자들, '주여, 우리를 여기서 구원해주소서. 이 탄압자의 손아귀에서 벗어나게 해주소서'라고 기도하는 사람들을 위해 왜 싸우지 않느냐?"

우리는 알라의 도움에 힘입어, 알라를 믿는 모든 무슬림에게 알린다. 언제 어디서건 미국인을 만나면 반드시 죽여라. 그들의 재산을 빼앗아라. 그리하여 알라의 명령을 준행한 상급을 받아라. 또한 우리는 이슬람 성직자들에게, 지도자들에게, 청년들에게, 그리고 병사들에게 알린다. 악의 세력인 미군을 공격하라. 그들을 돕는 악의 보조자들을 공격하라. 그들의 뒤에 있는 자들을 타도하여, 그들이 교훈을 얻도록 하라. ::

"그래도 삶은 계속된다!"는 파드와 투칸의 절규, "나의 소원은 대한의 자주독립이오"라는 김구의 염원, 그리고 "나의 국내 정책은 전쟁 수행이다"라는 클레망소의 결의는 빈 라덴의 파트와에서 하나로 합쳐진다. 약한 자의 울분, 개인의 행복보다도 생명보다도 소중한 '우리', 끝내 이기기 위해서라면 어떤 수단과 방법도 허용된다는 신념.

사우디아라비아의 명문가에서 태어난 오사마 빈 라덴은 청년 시절부터 이슬람 근본주의운동에 심취했다. 그는 조국인 사우디아라비아가 대규모 미군 기지를 허용하고 친미적인 태도를 취하는 것을 보고는 "썩어빠진 왕족들이 진리와 동포를 악마에게 팔아넘겼다"며 맹비난했다. 반정부운동 혐의를 받아 추방되자 해외를 떠돌며 아프가니스탄, 수단, 소말리아 등에서 이슬람 근본주의 정부 수립을 위해 노력했다. 그러던 중에 아랍 근본주의 무장 세력들을 통합하고 조직화할 필요를 느껴 알카에다를 창립하였다1988. 1998년 케냐와 탄자니아 미 대사관 폭파는 그가 직접 지시한 것으로 알려졌고, 9·11 테러 역시 그의 '작품'으로 지목받았다. 국방부 청사가 파괴되고 세계무역센터가 무너져내리는 건국 이래 초유의 사태(진주만 습격은 미국 본토 중심부에서 벌어진 일은 아니었다)를 맞은 미국은 '전쟁에는 전쟁으로'라는 각오를 하고, 빈 라덴과 알카에다를 일망타진하기 위해서라며 탈레반의 아프가니스탄을 상대로 '대테러 전쟁'을 벌였다. 그리고 다시 이라크에 전쟁을 걸어 사담 후세인을 권좌에서 끌어내리고 교수대로 보냈다. 하지만 아직까지 빈 라덴과 알카에다는 건재하며, 9·11 이후 이슬람 과격파의 테러 역시 갈수록 늘어나고 있다.

'전쟁'으로서의 테러는 세 가지 목표를 갖는다. 첫째, 병력과 무기 면에서 볼 때 전면전으로는 승산이 없기에 적의 요인을 암살하거나 주요 시설을 파괴하는 방법으로 적의 전쟁 수행 능력에 타격을 준다. 이런 점에서는 9·11 테러만큼 큰 성과를 거둔 일은 없을 것이다. 둘째, 적의 병력을 꺾을 수는 없다. 하지만 적의 민간인들을 납치하고, 살해하고, 약탈함으로써 "저들과 전쟁을 하는 한 우리는 언제나 위험 속에서 살 수밖에 없다"는 공포를 적의 민간인들에게 심어준다. 그래서 사기가 꺾인 국민들이 그들 정부에 압력을 넣어 전쟁을 포기하게 한다. 셋째, "적들은 분명 막강하다. 그러나 우리는 이렇게 저항을 멈추지 않고 있다. 적들에게 호된 맛을 보여주고 있다"는 메시지를 자국민에게 주어 사기를 북돋운다.

빈 라덴의 파트와를 살펴보면 이런 세 가지 목표를 모두 염두에 두고 있는 것으로 보인다. 그러나 정도가 지나친 점이 있다. 현대 국제사회에서 "군인과 민간인을 가리지 않고 죽여라"라는 메시지는 아무리 미국을 싫어하고 이슬람을 동정하는 사람이라도 받아들이지 못할 만큼 명분이 약하다. 그리고 적(미국)의 사기를 꺾기는커녕 오히려 복수심을 불러일으키고, 대테러전이나 이라크 전쟁 같은 보복을 불러온다. 물론 그것은 다시 울분을 품은 투칸이나 열광적인 빈 라덴을 낳을 것이다. 그리고 테러 조직과 그 지도자들의 힘은 늘어날 것이다. 하지만 그래서는 악순환이 거듭될 뿐이다. 테러의 목적이 테러 지도자와 테러 조직의 영광과 번영은 아니지 않은가. 그런 싸움을 성전이라 인정하는 신은 알라 이외에도 없다.

이슬람권에서도 지나치게 과격해진 알카에다 등의 투쟁 노선을 거북하게 여기는 시각이 늘고 있다. 한때 나세르의 뒤를 이어 미국에 맞서는 아랍 국가 지도자의 대표 주자였던 리비아의 카다피는 대량 살상 무기 보유를 포기하며 미국 등과 관계를 개선한다고 천명했다. '최초의 이슬람 근본주의 국가'였던 이란도 방향을 바꾸고 있다. 9·11 테러가 일어난 2001년은 그에 앞서 이란의 하타미 대통령이 "이슬람과 서방이 화해하는 원년이 되도록 하자"고 선언한 해이기도 했다. 간디와는 모든 면에서 정반대의 방법을 선택한 빈 라덴과 알카에다, 헤즈볼라와 하마스, 탈레반. 그들에게는 미래가 있을까?

희망은 버려진 자들에게 있다

마르코스, 2001

1994년, 멕시코의 치아파스에서는 '사파티스타 민족해방군'EZLN이라 불리는 반군이 멕시코 정부를 상대로 봉기했다. 그 사실은 그리 새로울 게 없다. 반정부 게릴라 집단, 테러 조직이 세상에 한둘인가. 게다가 갈등과 분쟁이 반복되어온 라틴아메리카라고 한다면 더욱더 특별할 게 없다. 하지만 그들은 그 어떤 반군보다도 특별했다. 바로 알카에다와 뚜렷이 대조되는 방식으로 투쟁을 전개했기 때문이다.

옛 마야제국의 후예들인 치아파스 사람들은 멕시코 정부의 개발 정책 때문에 자기네 땅에서 나오는 자원과 물을 도시민들에게 빼앗기고 멕시코에서 가장 가난한 사람들로 살아야 했다. 그러다가 멕시코가 1994년 미국과 자유무역 협정FTA을 맺자, "빈민은 더 빈민으로, 부자는 더 부자로 살게 되었다"며 일어섰던 것이다. 그런데 그들은 무기를 얼마간 갖고 있었지만 그것을 거의 사용하지 않았다. 정부군과 맞서 싸우기보다 피하기를 잘하며, 시설 파괴와 거점 점령을 시도하거나 테러, 납치 등으로 자신들의 주장을 알리는 일도 없었다. 압도적인 물자와 군사력을 갖춘 상대와 무력으로 정면 대결하는 것은 자살행위다. 그것은 알카에다의 판단과 같다. 그러나 사파티스타 민족해방군EZLN의 결론은 달랐다. 테러리즘이 아니라, '사상과 문화'의 싸움으로 상대를 몰아붙인다는 것이었다.

EZLN이 이 사상과 문화의 싸움을 훌륭하게 전개할 수 있었던 것은 부사령관이자 대변인인 마르코스1958- 의 힘이 컸다. 자신의 본명이나 경력을 한사코 감추고 있지만, 여러 정보를 종합하면 그의 본명은 라파엘 기옌이며 EZLN 중에서 유일하게 원주민이 아닌 그는 본래 철학 교수였다고 한다. 그러나 치아파스 사람들의 불우한 처지를 보고는 충격을 받고 EZLN에 뛰어들었고, 빼어난 지성과 말솜씨로 EZLN다운 싸움을 멋지게 이끌어왔다. 그의 전장은 주로 인터넷과 책방이다. EZLN에 투신한 후 수십 권의 책을 내고 수백 편의 글을 쓴(보통의 게릴라와는 전혀 동떨어진 활동이 아닌가!) 그는 EZLN

의 적이 멕시코 정부보다 신자유주의라고 강력히 주장해왔다. 그리고 전 세계의 사회주의자, 무정부주의자, 진보에 뜻을 둔 사람들과, 어쩌면 단지 마르코스의 말솜씨와 이미지에 반해서(그는 자신의 이미지에 공을 들이고 있다. 항상 검정색 스키 마스크로 얼굴을 가리며, '핑기노'라는 이름의 수탉을 마스코트라며 데리고 다니고, 늘 세련되고 친근한 언어를 골라 쓴다) EZLN을 응원하게 된 사람들을 지지자로 끌어들였다. 사파티스타는 분명 현실적으로는 한 나라의 작은 지역에서 투쟁하는 지역민 조직일 뿐이다. 그러나 인터넷과 대중매체의 힘을 빌려, 가상의 세계에서는 세계 혁명을 추진하는 위대한 해방 전사단이 되었다.

폭력보다 말로, 이념보다 이미지로 싸우는 이들은 '최초의 포스트모던 혁명군'이라고 불리기도 한다. 그러면 과연 얼마나 현실적인 업적을 이루었는지? 그 점을 냉정하게 살펴보면 맥이 풀릴 수도 있다. 15년간 투쟁해왔지만 '해방'된 땅이나 마을은 하나도 없고, 멕시코 정부나 신자유주의 체제가 전복될 조짐도 없기 때문이다. 그러나 "우리의 말은 우리의 무기다"라고 했던 그들의 주장대로, 현실 사회주의가 몰락한 이후 사회주의를 표방하는 집단이 이토록 널리 알려지고 인기를 끈 적이 없었다. 알카에다의 이미지가 공포와 야만이라고 한다면, 사파티스타의 이미지는 희망과 낭만이다. 그리고 마르코스와 EZLN의 15년간의 투쟁이 가져다준 메시지는 분명 헛되지 않다. 마르코스는 『제4차 세계대전』2001에서 이렇게 말했다.

:: 신자유주의에 저항하는 곳은 멕시코 남서부의 산들에만 있지 않습니다. 멕시코, 라틴아메리카, 미국, 캐나다의 다른 곳들, 마스트리흐트 조약을 맺은 유럽의 다른 곳들, 아프리카의, 아시아의, 오세아니아의 다른 곳들에도 저항과 확산이 일어나는 고립된 땅이 있습니다. 각기 나름의 역사가 있고, 특수성이 있고, 유사성이 있고, 요구가, 투쟁이, 성공이 있는 곳들입니다. 인류가 살아남고 나아지고자 한다면, 유일한 희망은 이 고립된 땅입니다. 배제된 자들, 버려진 자들, '쓰고 버리는' 사람들의 땅입니다. ::

신자유주의는, 자본의 논리는, 효율성의 법칙은 철저한 적자생존을, 선택과 집중을 요구한다. 약하고 없는 사람들은 강하고 있는 사람들을 위해 자리를 비켜주어야 한다. 그렇게 도시는 자연을 먹어치우고, 황량한 들판이나 음습한 골짜기 같은 곳에 '쓰레기'를 버렸다. 쓰레기와 같은 삶들, 그러나 그런 삶도 계속된다. 파드와 투칸처럼 살아 있는 자의 의무로서 절망적인 저항을 거듭하는 삶은 아니다. 그들의 투쟁에는 희망이 있다. 그들만이 버려진 자들이 아니기 때문이다. 미국에도 유럽에도 아시아에도 신자유주의의 쓰레기장이 있기 때문이다. 그리고 그 '쓰레기'들이 15년이고 25년이고 계속해서 살아남아 세상에 메시지를 전달하는 한 언젠가는 깨닫지 않겠는가, 신자유주의와 세계화 속에서 결국 극소수를 제외한 모든 사람이 쓰레기가 되고 있음을. 그때가 되면 세계의 쓰레기들은(노동자가 아니다!) 단결할 것이다. 그리고 세상이 바뀔 것이다.

언젠가 그날이 오리라 믿고, 사파티스타와 다른 깨어 있는 쓰레기들은 오늘도 정글이나 사막이나 늪지대에서 싸우고 있다. 인류가 살아남고 나아질 수 있는 희망은 그런 고립된 땅에서 숨 쉬고 있는 것이다.

15년이 아니라 이미 2천 년도 더 전에, 역시 무기가 아니라 말로 싸우며, 세상 모든 사람이 손을 맞잡기를 바랐던 한 혁명가가 이런 한마디를 남기지 않았던가. 그리고 그는 아직도 그날을 기다리고 있다.

:: 마음이 가난한 사람은 복이 있나니, 하나님의 나라가 그들의 것이다. ::

행복하게 하려면, 동정하라
행복하게 되려면, 동정하라

달라이 라마, 2000

"사람은 무엇으로 사는가?"

톨스토이는 『사람은 무엇으로 사는가』1885에서 이렇게 물었다. 그리고 스스로 대답했다. "사랑으로 산다." 평범하다면 평범하고, 위대하다면 위대한 이 결론과 똑같은 결론을 제14대 달라이 라마,

텐진 갸초1935- 는 더 오래되고 복잡한 이념 체계에 근거하여, 그러나 더 편안하고 받아들이기 쉽게 내놓았다.

종교의 가르침은 반드시 인간의 행복을 가리킨다고만 볼 수는 없다. 신의 뜻이든 해탈이든 뭔가 성스러운 것을 위해 행복을 포기하라고 가르치기도 한다. '좁은 문'으로 들어가기를 선택한 알리사처럼. 하지만 달라이 라마는 인간은 행복하면 그만이라고 말한다. 행복해지는 것 말고 인간에게 주어진 특별한 사명은 없다. 그러면 단순한 쾌락주의인가? 꼭 그렇지는 않다. 달라이 라마에 따르면, 사람은 마음의 평화가 없이는 진정으로 행복할 수 없기 때문이다. 어떻게 해야 마음이 평화로워질까? 그는 『균형 잡힌 삶을 위한 명상』2000에서 동정을 하라고 말한다. "행복하게 하려면, 동정하라. 행복하게 되려면, 동정하라." 반드시 불쌍하고 힘들어 보이는 사람만이 아니다. 나를 괴롭히고 짓밟은 사람도 동정한다. 동정同情이란 상대방이 느끼는 것과 같은 감정을 느끼는 것, 상대방의 마음을 사로잡고 있는 열정을 미루어 짐작하고 공감하는 것compassion이다.

상대를 동정한다고 해서 반드시 그를 용서하거나 사랑할 수 있는 것은 아니다. 내 오른뺨을 때린 자에게 왼뺨을 돌려 대는 일이나, 내가 가진 모든 것을 팔아서 가난한 자에게 베푸는 일, 이것은 성자만이 할 수 있는 일이리라. 그러나 우리는 동정함으로써 상대를 이해할 수는 있다. 오직 출세만을 위해 앞만 보고 달려온 사람은 쓰레기가 되어 남겨진 사람들을 이해하지 못한다. "의지가 문제야. 죽을 각오로 노력하면 뭘 못 하나? 다 자기가 게을러서 자초한 거야.” 하지만 동정한다면 그들을 이해할 수 있다. 개인의 노력으로는 어쩌지 못하는 거대한 힘이 있게 마련이고, 그 힘을 후려치는 쪽이 아니라 후려쳐지는 쪽에 서게 된 것은 그들의 잘못이 아니라는 것을. 조상 대대로 살던 땅에서 쫓겨나 짐승처럼 내몰린 사람들은 자신들을 핍박한 자들을 이해하지 못한다.

“저들은 사람이 아니야. 악마야.” 그러나 동정하면, 그들도 거대한 힘이 후려치기 위한 도구에 불과하다는 것을 이해할 수 있다. 후려치는 쪽에 서 있는 사람들이 마냥 즐거워 보이지만 사실은 얼마나 초조하고 불안한지, 얼마나 가슴이 메마르고 정신이 피폐해지는지를. 모든 사람이 고해苦海에 빠져 있음을 이해할 때 우리는 무한한 자비를 느낄 수 있다. 그리고 신성함을 위해 굳이 자신을 버릴 필요 없이, 스스로 신성한 존재에 가까워진다. 그래서 조국을 탈출하면서 형식적인 전통을 곧이곧대로 지킬 의무에서도 해방된 달라이 라마는 “나의 종교는 다만 친절함이다”라고 말했다. 상대방을 동정하고, 이해하고, 불쌍히 여김으로써 친절해진다.

그래도 이런 편안하고도 단순한 한마디를 던진 사람이 누군가 다른 사람이었다면, 그다지 큰 영향을 미치지는 못했을 것이다. 다름 아닌 달라이 라마이기에, 6세에 14대 달라이 라마로 인정받고 25세에 중국에 쫓겨 조국을 떠나야 했으며, 그 후 40년 동안 세상을 떠돌며 한편으로는 티베트의 독립을, 다른 한편으로는 세계의 평화를 주장해온 ‘우리 시대의 영적 스승’ 중 한 사람이기에 그의 한마디가 많은 사람들의 ‘동정’을 얻었으리라. 그는 중국이 티베트에서 부당한 억압을 하고 있으며 그 억압이 중단되어야 한다고 믿는다. 하지만 그러기 위해 티베트인들이 무장투쟁을 벌여야 한다거나, 미국 등 자유국가들이 중국에 압력을 가해야 한다고는 하지 않는다. 영토의 점령보다 중요한 것은 마음의 평화이기 때문이다. 루쉰이라면 이런 정신주의에 고개를 저을 것이다. 그것은 남에게 얻어맞고 조롱을 당하고도 "나는 육체적으로 약하지만 정신적으로는 저들보다 우월해. 나는 정신적으로 승리했어" 하고 자위하는 아큐阿Q의 비겁한 변명이 아닌가? 빈 라덴이라면 노골적으로 비웃을 것이다. 그러나 간디나 마르코스라면 기본적으로 공감할 것이다. 비록 간디는 좀더 과감히 행동해야 한다고, 마르코스는 압제자들을 지나치게 동정하는 것은 위험하다고 하겠지만.

간디가 비폭력 노선을 선택한 것처럼, 마르코스가 멕시코 정부가 아니라 신자유주의와 싸우기로 한 것처럼, 달라이 라마는 전 세계 사람을 친구로 만들려고 한다. 그리고 전 세계를 화해시키려 한다. 그는 고대의 생각과 언어를 되풀이해서 우리에게 들려주지만, 그것을 통해 현대의 문제를 해결할 길을 보여준다. 오늘날의 문제는 전 세계적인 차원에서 해결되어야만 하며, 전 세계를 바꾸는 길은 우리 자신의 내면에서 출발해야 한다는 사실을 일깨운다.

세상은 아름답다 우리도 아름답다

틱낫한, 2000

사실 이런 메시지는 1970년대적이다. "네가 원하는 것을 하라"는 메시지를 따라 발전해온 현대 문명-서구 문명이 '성장의 한계'를 깨닫고, '더이상 크고 빠르고 복잡한 것을 추구하지 말자. 왜냐면 우리 인간은 작으며 그런 것에서 행복을 느낄 수 없기 때문이다'라고 인식했던 1970년대의 정서와 사고방식을 이어받은 것이다. 그것은 한편으로 동양의 정신세계에 대한 관심, 대안적인 삶에 대한 모색, 자연과 조화를 이루는 생활 방식, 자연을 과학이 아니라 사상과 감정으로 풀이하며 그동안 잊어버렸던 영성靈性을 되찾으려는 시도 등으로 이어졌다. 이미 정복해버린, 지구에서 33만 킬로미터 떨어진 죽음의 별일 뿐인 달은 다시 음기陰氣와 신비의 원천이 되었고, 오랜 세월 동안 원숭이로부터 갈라진 영장류의 일종일 뿐이던 인간은 다시 우주의 중심이자 영적 소우주가 되었다. 머리가 어지러울 정도로 빠르고 놀랍고 무시무시했던 현대화의 과정을 거꾸로 거슬러, 자유주의·과학·국민국가라는 현대성의 근원과 다시 마주 선다. 그리고 과학보다 영성을, 국민국가보다 무정부주의를 선호한다. 다만 "네가 원하는 것을 하라"는 자유주의만이 유지되는데(그것조차 부정하면 고대의 복원이 된다), 거기에도 '남에게 해만 끼치지 않으면'이 아니라 '남을 아끼고 함께하면서'라는 단서가 붙는다. 타인과 세계에 대한 천진한 마음, 즐거운 동정, 이것이 아주 오래된 미래를 새롭게 연다. 이것을 '뉴에이지' New Age 운동이라고들 불렀다.

서구인들에게 뉴에이지는 문명사적인 운동인 동시에 대중적 문화운동이어서, 불교 경전이나 노자의 『도덕경』을 깊이 연구하는 일에서부터 인도 음악을 듣고 기체조를 하며 허브티를 마시는 일까지 여러 차원에서 전개되었다.

헬렌 슈크먼 1909-1981, 린다 굿맨 1925-1995, 메릴린 퍼거슨 1938-2008 등 서구의 철학자나 심리학자, 점성술사, 작가들 외에도 불교·힌두교·도교·기독교 등 고대 종교의 전통을 현대인의 처지와 입맛에 맞게 융합하고 정리해서 대중적 가르침을 퍼뜨리는 동양의 '영적 스승'들이 뉴에이지운동에서 크게 부각되었다. 지두 크리슈나무르티 1895-1986, 오쇼 라즈니쉬 1931-1990, 달라이 라마 등이 그들이었고, 이전 시대의 인물인 비베카난다 1863-1902, 스리 오로빈도 1872-1950 등도 재조명되었다.

뉴에이지는 1980년대 중반을 넘어서면서 차차 쇠퇴하는데, 대표적인 작가들이 은퇴하거나 세상을 떠났기 때문이기도 하고, 신자유주의와 정보 기술 혁명, 그리고 사회주의권을 포함한 범세계의 민주화 등이 '서구 문명은 종말에 처했다'는 관점을 불식시키고 새로운 활력을 보여주었기 때문이기도 하다. 그리고 워낙 다양한 사상과 조류가 뒤섞이고, 심오함에서 조잡함까지 얼기설기 짜여진 뉴에이지였기에 제도권 학자들의 불신과 대중의 싫증을 자아낼 소지가 컸다.

하지만 새로운 세기가 열리면서 디팩 초프라1946- 와 론다 번1951- 같은 신세대 작가들이 활동하며, 1980년대 말에서 1990년대에 나타난 '새로운 희망'이 IT 거품 붕괴, 환경문제의 심각성 심화, 테러리즘과 대테러리즘의 횡행, 그리고 경제 위기 등으로 퇴색하는 분위기 속에서 뉴에이지는 다시 주목받고 있다. 그런 가운데 세계적인 영향력을 발휘하는 '영적 스승' 중 한 사람이 틱낫한1926- 이다.

베트남 출신으로 선불교 계열의 승려인 틱낫한은 달라이 라마와 비슷하면서도 다른 길을 걸었다. '반란의 1960년대' 당시 미국으로 건너가 반전 평화운동에 앞장섰던 그는 마틴 루서 킹이나 제시 잭슨처럼 '행동하는 종교 지도자'의 정체성을 가졌다. 하지만 묘하게도, 자신이 반대했던 베트남 전쟁이 끝나자 조국은 그가 승려라는 이유로 귀국을 허락하지 않았다. 서구 세계에 버려진 동양 종교인의 신세가 된 그는 자신의 운명을 만행卍行으로 받아들였다. 그리하여 베트남을 탈출한 '보트피플'을 돌보는 공동체를 세우는 한편, 백여 권의 저술과 강연을 통해 서구 세계에 불교의 가르침을 퍼뜨렸다. 그의 사상은 달라이 라마와 크게 다르지 않지만(뉴에이지 사상가답게), 달라이 라마의 언어가 다소 산문적이고 설법풍이라면 그는 시적이고 화두풍의 언어를 즐겨 쓴다.

:: 임제林悌 선사는 말했다. "기적은 땅 위를 걷는 일이다." 기적은 희박한 공기 속이나 물 위를 걷는 것이 아니라 대지 위를 걷는 일이다. 대지는 너무도 아름답다. 우리 또한 아름답다. ::

나를 괴롭히는 사람조차 동정하고 이해하는 것, 세상 만물이 고통스러워하고 있음을 깨닫고 불쌍히 여기는 것이 평화를 가져올 수 있다면, 평범해 보이는 세계, 평범해 보이는 자연, 평범해 보이는 사람에게서 더없는 아름다움을 느끼고 즐거워하는 것 역시 평화를 가져올 수 있다. 연민을 느끼는 상대에게는 폭력을 쓸 수 없고, 아름다운 세상을 어지럽히고 싶지는 않을 테니까. 결국 모든 것은 나 자신으로부터, 내 마음의 평화로부터 온다. 평화를 맛본 인간은 평화를 깨트리려 하지 않을 테니까.

뉴에이지와 서구의 동양 열풍은 현대사에서 계속해서 주류의 표면 위로 떠올랐다가 사라지기를 반복하는 비주류다. 그것은 시대를 앞서 가는 적극적인 흐름이라기보다 '낙오된' 흐름을 되짚는 것이다. 이미 19세기 말에 지배력을 잃어버린 이념이나 정서가 일부 지식인과 대중의 '문명에 대한 불만' 때문에 자꾸만 '아바타'를 겪는다. 너무도 과학화된 일상, 그러나 과학의 핵심은 너무 복잡해져서 전문가가 아니면 이해할 수 없다. 이해할 수 없는 것에 대한 불안과 불만이 옛 지식 체계를 부활시킨다. 너무도 큰 지배력을 갖고 국민의 생활 방식과 행복을 좌우하는 국민국가. 전근대사회의 소박한 공동체가 그리워진다. 그리고 "네가 원하는 것을 하라"는 자유 속에서 끝없는 욕망을 추구하다 지친 개인은 차라리 구속 속에서 편안함을 얻고자 한다. 욕망을 잊음으로써 욕망을 완성하고자 한다. 아마 마르크스가 살아 있었다면 '뉴에이지는 판타스틱하고 엘레강스한 아편이다'라고 말하지 않았을까.

그러나 이런 '비주류' 또는 '대안 아닌 대안'이 21세기 초에 중요한 역사적 의미를 갖는 까닭은, 1970년대의 뉴에이지와는 다르게 그것이 '하나로 통합된, 그러나 불안한 세계'에 좋은 약이 되기 때문이다. '대안일 수 없지만 다른 대안이 없는 대안'인 신자유주의, 천사와 악마가 한 몸이 되는 새로운 국제 질서, 점점 커져가는 환경 재앙에 대한 경고, 놀랄 만큼 증가하는 부유함 속에서 해소되지 않는 가난과 비참함. 이 모든 것은 전 지구적인 차원에서 무언가를 해야만 한다는 화두를 던진다. 그리고 이때, 배경과 결과야 어찌됐든 "나 자신의 마음으로부터 출발하자"는 인식은 올바른 접근법의 하나다. 반성하는 인간, 그것이야말로 인간의 특유한 본질이며, 인류가 가진 가장 훌륭한 면이니까.

또다른 세상은 가능하다

세계사회포럼, 2002

"수천 개의 대안이 있다!"

'비록 불편하고 못마땅할지라도, 세계화와 신자유주의 말고는 대안이 없다'는 의미로 해석되고 유통되어온 마거릿 대처의 "대안은 없다"는 주장에 대해서, 미국에서 태어나 프랑스에서 살고 있는 정치학자이자 사회운동가인 수전 조지1934- 는 이렇게 외쳤다.

정말 수천 개인지 세어보지는 않았지만(누가 그러겠는가?), 오늘날의 세상은 결코 바람직하지 않으므로 "다른 대안을 찾아야 한다. 더 나은 세상을 만들어보자"는 목소리가 세계의 구석구석에서 시끌시끌하게 들려오는 것은 분명하다.

어떤 면에서 그들의 목소리와 움직임은 '68혁명' 당시와 닮아 있다. 하지만 같으면서 다르기도 한데, 먼저 1968년의 '반란'은 각각의 국가 체제에 대해 불만을 터뜨린 것이었지만 이들의 우선적인 저항 대상은 세계 체제의 흐름이다. 또한 68세대는 '불가능한 요구'라고 스스로 생각하면서 사실상 대안 없는 저항을 벌였던 데 비해, 이들은 '가능한 요구'를 말하며 뚜렷한 대안을 들이댄다. 오히려 대안이 너무 많은 것이 문제랄까.

노암 촘스키는 거대 정부, 거대 기업, 거대 언론의 횡포를 정면으로 부정하며, 개인의 자유가 최대한으로 보장되는 동시에 서로 더불어 살아갈 수 있는 세상을 꿈꾼다.

피터 싱어에게 이 세상의 문제점은 부자와 빈자, 백인과 유색인, 남성과 여성, 그리고 인간과 동물 사이에 아직도 존재하는 차별이며, 차별자들이 윤리적으로 각성하고 차별을 없애면 다른 세상을 만들 수 있다고 본다. 구체적인 방법은 선진국 국민이 조금씩(그는 소득의 5퍼센트라는 기준을 최저선으로 제시한다) 기부하여 후진국의 숙명과도 같은 빈곤을 없애는 것이다.

아마티아 센은 빈곤 문제를 최우선적으로 해결해야 할 필요성을 경제학으로 뒷받침한다. 그에게 시급한 과제는 국가 안보나 국민 경제의 성장이 아니라, 최소한의 복지와 정신적 자존감, 진정한 민주주의와 인권의 보장 등을 포함하는 '인간 안보'다. 인간 안보가 이루어지면 경제성장은 자연히 뒤따를 것이다. 그것도 지속 가능한 형태로.

수전 조지는 후진국이 선진국에 지고 있는 외채의 '여섯 가지 부메랑'을 지적한다. 외채는 그것을 갚기 위해 후진국이 환경을 마구 파괴하게 하고, 마약 거래에 열중하게 하며, 세금을 많이 걷게 만든다. 또 실업자와 불법 이민자를 늘리며, 분쟁을 일으킨다. 1980년대 이후 선진국이 후진국의 원자재를 터무니없이 싼값으로 이용해왔음을 감안하면, 지금의 부채는 없애도 아무런 도덕적 문제가 없다.

반다나 시바는 세계를 콘체른(남성 가부장주의와 거대 자본이 결탁한)-군사주의-개발주의-육식주의의 '착취와 압제 세력'과, 여성주의-일반 대중-평화주의-환경주의-채식주의의 '대안과 저항 세력'으로 나눈다. 물론 여성 중에도 육식주의자가 있을 것이고, 환경주의자들 중에도 성차별주의자가 있을 수 있다. 그러나 기본적으로 하나의 생명권 안에서 살며 그 생명권을 지키려는 마음은 하나다. 그러므로 대안과 저항을 내세워서 연대하고 투쟁할 수 있다고 본다.

커크패트릭 세일은 현대 문명의 기본 틀 중에서 과학 기술과 국민국가가 인류에게 미친 좋은 영향을 깡그리 부정한다. 그녀는 근대 초기에 기계화에 저항했던 '러다이트운동'을 되살리자며, 인간 중심적 개발주의에 맞서는 자연 중심적 생태주의와, 세계화와 물질문명에 저항하는 소규모 공동체에서의 자족하고 협동하는 소박한 문화를 내세운다.

또한 이들과 사상적 배경이 상당히 다른 사람들도 더 나은 세상을 꿈꾼다. 제프리 삭스는 부국과 빈국의 격차가 사라지기를 바라지만, 그런 격차가 '착취와 압제 세력'의 음모 때문이라고도, 세계화와 신자유주의가 그런 음모의 틀이라고도 보지 않는다. 선진국의 야심적인 원조와, 제3세계의 인권과 민주주의의 증진이 더 나은 세계를 만들 수 있다고 여긴다. 반면 빌 게이츠는 복지 증진에 대한 정부의 역할을 의심하며 개인의 자선을 선호한다. 하지만 자선이 할 수 있고, 해야 하는 일은 최소한의 의식주 지원과 교육 및 의료 서비스 제공이다. 그렇게 절대 빈곤의 압박에서 숨을 돌리고 나면 최빈국 사람들도 얼마든지 자기계발을 하고 치부와 자아실현에 나설 수 있기 때문이다. 또한 그는 인류 발전의 원동력이자 사회 문제, 환경문제 해결의 근본은 윤리나 사회과학이 아니라 과학 기술에 있다고 주장한다.

이처럼 '수천 개의 대안'이 동시에 존재하는 까닭은 단지 의견의 다양성 때문이 아니라 저마다 다른 눈으로 세계를 보기 때문이다. 바꿔 말하면, 그만큼 다양한 세계가 동시에 존재하기 때문이다. 사실 현대의 초창기만 해도 역사적으로 중대한 한마디는 대부분 유럽에서 나왔다(미국조차도 19세기 후반까지는 아직 이류 세계였다). 그러나 그 후 제국주의가 팽창함에 따라 비서구 사회가 자의 반 타의 반 서구화되고, 한때 냉전으로 이원화되었다가 그 구분마저도 사라지면서, 21세기 초엽을 지내고 있는 지금은 세상 모든 곳에서 '대안'이 나오고 있다. 다양한 지역에서 하나의 주제(또다른 세상의 가능성)를 놓고 충분히 누군가의 고개를 끄덕이게 할 수 있는 한마디가 쏟아지는데, 그 한마디는 제각기 다른 지역의 다른 문화와 정치, 경제 환경의 색채에 물들지 않을 수 없다. 본래 같은 사건을 두고도 진보와 보수의 관점은 엄청나게 다르지만, 이제는 다양한 지역색과 인종, 성, 종교에 따른 관점의 차이까지 개입된다. 그런 까닭에 아마티야 센과 제프리 삭스의 자선관이 똑같을 수 없고, 빌 게이츠와 커크패트릭 세일의 기술관이 정반대일 수밖에 없다.

그러면 어떻게 '다른 세상'을 만들 것인가? 이처럼 저마다 다른 눈으로 세상을 보며 다른 꿈을 꾸고 있는데? 하지만 다양성 가운데 거대한 통일성이 있다. 그것이야말로 오늘날 우리 시대, 현대성이 가장 멀리까지 진행된 시대의 특성이기도 하다. 바로 지구상에 사는 모두가 '위기'에 처해 있으며(비교적 안심인 사람이 있고, 절실한 사람이 있지만), 이 지구에서 달아날 곳이 없다는 사실(적어도 지금으로서는)을 아무도 부정할 수 없다는 점이다. 그러므로 '뭔가 하지 않으면' 안 된다는 것, 또다른 세상의 가능성을 찾지 않으면 안 될 입장이라는 점에는 차이가 없다. 반 존스는 이처럼 '우리 모두 한 배를 타고 있는데, 머잖아 배가 가라앉는 상황'을 '타이타닉호의 승객들'이라는 은유로 설명했다. 이런 공통의 위기의식이 있기에 서로 관점이 달라도 공통된 목표와 공통된 행동을 낳게 된다. 그리고 옛날처럼 그런 목표와 행동이 소수 지식인 집단 안에서 맴돌지 않고, 세계화의 힘으로 '평평해진' 세상의 구석구석까지 인터넷과 매스미디어를 타고 전파된다. 그리하여 2002년 1월에서 2월까지, 브라질의 포토알레그레에서는 뉴욕의 세계경제포럼WEF에 맞서 세계사회포럼WSF이 123개국에서 온 6만여 명이 참석한 가운데 열렸다. 이런 구호를 소리 높이 외치며.

:: 또다른 세상은 가능하다! ::

다시 말하지만, 진보운동가들의 올림픽 격인 세계사회포럼에도 다양한 입장의 다양한 대안이 있고, 그중에는 서로 상충되는 것들도 많다. 또 세계사회포럼에 참여하지 않았고 앞으로도 참여할 것 같지 않은 사람들 중에도 호소력 있는 대안을 제시하는 사람이 있다. 하지만 이런 모임을 통해 세상의 많은 지식인들이 "또다른 세상은 가능하다"는 한마디와 함께 각자의 생각을 나누게 되었으며, 이 한마디와 다양한 생각들이 다시 인터넷과 매스미디어를 타고 세계 곳곳에서 메아리치고 있다. 그러면 결국 그것은 인류의 '한마디'가 되지 않을까. 그것이 진정 인류의 한마디가 되면, 꿈은 이루어지지 않을까.

피터 싱어는 말한다. "우리가 지금 살고 있는 세상은 모조리 우리의 선택으로 이루어진 것이다. 또다른 선택은 가능하다." 달라이라마나 틱낫한은 모든 것은 마음먹기에 달렸다고, 우리가 진정 평화를 바라면 평화는 이루어질 수밖에 없다고 말한다. 지나치게 순진한 생각일까? 그럴지도 모른다. 분명히 생각대로 되리라는 보장은 전혀 없다. 그러나 생각대로 되지 않을 이유도 없다.

"또다른 세상은 가능하다." 이것이 우리, 이 시대를 함께 숨 쉬며 살아가는 우리에게 주어진 마지막 한마디다. 새로운 시대로 넘어가기 직전의 한마디. 그 한마디가 '생각대로 하면 되기'를! 비비디 바비디 부. 생각대로 된다 해도, 과연 '생각'이 하나의 생각으로 통일될 수 있을는지……. 그런 생각은 하지 말자. 지금은.

희망은 버려진 자들에게 있다
— 현대사를 움직인 말 한마디

초판인쇄 2010년 2월 10일
초판발행 2010년 2월 18일

지은이 함규진
그린이 정원교

펴낸이 김정순
기획 유영희 함규진
책임편집 박상경
디자인 김진영 이유나
마케팅 정상희 한승일 임정진

펴낸곳 (주)북하우스 퍼블리셔스
출판등록 1997년 9월 23일 제406-2003-055호

주소 121-840 서울시 마포구 서교동 395-4 선진빌딩 6층
전자우편 editor@bookhouse.co.kr
홈페이지 www.bookhouse.co.kr
전화번호 02-3144-3123
팩스 02-3144-3121

ISBN 978-89-5605-441-4 03900

이 도서의 국립중앙도서관 출판도서목록(CIP)은 e-CIP 홈페이지(http://www.nl.go.kr/cip.php)에서
이용하실 수 있습니다. (CIP제어번호 : CIP2010000343)